— natürlich oekom! —

Mit diesem Buch halten Sie ein echtes Stück Nachhaltigkeit in den Händen. Durch Ihren Kauf unterstützen Sie eine Produktion mit hohen ökologischen Ansprüchen:

- 100 % Recyclingpapier
- mineralölfreie Druckfarben
- Verzicht auf Plastikfolie
- Finanzierung von Klima- und Biodiversitätsprojekten
- kurze Transportwege – in Deutschland gedruckt

Weitere Informationen unter www.natürlich-oekom.de und #natürlichoekom

Die automatisierte Analyse des Werkes, um daraus Informationen insbesondere über Muster, Trends und Korrelationen gemäß § 44b UrhG (»Text und Data Mining«) zu gewinnen, ist untersagt.

Bibliografische Information der Deutschen Nationalbibliothek:
Die Deutsche Nationalbibliothek verzeichnet diese Publikation in der Deutschen Nationalbibliografie; detaillierte bibliografische Daten sind im Internet über www.dnb.de abrufbar.

© 2025 oekom verlag, München
oekom – Gesellschaft für ökologische Kommunikation mbH
Goethestraße 28, 80336 München
+49 89 544184 – 200
info@oekom.de

Lektorat: Lena Denu
Layout und Satz: oekom verlag
Korrektur: Maike Specht
Umschlaggestaltung: Laura Denke, oekom verlag
Umschlagabbildung: © Hermann Theisen
Druck: CPI books GmbH, Leck

Alle Rechte vorbehalten
ISBN 978-3-98726-145-9
https://doi.org/10.14512/9783987264146

HERMANN THEISEN (HRSG.)

Klimawende jetzt

Inspirierende Wege für eine gesellschaftliche und ökologische Erneuerung

oekom

*Für meinen Enkelsohn Gustav,
der an Weihnachten 2023 geboren wurde.
Möge seine Generation konstruktivere Lösungen im Umgang mit
unserer Klimakrise finden, als wir es ihr vorgelebt haben.*

Inhalt

Hinführung
Worauf warten wir eigentlich noch? 11

Vorwort
Eine Alternative zum Klimaschutz gibt es nicht 14
Ernst Ulrich von Weizsäcker

Essays, die Mut für morgen machen 18
Hermann Theisen

Wie viel mehr brauchen wir noch? 23
Maren Mitterer

Die Kultur ändern, in der wir erzogen wurden 26
Davide Brocchi

Krach mit meiner Schwester 31
Waltraud Schwab

Mehr Zukunft wagen! 35
Uli Mayer-Johanssen

Im Zeitalter der Polykrisen: Warum eine andere Kommunikation
entscheidend ist 41
Nicola Schuldt-Baumgart

Die Sonne gehört allen – die Botschaft des Jahrhunderts 47
Franz Alt

Über die zwei Grad hinausdenken – Aufgeben? Keine Option! 51
Students for Future Freiburg: Lena Eith / Julia Hörner / Isabel Raunecker / Leonard Schneider-Strehl / Hanna Utermann

Klimaschutz – Wege aus einer hoffnungslos erscheinenden Lage 63
Estelle Herlyn

Miteinander zum Wohle von uns allen 69
Jens Lueck

Planet earth is blue, and there's nothing I can do 74
Burkhart von Braunbehrens

Was du (nicht) willst, das man dir tu 80
Maria Tekülve

Barrieren auf dem Weg der Transformation 87
Christian Berg

Auf die Utopie zulaufen und eine bessere Welt bauen 93
Nicco

Eine Dystopie und ein Zukunftsmärchen 98
Jan Frehse

Wie können wir Wandel bewirken? Mit Entschleunigung in die Transformation 104
Annika Fricke

Lieber Elon als Olaf – von Formen des Optimismus 109
Felix Kruthaup

Wir haben ein Problem – die Lösung sind wir 113
Katharina van Bronswijk

Überraschend viel bewirken, wenn wir uns zusammentun 117
Darya Sotoodeh

CO_2-Fetisch 122
Albert Denk

Krise der Gerechtigkeit 127
Lea Rahman

Die subtile Revolution: Warum ein innerer Wandel die
Welt verändert 131
Judith Döker

Lernen für die Zukunft in einer Gemeinschaft der Vielfalt 135
Robert Mews

Klimaschutz und neoliberaler Kapitalismus sind ein
Widerspruch in sich 140
Valerie Huber

Zur Zukunft der globalen Ökonomie 146
Daniel Deimling

Militär, Krieg und Klima – eine unheilvolle Melange 152
Hermann Theisen

Ein bisschen Grün ist nicht genug 159
Doreen Brumme

Aus der Orientierungslosigkeit zur Lust auf morgen 164
Cordula Weimann

Gesellschaftsökologische Transformationsschritte positiv
konnotieren 169
Volker Teichert / Oliver Foltin

Was wir wollen 176
Letzte Generation: Lars Werner / Raphael Thelen

Politik muss handeln und der Wirtschaft auf Augenhöhe
begegnen 181
Julian Fertl

Nehmen wir unsere Zukunft in die Hand! 186
Students for Future Mainz: Timon Esser / Marie Lisanne Froehlich /
Sebastian Vollmer

Der Sinn des Lebens? 191
Michaela Koschak

Was ist Klimaschutz? Gedanken und Betrachtungen eines positiven
Pessimisten zu Fragen der Mobilität und der thermischen
Verwertung 197
Dieter Ilg

Wolf Wondratscheks Schwarze Serenade in apokalyptisch
anmutenden Zeitläufen 202
Hermann Theisen

Auf der Transformationswelle – surfst du schon,
oder ertrinkst du bald? 207
Rebecca Freitag

Vom Glück des Durchwurschtelns 211
Hermann Ott

Erkenntnis, Haltung, Mitwirkung 216
Dirk Hamann

Gemeinsam und entschlossen handeln 222
Stefan Maier

The people have the power! Über individuelle Hoffnung zum
kollektiven Handeln 227
Xenia Gomm

Transformation in Unternehmen kultivieren – wie wir in Zeiten der
Klimakrise Freiräume für den Wandel schaffen 232
Markus Szaguhn

Dient mein Handeln den Menschen, der Umwelt und
dem Frieden? 237
Günter Grzega

Creative Leadership für die Welt 243
Thoralf Rumswinkel

Transformation zur Verantwortungsübernahme 248
Karin Heinze

Lieber Gott, ich wünsche mir, dass ich mich mal mit einem Wal
anfreunden kann 252
Safira Robens

Wie man seine Regierung verklagt und warum eigentlich 259
Karola Knuth

Die Hoffnung nicht verlieren, selbst wenn es manchmal
hoffnungslos erscheinen mag 264
Maren Mitterer

Das Mögliche erkunden 267
Hermann Theisen

Autorinnen und Autoren 269
Anmerkungen 279

Hinführung
Worauf warten wir eigentlich noch?

Es war das Jahr 1987, als die legendäre Alternative-Rock-Band R.E.M. ihren Song *It's the End of the World as We Know It (And I Feel Fine)* aufnahm, der sich vage an Endzeitszenarien anlehnte und in wahnwitziger und kaum verständlicher Art und Weise von Michael Stipe gesungen wurde. Dies verlieh dem Song in den Augen (und vor allem Ohren) vieler Fans eine Art Partystimmung, auch wenn das von der Band so gar nicht beabsichtigt war. Doch jeder DJ und jede DJane in Clubs auf der ganzen Welt wusste: Wenn dieser Song aufgelegt wird, füllt sich die Tanzfläche schlagartig und verwandelt sich ad hoc in einen enthusiastischen Dancefloor – wofür vor allem folgender Teil des Songs verantwortlich war, der von dem charismatischen Sänger Stipe stakkatoartig am Ende gleich viermal nacheinander in die Ohren der tanzwütigen Menge geschrien wird:

> It's the end of the world as we know it
> It's the end of the world as we know it
> It's the end of the world as we know it
> And I feel fine.

Inzwischen sind fast 40 Jahre vergangen, und auch über den Sommer des Jahres 2024 konnten wir lesen, dass es (schon wieder) der heißeste Sommer seit Beginn der Wetteraufzeichnungen gewesen ist, so wie uns bereits die Sommer der letzten Jahre präsentiert wurden. Können wir damit also wirklich ernsthaft *fine* sein – und die *Party* einfach endlos weitergehen lassen, so als wäre nichts gewesen und als gäbe es kein Morgen? Um den negativen Folgen des Klimawandels entgegenzuwirken, ist indes jede und jeder Einzelne von uns gleichermaßen im persönlichen Tun, Handeln und Lassen gefordert. Doch auch wenn die allermeisten Menschen den Wunsch nach der Umsetzung von wirkungsvollen Klimazielen bejahen würden, scheinen sich gleichzeitig viele von uns schwer damit zu tun, das ganz persönliche Verhalten danach auszurichten und konsequent daran anzupassen.

Auf einer abstrakten Ebene scheint Klimaschutz etwas höchst Erstrebenswertes zu sein, aber wenn daraus ein konkretes persönliches Handeln folgen soll, kommt es nur allzu oft zur Distanzierung gegenüber klimaschonenden Verhaltensweisen. Auch wenn Energieknappheit, Hitzerekorde und Starkregenereignisse zunehmend in unseren Alltag übergehen. Das eigentliche Problem scheint häufig noch immer etwas zu sein, das nur andere betrifft, die weit weg von uns leben. Aber warum ist das so? Was hält uns eigentlich davon ab, tatsächlich in ein klimabegünstigendes Handeln zu kommen? Und wie könnten unsere eigenen gesellschaftsökologischen Transformationsschritte aussehen, um endlich aus der dysfunktionalen Negativspirale des fortschreitenden Klimawandels auszusteigen? Was könnte der Beginn sein, und wie kann es gelingen, dranzubleiben und nicht (wieder) aufzugeben?

Um Antworten auf solche Fragen geht es in diesem Buch: Wissenschaftler*innen, Klimaaktivist*innen, Künstler*innen, Journalist*innen, Unternehmer*innen und weitere Menschen mit sehr unterschiedlichen persönlichen und beruflichen Hintergründen wurden gebeten, sich diesen Fragen in einem Essay anzunähern. Ihre Antworten, Zweifel, Ansichten, Haltungen, Forderungen und Hoffnungen sollen zu einer eigenen Standortbestimmung einladen, um für sich selbst ganz persönliche Handlungsspielräume zu entdecken und auszuloten – damit wir endlich alle gemeinsam in ein klimabegünstigenderes Handeln kommen.

Denn: Worauf warten wir eigentlich noch?

Bei allen Autorinnen und Autoren möchte ich mich ganz herzlich für ihre Mitwirkung an diesem Buchprojekt bedanken. Herausgekommen ist eine einzigartige Mischung aus verschiedensten Blickwinkeln, Zugriffsarten und Schreibstilen von wissenschaftlich über journalistisch bis ganz persönlich. Das war ausdrücklich so erwünscht und damit bereichert jeder einzelne Essay das Buch ganz wesentlich.

Mein besonderer Dank gilt Prof. Dr. Ernst Ulrich von Weizsäcker für sein Vorwort, Wolf Wondratschek für die Zurverfügungstellung seiner *Schwarzen Serenade*, Burkhart von Braunbehrens für seine tatkräftige Unterstützung bei der Umsetzung des Buchprojekts und Maren Mitterer für ihre beiden Texte, die dem Buch eine ganz besondere Rahmung geben.

Hermann Theisen, November 2024

Vorwort
Eine Alternative zum Klimaschutz gibt es nicht

Ernst Ulrich von Weizsäcker

Hermann Theisen zeigt uns in dem von ihm herausgegebenen Buch *Klimawende JETZT. Inspirierende Wege für eine gesellschaftliche und ökologische Erneuerung*, dass wir echte Verantwortung für unser Klima notwendigerweise übernehmen müssen, ob wir das wollen oder nicht. Es reicht einfach nicht aus, nur über die Klimaveränderung zu jammern. Wir müssen endlich etwas tun!

Was wir täglich *nicht* tun, macht die unaufhaltsamen klimatischen Veränderungen nur noch härter. Jedoch haben wir gute Chancen, unser Handeln so zu verändern, dass die Klimaveränderung insgesamt schwächer wird. So denken und hoffen wir zumindest. Wir sollten also unbedingt verantwortlich handeln.

Doch ist das gar nicht so einfach: Es ist etwa besonders schwierig in der Landwirtschaft und bei unseren Autos. Die Landwirtschaft braucht den Acker, und der soll den Boden so behandeln, dass dabei viele landwirtschaftliche Produkte entstehen, damit unsere Mahlzeiten gut schmecken. Ob das Klima dabei aufgeheizt wird, ist für den Landwirt und die Landwirtin wohl eher Nebensache. Ganz ähnlich geht es uns mit den Autos. Wir wollen Autos, die gut und sicher fahren. Sie sind für uns bequem, und sie sind überaus nützlich für die Bewegung in der Stadt und über Land. Derweil bringen die Lastwagen unsere Waren fast überallhin. Aber die Autos und Lastwagen verursachen Krach und insbesondere Schadstoffe, womit sie das Klima aufheizen.

Das Problem zwischen der Nützlichkeit und den klimapolitischen Folgeproblemen für uns Menschen ist schon in den 1960er-Jahren unmissverständlich sichtbar geworden. Das hat der Club of Rome geschafft. Dieser Club wurde 1968 in Italien gegründet. Gründer des Clubs war Aurelio Peccei, ein sehr erfolgreicher italienischer Industrieller. Dieser lernte den schottischen Wissenschaftler Dr. Alexander King kennen, der für die OECD, den Club der Industrieländer für wirtschaftliche Zusammenarbeit und Entwicklung, arbeitete. Die beiden visionären Helden kamen 1965 mit einigen anderen Intellektuellen in Rom zusammen.

Es entwickelten sich sehr lebendige Gespräche über die weltweite Wachstumsdynamik, und man traf sich regelmäßig. Im Jahr 1968 kam man nach einem großen Symposium in Rom zu dem Beschluss, sich nunmehr als einen gemeinsamen Club zu verstehen, und man nannte ihn »The Club of Rome«. Zwei Jahre später trat man mit einer bereits aktiven amerikanischen Gruppe zusammen, die von Dr. Jay Forrester am Massachusetts Institute of Technology geleitet wurde. Die Gruppe formulierte mathematische Entwicklungen zu relevanten Wachstumserscheinungen der Weltökonomie.

Finanziell gefördert wurde das Unternehmen durch das deutsche Club-of-Rome-Mitglied Eberhard von Koerber – mit hohem Einfluss durch die Volkswagen-Stiftung. Und heraus kam 1972 das Buch mit dem Titel *The Limits to Growth* – zu Deutsch: *Die Grenzen des Wachstums*. Dieses Buch wurde alsbald in mehr als 30 Sprachen übersetzt. Und mehr als zwölf Millionen Exemplare dieses Buches wurden weltweit verkauft. Gewissermaßen »über Nacht« wurde der Club of Rome sprichwörtlich weltberühmt.

Der Kern der Aussage des Buches war: Die permanente Zunahme der Weltbevölkerung, der Industrialisierung, der Umweltverschmutzung, des Nahrungsbedarfs und der Ausbeutung von natürlichen Ressourcen müssen als Wachstumsgrenzen verstanden werden. Das heute wichtigste Umweltthema ist die große Klimaveränderung, also das zentrale Thema in dem vorliegenden Buch von Hermann Theisen.

Die wissenschaftliche Begründung des Themas Klima beschäftigt uns schon sehr lange. Durch die Untersuchung von kleinen Luftblasen in den uralten Eisschichten in Grönland und der Antarktis traten sehr erstaunliche Ergebnisse zutage: Man konnte messen, dass in den vergangenen über 600.000 Jahren jeweils eiskalte Zeiten von geringen Mengen von Kohlendioxid (CO_2) begleitet wurden. Beim Entstehen von großen Mengen CO_2 hingegen kam es zu Warmzeiten.

Diese Erkenntnis war beim Klimagipfel in Paris 2015 ganz entscheidend für die Überlegung zur Schonung des Klimas. Klimaschutz heißt deshalb vereinfacht, kleinste Mengen an Ausstoß von Kohlenstoffdioxid anzustreben. Leider hat die Wissenschaft dabei aber auch etwas überaus Ärgerliches entdeckt: Edgar Hertwich und Glen P. Peters haben 2009 gemessen, dass unsere Wirtschaftsleistung, die von vielen politischen und wirtschaftlichen Entscheidungsträgern praktisch noch immer als wichtigstes Ziel angesehen wird, beinhaltet, dass ein Klimaschutz, der die Wirtschaftsleistung verkleinert, erst mal sehr unpopulär ist.

Es sei denn, man findet Wege, die den Klimaschutz von der Wirtschaftsleistung entkoppeln. Glücklicherweise ist das in Deutschland mit dem EEG (Erneuerbare-Energien-Gesetz von 2000) an sehr wichtiger Stelle erreicht worden. Auch die großartigen Effizienzverbesserungen wie zum Beispiel von »Passivhäusern« vermindern CO_2-Emissionen, ohne einen Nachteil für die Energienutzung zu zeigen.

Etwa 50 »Berichte an den Club of Rome« sind seit der Publikation von *Die Grenzen des Wachstums* erschienen, unter ihnen der Bericht *Die erste globale Revolution* von Alexander King. 2018 erschien von 40 Autorinnen und Autoren – erstellt anlässlich des 50-jährigen Bestehens des Club of Rome – das Buch *Come On!*, zu Deutsch: *Wir sind dran*[1] von Ernst Ulrich von Weizsäcker und Anders Wijkman, den damaligen Clubpräsidenten. Darin geht es um eine Agenda für alle gesellschaftlich relevanten und möglichen Schritte für die nächsten Jahre, die zeigen, dass wir über genügend neues Wissen für die erforderlichen Veränderungen zum Erhalt unserer Welt verfügen.

Jenseits der Club-of-Rome-Diskussion müssen wir also um des Klimas willen dringend dafür sorgen, dass Landwirtschaft, Autos und sehr viele andere Produkte des täglichen Lebens so fortentwickelt werden, dass die dramatische Erwärmung des Klimas unterbleibt.

Doch es gibt auch Grund zur Hoffnung. Eine relativ neue Diskussion eröffnet hier etwa Agri-Photovoltaik: Sonnenlicht kann der Landwirtschaft Energie bringen und das Klima aufbauen. Zugleich kann dabei die Austrocknung der Böden gebremst werden, sodass die Böden eher wieder mehr als weniger Ertrag bringen. Das alles lässt hoffen.

Möge deshalb das vorliegende Buch dazu einladen und anregen, an diesen so existenziellen klimapolitischen Themen weiterzudenken und weiterzuarbeiten, denn eine Alternative zum Klimaschutz gibt es schlicht und ergreifend nicht!

Essays, die Mut für morgen machen

Hermann Theisen

In seinem Buch *Anpassung – Leitmotiv der nächsten Gesellschaft*[1] beschreibt Philipp Staab, Soziologieprofessor an der Humboldt-Universität zu Berlin, dass die Selbstentfaltung als klassisches Ziel der Moderne inzwischen durch Selbsterhaltung ersetzt worden sei und an die Stelle der Emanzipation die Anpassung als Leitmotiv der Gesellschaft getreten sei. Die für mich daraus resultierende Frage, inwieweit wir uns notwendigerweise und alternativlos an die Herausforderungen des Klimawandels anpassen müssen – oder zumindest einen deutlich konstruktiveren Umgang mit ihnen finden müssen –, hat den ganz wesentlichen Impuls für das vorliegende Buch gegeben.

Bereits seit mehr als 50 Jahren setzt sich der Club of Rome für eine nachhaltige Zukunft ein. Seitdem hat er immer wieder Zukunftsszenarien entwickelt und damit regelmäßig davor gewarnt, was unweigerlich passieren wird, wenn die Menschen keinen Weg in die Nachhaltigkeit finden und stattdessen weiterhin ein Leben auf Kosten der Umwelt führen. In dieser Zeit hat es zahlreiche globale Klimagipfel gegeben, und 2015 gab es mit dem Klimaabkommen von Paris den bis dahin weitreichendsten Beschluss zur Abwendung der drohenden Klimakatastrophe: Am 12. Dezember 2015 verpflichteten sich 195 Staaten auf der Pariser Weltklimakonferenz, den Klimawandel einzudämmen und die Weltwirtschaft im Sinne der bereits zuvor verabschiedeten Agenda 2030[2] klimafreundlich umzugestalten.

Konkret heißt es in dem Abkommen, dass der weltweite Temperaturanstieg möglichst auf 1,5 Grad Celsius, auf jeden Fall aber auf deutlich unter zwei Grad Celsius im Vergleich zum vorindustriellen Zeitalter beschränkt werden soll. Nur so könne eine gegenüber den Folgen des Klimawandels widerstandsfähige globale Entwicklung gewährleistet werden.

Die Vertragsstaaten verständigten sich dabei auf drei klimapolitische Hauptziele:
- die Beschränkung des Anstiegs der weltweiten Durchschnittstemperatur,
- die Senkung der Emissionen und die Anpassung an den Klimawandel und
- die Lenkung von Finanzmitteln im Einklang mit den Klimaschutzzielen.

Die Umsetzung dieser Klimaziele berührt ganz umfänglich alle unsere gesellschaftlichen und persönlichen Lebensbereiche, geht es doch um nichts weniger als um
- eine verlässliche Versorgung mit sicherer, sauberer und bezahlbarer Energie,
- soziale Gerechtigkeit bei gesellschaftsökologischen Transformationsschritten,
- eine rasche Umstellung auf eine nachhaltige und intelligente Mobilität,
- eine Mobilisierung der Umwelt für eine saubere und kreislauffördernde Wirtschaft,
- energie- und ressourcenschonendes Bauen und Renovieren,
- die Erhaltung und Wiederherstellung von Ökosystemen und Biodiversität,
- ein faires, gesundes und umweltfreundliches Lebensmittelsystem,
- eine schadstofffreie Umwelt,
- eine gesicherte Finanzierung dieser Maßnahmen sowie darum,
- die Einhaltung der EU-Klimaziele und der Agenda 2030 zu erreichen.

Davon sind wir heute weiter denn je entfernt, und zugleich nehmen die Herausforderungen der Klimakrise von Tag zu Tag zu – was kaum aufzulösenden Dilemmata gleichzukommen scheint. Um mögliche Antworten auszuloten, wurden Menschen aus sehr unterschiedlichen gesellschaftlichen Zusammenhängen für eine Auseinandersetzung mit diesen Themen in Form von Essays angefragt.

Vor diesem Hintergrund sind Essays von Menschen entstanden, die diverser nicht sein könnten, die aber alle verbindet, dass sie sich auf die eine oder andere Weise schon einmal zum Thema Klimawandel beziehungsweise zu den damit in Zusammenhang stehenden Fragen geäußert haben. Die Essays sollen die Leser*innen zu einer eigenen Standortbestimmung beim Thema Klimawandel einladen – in dem Wissen, dass auch jede und jeder Beteiligte an diesem Buch tagtäglich immer wieder selbst aufs Neue vor dieser Herausforderung steht und wir alle gemeinsam konstruktivere Lösungen im Umgang mit dem Klimawandel finden müssen – was denn auch sonst?

Die nachfolgenden Essays handeln deshalb davon, dass
- weniger auch mehr sein kann und das Leben seinen Reichtum eben nicht zwangsläufig durch eine Maximierung unseres Konsums erlangt,
- Klimaschutz nicht nur Verzicht bedeuten muss, sondern auch ein gutes und sinnvolles Leben bedeuten kann, das nicht auf Kosten anderer geht,
- unser intuitives Einschätzungsvermögen eigentlich genügt, um verstehen zu können, was umweltzerstörend ist und was nicht,
- die Notwendigkeit gesellschaftsökologischer Transformationsschritte unbedingt besser als bisher kommuniziert und positiv beschrieben werden sollte,
- Erzählungen von einer positiven Zukunft wegweisende, kreative Möglichkeitsräume eröffnen könnten,
- es darum geht, Mut zu entwickeln, um loszulegen und endlich ins Handeln zu kommen,
- wir uns die Frage, wem unser Handeln eigentlich dient, immer wieder neu stellen müssen,
- es wichtig ist, gemeinsam eine neue Lust auf unsere Zukunft zu entwickeln,
- es notwendig ist, das Thema Klimawandel bereits in die Schulcurricula aufzunehmen,
- die Erkenntnis nötig ist, inwieweit wir zu Claqueuren eines unbegrenzten Wachstums geworden sind und wie wir uns davon wieder befreien können,
- die Erkenntnis wichtig ist, welche persönlichen Bedürfnisse sich eigentlich hinter unserem Konsumverhalten verbergen,
- die Frage immer wieder gestellt muss: »Was gewinne ich durch Klimaschutz?«,

- es notwendig ist, unsere eigenen Grenzen zu akzeptieren und jene Akzeptanz in das Weltgeschehen einfließen zu lassen,
- unsere Kommunikation über das Klima nicht nur Fakten, sondern auch Gefühle wie Stolz, Hoffnung und Freude beinhalten sollte,
- wir überraschend viel bewirken können, wenn wir uns zusammentun,
- positive Emotionen den Wandel in der Klimakrise maßgeblich befördern können,
- Klimagerechtigkeitsaktivismus nicht nur notwendig ist, sondern auch Begeisterung und Hoffnung wecken kann,
- unser aller Zukunft auf dem Spiel steht und es darum geht, endlich in eine lebenswerte und nachhaltige Zukunft zu schreiten,
- wir uns auch in Arbeitsprozessen auf einen klimagerechten Weg begeben können,
- wir wieder Erzählungen benötigen, die uns Mut für morgen machen,
- es sich lohnt, für eine andere Welt zu träumen, in der wir unsere Lebensgrundlagen schonen und trotzdem alle genug haben und in der unsere materialistische Sichtweise und Haltung zunehmend an Bedeutung verliert.

Mögen Sie nun ein wenig von diesen Impulsen angesteckt worden sein und vielleicht auch bei dem einen oder anderen Gedanken eine innere Resonanz verspürt haben. Vor allem aber haben Sie hoffentlich Lust auf das Lesen der Essays bekommen, um sich mit Neugier und Interesse auf sie einzulassen.

Wie viel mehr brauchen wir noch?

Maren Mitterer

33 Jahre nachdem der Club of Rome seinen Bericht *Die Grenzen des Wachstums* veröffentlichte, kam ich zur Welt. Heute bin ich 19 Jahre alt, der Bericht ist mittlerweile über 50 Jahre alt, und nach wie vor schaffen wir den Schritt zu konsequent nachhaltigem Handeln nicht. Manchmal bin ich wütend auf die Generationen vor mir, dass sie trotz allem einfach so weitergemacht haben und noch immer machen. Gleichzeitig verstehe ich die Verlockung der Reisen, der Filme, der technischen Möglichkeiten, der Produkte, der Ziele und so weiter. Ich möchte dem jedoch ein anderes Bild entgegensetzen: In unserer Welt wird von Jahr zu Jahr alles schneller und höher und mehr, und wir betrachten es als selbstverständliches Recht, dass unser Wohlstand kontinuierlich weiterwachsen wird. Stillstand und Verzicht sind negativ besetzt und machen uns Angst. Doch ich behaupte, sie machen uns nicht Angst, weil sie tatsächlich Leid mit sich bringen, sondern weil wir uns so sehr mit den materiellen Dingen in unserem Leben identifizieren, dass ein Verlust dieser für uns gleichgesetzt wird mit einem Verlust von Lebensqualität. Solange wir in diesem Bewusstsein – oder eher Unbewusstsein – leben, ist es nachempfindbar, wie viel Ablehnung Verzicht oder Entschleunigung in uns auslösen. Beispielsweise »brauchen« wir den Traumurlaub in Amerika, um den Stress von Arbeit und Alltag abzubauen, und nehmen dafür den CO_2-Ausstoß des Fluges in Kauf. Oder wir kaufen alle paar Wochen neue Kleidung, weil die Modeindustrie schnelllebige Artikel produziert und uns die Werbung einredet, dass wir erst mit dieser Jacke wirklich gut aussehen werden. Die Liste mit Dingen, die wir erreichen und besitzen wollen und von denen wir uns Zufriedenheit versprechen, ist lang. Unser System ist darauf ausgelegt, dass wir unglücklich sind, damit wir weiter konsumieren, um irgendwann »endlich glücklich zu werden«.

Betrachte ich allerdings die Welt um mich herum, sehe ich nicht, dass unser Streben nach mehr uns zu größerer Zufriedenheit geführt hat. Wie viel mehr brauchen wir noch? Wie viel mehr Menschen, die sich einsam fühlen? Auch gesellschaftlich wird unsere Stimmung zunehmend gereizter, die Gesellschaft ist gespalten, extreme politische Kräfte gewinnen an Einfluss, und international erleben wir eine Zunahme von Konflikten und Autokratisierung. Unser westliches Streben nach immer mehr Wohlstand hat uns ab einem gewissen Punkt nicht mehr zu größerem Glück geführt – weil wir damit einen zentralen Punkt von Zufriedenheit übergehen: Selbstreflexion. Neben all den wissenschaftlichen Erfindungen, den politischen Konferenzen und zivilgesellschaftlichen Projekten gibt es für mich also noch eine weitere Ebene, die wichtig ist für die sozialökologische Transformation: die Beschäftigung mit uns selbst. Ich glaube, wir laufen in unserer Gesellschaft konstant davor weg, uns damit zu beschäftigen, wie es uns geht, wann wir im Frieden mit uns selbst und der Welt um uns sind. Viele in meiner Generation würden mir wahrscheinlich »den Vogel zeigen« für diese Ansichten und Appelle, weniger zu konsumieren und mehr Zeit mit unseren Gefühlen als mit unseren Handys zu verbringen. Ich kann es ihnen auch nicht verübeln, schließlich ist es das, womit wir groß geworden sind. Doch in der Fähigkeit, stehen zu bleiben und sich mit sich selbst zu beschäftigen, liegt eine tiefere Zufriedenheit als in der Spirale des Konsums.

Ich bin nun mal auch kein klassisches Kind meiner Generation: Kurz nach meinem 19. Geburtstag bin ich auf dem Jakobsweg von Porto nach Santiago de Compostela gepilgert. Auf dem Weg habe ich das erlebt, was ich oben als »Frieden mit uns selbst und der Welt um uns« bezeichnet habe. Es ist schwierig, dieses Gefühl in Worte zu fassen, und ich meine damit auch keine religiöse Erfahrung, aber ich versuche es: Es gilt, mit sich selbst so aufzuräumen, dass man Zufriedenheit nicht im Außen suchen muss, sondern sie aus dem Inneren entstehen kann. Beispielsweise sich den eigenen Ängsten und dahinterliegenden Bedürfnissen bewusst zu werden oder sich einen Alltag zu schaffen, der nicht konstant mehr Kraft kostet, als er gibt. Das öffnet den Raum für eine Freude, die schon durch scheinbar kleine Dinge aufkommen kann: ein anregendes Gespräch, Zeit in der Natur, Sonne, Regen, kreative Tätigkeiten. Letztlich liegen dem Achtsamkeit und Gegenwärtigkeit zugrunde. Ich möchte damit nicht sagen, dass alle den Jakobsweg wandern sollten und sich dann die Klimakrise lösen wird – auch wenn das wohl tatsächlich die Welt zu einem friedlicheren Ort machen würde –, sondern zeigen, dass es noch andere Arten von Zufriedenheit gibt. Stillstand und Verzicht können ebenso angenehm und beruhigend sein, sie bedeuten nicht zwangsläufig einen Verlust an Lebensqualität.

Nach fünf Jahren Klimaaktivismus und unzähligen Gesprächen mit Politiker*innen und Menschen aus allen Ecken der Gesellschaft ist meine Antwort auf die Frage, wie uns die sozialökologische Transformation gelingen kann: die eigene Bewusstwerdung. Es ist leichter, beispielsweise das Konsumverhalten zu ändern, wenn wir uns mit den dahinterstehenden Bedürfnissen auseinandergesetzt haben – statt den Konsum mit der eigenen Zufriedenheit zu verknüpfen. Ich wünsche uns allen, dass wir dann erleben, dass Entschleunigung und Verzicht nicht einschränkend sein müssen, sondern Raum geben für eine natürlichere Lebensfreude. Ein nachhaltiges Leben, in dem wir nicht konstant auf Kosten von Mensch und Natur wirtschaften, kann Freude machen und den eigenen Frieden stärken. Ich wage zu behaupten, dass wir freier werden, wenn wir nachhaltiger und bewusster leben. Es muss sich also auch unser eigenes »Klima« ändern, damit sich das Klima unseres Planeten nicht unkontrolliert erhitzt. Die Klimakrise zerstört unsere Lebensgrundlagen, und das führt sicherlich nicht zu mehr Zufriedenheit. Unbegrenztes Wachstum ist in der derzeitigen Form also kein zukunftsfähiges System, aber damit steht und fällt zum Glück nicht unsere Lebensqualität. Es gibt andere und tiefgreifendere Wege zur Zufriedenheit. Und noch haben wir die Chance, diese Transformation selbstbestimmt zu meistern – denn sie wird kommen, entweder »by design« oder »by disaster«.

Die Kultur ändern, in der wir erzogen wurden

Davide Brocchi

Obwohl seit dem ersten Bericht des Club of Rome bereits mehr als 50 Jahre vergangen sind, klaffen das Versprechen der Nachhaltigkeit und die tatsächlichen Entwicklungen immer weiter auseinander. Die größte Herausforderung liegt heute nicht in der Lösung, sondern im Loslassen des Problems. Dies gilt auch für den Klimawandel. Begriffe wie *Klima*wandel oder *Klima*schutz erzeugen ein Framing,[1] das den Fokus auf das Symptom legt, während die Ursachen in den Hintergrund rücken. Solange diese unbehandelt bleiben, kann sich das Problem nur weiter verschärfen. Dementsprechend ersetzt die Dringlichkeit der Klimaanpassung zunehmend jene des Klimaschutzes. So werden die Dämme gegen die Überschwemmungsgefahr erhöht und Klimaanlagen immer häufiger eingesetzt, während Kohle, Öl und Gas weiter verheizt werden. Selbst in Deutschland werden 77,4 Prozent des Primärenergieverbrauchs immer noch durch fossile Energieträger gedeckt.[2] Gleichzeitig versprechen technologische Innovationen und Marktinstrumente wie der Emissionsrechtehandel eine Problemlösung ohne strukturelle Ursachenbehandlung. Daran orientiert sich auch die Bundesregierung, die gegen den Klimawandel noch »mehr Fortschritt wagen«[3] will: mehr Windräder, mehr Elektroautos, mehr Digitalisierung und so weiter. Im Programm der Ampelkoalition kommt das Wort »weniger« lediglich zweimal vor. Wenn Nachhaltigkeit nur Zusatz sein darf, dann werden Umweltprobleme meistens verschärft oder verlagert. Für ihre Lösung ist »Exnovation«[4] jedoch entscheidender als Innovation.

Die Überwindung der Klimakrise wird durch die Tatsache erschwert, dass sie nur eine von vielen Krisen ist, mit denen unsere Gesellschaft gegenwärtig zu kämpfen hat. Gerade in Zeiten der Wirtschaftskrise oder des Krieges hat es der Klimaschutz besonders schwer. Dabei wird oft übersehen, dass die heutigen Krisen ineinander verwoben sind, sich wechselseitig nähren und gemeinsame Ursachen haben. Dementsprechend sollte die Polykrise[5] – und nicht nur die Klimakrise – der Gegenstand der Nachhaltigkeits- und Transformationsdebatte sein. Die gegenwärtige Polykrise ist weder eine unerwartete Naturkatastrophe noch Ausdruck eines bösen Schicksals, sondern das Resultat einer bestimmten gesellschaftlichen Entwicklung und von bewussten Entscheidungen. Selbst wenn die »große Transformation« heute gerne als »Zukunftsaufgabe« begriffen wird,[6] sind wir tatsächlich immer noch in der alten kapitalistisch-industriellen Transformation gefangen.

Damit setzte sich bereits der Sozialanthropologe Karl Polanyi (1886 – 1964) auseinander. In seinem Werk The Great Transformation von 1944 warnte er vor der »krassen Utopie« von Märkten, die sich selbst regulieren können. Wer die Marktkräfte entfessele, müsse mit der Vernichtung der menschlichen und natürlichen Substanz der Gesellschaft rechnen, so Polanyi.[7] Er hatte diese Entwicklung selbst erlebt: von der Liberalisierung der Märkte zur Weltfinanzkrise von 1929, dann die sozialen Polarisierungen, die autoritären Entwicklungen und schließlich der Krieg.

Dass sich diese Verkettung von Phänomenen in den letzten Jahrzehnten wiederholt hat, zeigt jedoch, dass sich unsere Gesellschaft in ihren tief liegenden Strukturen kaum gewandelt hat. So leidet die Marktgesellschaft noch immer an Wachstumszwang. Wachstum bedient unter anderem einen Wettbewerb um Status – und weil sich Status durch die Dinge zeigt, mit denen man sich umgibt (Habitus), steigt der Naturverbrauch selbst in wohlhabenden Gesellschaften immer weiter. Wenn Menschen dem günstigen und bequemen ÖPNV einen teuren, massiven SUV mit hohem Spritverbrauch vorziehen, dann hat dies mit Status zu tun. Zudem wirkt sich Wirtschaftswachstum als künstlicher Stabilisator einer ungleichen Gesellschaft aus. Rezessionen werden hingegen künstlich unterdrückt (zum Beispiel durch Konjunkturprogramme), weil sie soziale Konflikte auslösen. Obwohl Nachhaltigkeit ohne »Degrowth« kaum vorstellbar ist (wir Deutschen leben im Durchschnitt so, als hätten wir drei Erden zur Verfügung),[8] wird der Ruf nach mehr Wachstum und ökonomischer Deregulierung gerade in Krisenzeiten noch lauter. Jeder Wirtschaftszwang setzt jedoch einen Expansionsdrang voraus, um den steigenden Rohstoffbedarf zu decken, um Absatzmärkte zu erweitern etc. Auf einem begrenzten Planeten führt dies früher oder später zum Krieg – mit der Natur und zwischen den Menschen. Die heutigen Imperien legitimieren die eigenen Kriege gerne als »gerecht«.[9]

In einem Zustand des permanenten Krieges lassen sich jedoch keine globalen Probleme lösen. Wenn der Umgang mit dem Klima von der Art und Weise abhängt, wie Menschen zusammenleben, dann benötigt Nachhaltigkeit mehr Kooperation statt Wettbewerb, mehr Gemeinwesen statt Privatwesen. Für die Umwelt macht es einen großen Unterschied, ob Menschen zum Homo oeconomicus oder zum Homo solidaricus erzogen werden. Warum und wozu müssen wir immer weiter wachsen, wenn wir auch gerecht umverteilen und mehr miteinander teilen könnten? Doch in unserer Gesellschaft herrscht eine Politik der Alternativlosigkeit, ganz nach dem neoliberalen Motto der ehemaligen britischen Premierministerin Margaret Thatcher: »There is no alternative!« Es gibt keine Alternative zur Kommerzialisierung, zur Digitalisierung, zur Militarisierung oder zu einer sterilen Architektur. Stellt eine Partei die Marktwirtschaft infrage, gilt sie als nicht regierungsfähig. So wird das dominante Entwicklungsmodell der Gesellschaft (Modernisierung) als Schicksal hingenommen, obwohl gerade darin die Wurzel des Unheils liegt.[10] Tatsächlich ist jede gesellschaftliche Entwicklung politisch und kulturell bedingt – und als solche relativ und formbar. Gerade das macht unsere Mitschuld und unsere Verantwortung aus. Durch die Globalisierung ist die westliche »Hochkultur« zur weltweiten Monokultur geworden. Selbst Länder wie Russland und China bekennen sich inzwischen zum Kapitalismus und zum Massenkonsum. Nicht anders als ökologische Monokulturen sind jedoch auch die geistigen besonders anfällig für Krisen. Denn sie zeichnen sich durch die bemerkenswerte Tendenz aus, die Ursachen der Probleme als Lösung zu verpacken. So gelten Wachstum und Fortschritt heute immer noch als Allheilmittel, obwohl sie bisher viele Probleme verursacht haben. In einer Monokultur kann die Lösung nur ein Mehr vom Gleichen sein. Während Monokulturen soziale Systeme vulnerabler machen, ist die Vielfalt – der Möglichkeitsraum für Alternativen und Selbstorganisation – das Fundament der Resilienz.

Ob wir einen radikalen Wandel wollen oder nicht, diese Frage stellt sich heute nicht mehr: Wir sind bereits mittendrin. Die einzige Frage ist bekanntlich, wie dieser Wandel stattfinden wird: by disaster or by design. Tatsächlich experimentieren westliche Gesellschaften seit Jahren mit einer dritten Option: der Abschottung der Wohlstandsinseln. Durch die »Neuerfindung der Grenzen als Sortiermaschinen«[11] kann nämlich Ordnung internalisiert und Unordnung gleichzeitig externalisiert werden.[12] An den sichtbaren und unsichtbaren Grenzen der Wohlstandsinseln sorgen die Strukturen der sozialen Ungleichheit dafür, dass das Wachstum und der Fortschritt der einen die Polykrise der anderen sind und bleiben. Wer die Probleme verursacht, wird mit deren Folgen nicht konfrontiert und muss dafür nicht haften. Reichtum und Macht vermitteln das trügerische Gefühl, gegen jede mögliche Krise abgesichert zu sein, was die Risikobereitschaft zusätzlich fördert (»moral hazard«). Nimmt die Hitze in Städten zu? Man kann sich einen zweiten Wohnsitz in einer kühleren Region anschaffen oder ganz wegziehen. Wenn die Eliten mit dem Ernst der Lage nicht konfrontiert sind, haben sie vermutlich wenig Interesse, einen Entwicklungspfad loszulassen, der sie lange privilegiert hat. So schützen die Grenzmauern nicht nur den Wohlstand, sondern auch die Ursachen der Unordnung. Sie versperren uns den Blick und fördern die Bildung jener Wahrnehmungsblasen, die zur Verschärfung der Polykrise führen. Dementgegen benötigen nachhaltige Entscheidungen breite statt enge Wahrnehmungshorizonte, Lernfähigkeit und Perspektivenwechsel, Brücken statt Mauern. Es geht um das Bewusstsein, dass die Umwelt gleichzeitig Innenwelt ist.

Wenn die Polykrise systemische Ursachen hat, dann benötigt ihre Überwindung einen »Systemwechsel«: Genauso wird Transformation in den Politikwissenschaften begriffen.[13] Was für die bisherigen großen Transformationen in der Geschichte der Menschheit galt, gilt genauso für jene zur Nachhaltigkeit: Dabei bedingen sich ein Wechsel des Energieregimes, des Gesellschaftsregimes und des Kulturregimes gegenseitig. Diese können hier nur kurz skizziert werden:

Wechsel des Energieregimes. Allein durch erneuerbare Energien wird man den wachsenden Energiehunger der Gesellschaft nie decken können. Deshalb kann es Nachhaltigkeit nur durch eine »Befreiung vom Überfluss«,[14] eine Postwachstumsökonomie und eine humane Reduktion der Weltbevölkerung geben. Regionale Märkte sollten durch den Weltmarkt ergänzt statt ersetzt werden. Für viele Probleme liefert die Natur die beste und günstigste Lösung. So sollte der Autoverkehr in Städten radikal reduziert werden, um Flächen für ihre Begrünung freizumachen.[15] Das würde sowohl der Klimaanpassung als auch dem Klimaschutz dienen.

Wechsel des Gesellschaftsregimes. Nachhaltigkeit beginnt mit einer Veränderung der sozialen Beziehungen an der Basis der Gesellschaft. So setzen Kooperation und Gemeinwesen ein Grundvertrauen voraus. Um dieses zu bilden und zu pflegen, reichen virtuelle Räume nicht aus: Es werden analoge Begegnungsräume als Gemeingut benötigt. Zudem sollte die Frage der Nachhaltigkeit als Frage der Demokratie gestellt werden: Wer bestimmt hier die Entwicklung für wen? Die Illusion, dass eine Lösung unserer Probleme top-down erfolgen könne, ist längst gestorben. Benötigt wird deshalb eine individuelle und kollektive Selbstermächtigung zur Transformation. Durch neue Allianzen und bunte Bündnisse kann eine Demokratisierung der Demokratie durchgesetzt werden. Auch eine gerechte »Rückverteilung des Reichtums«[16] und eine Stärkung der öffentlichen Daseinsvorsorge dienen dem Klimaschutz. Um die globalen Probleme zu lösen, braucht es eine Reform und Stärkung der Vereinten Nationen. Dafür sollten auch Militärbündnisse zur Disposition gestellt werden.

Wechsel des Kulturregimes. Die kapitalistisch-industrielle Transformation begann mit der Erfindung der Drucktechnik und mit der wissenschaftlichen Revolution. Genauso benötigen wir heute eine mediale und geistige Revolution. Eine emanzipierte, kritische Presse, Bildung, Wissenschaft und Kunst sind nachhaltiger als eine funktionalisierte. Man kann auch von anderen Kulturen und Subkulturen sehr viel lernen.

Klimaschutz bedeutet nicht Verzicht, sondern ein gutes Leben, das nicht auf Kosten anderer geht – künftige Generationen und nichtmenschliche Wesen inbegriffen. Während die »ökologische Modernisierung« auf eine Optimierung der Megamaschine und seiner Rädchen zielt, benötigt Nachhaltigkeit Andersartigkeit und Lebendigkeit. Ein Stück davon steckt in jedem und jeder von uns. In der Transformation kann es keine »Soziogenese« ohne »Psychogenese« geben, denn die größte Herausforderung ist es, eine Kultur zu ändern, in der wir selbst erzogen wurden.[17]

Krach mit meiner Schwester

Waltraud Schwab

Wieder habe ich Krach mit meiner Schwester. Das hört nie auf, obwohl wir schon mehrere Jahrzehnte zusammen durchlebt haben. Im Grunde ist der Streit ein Ausdruck großer Liebe über alle Unterschiede hinweg. Denn nur unsere Stimmen gleichen sich. Oder anders: ausgerechnet unsere Stimmen. Der Anlass für unsere schwesterliche Differenz ist das Auto. Wenn ich sie frage, warum sie mit dem Auto von Berlin, wo wir wohnen, nach Italien fährt, wo sie Urlaub machen will – und ich frage das schon allein deswegen, um herauszufinden, ob es noch immer das Auto ist, das uns trennt –, wird sie sauer. 2.000 Kilometer, was für ein Stress, sie könne doch mit der Bahn fahren, sage ich. Ich sorge mich um sie, ich bin die Ältere. Und überhaupt, ihr Auto ist ein Benziner. Sie allerdings hat eine Abneigung gegen das Zugfahren. Aus verständlichem Grund. Einmal, als es noch Nachtzüge der Bundesbahn gab – ohne Frauenabteile, die mussten erst erkämpft werden –, wurde sie im Liegewagen sexuell belästigt. Sie fährt mir ins Wort, ich solle aufhören, ihr ins Gewissen reden zu wollen, sie habe das mit der Umwelt auf dem Schirm, fliege nicht, habe nichts gegen Tempolimits, aber aufs Auto wolle sie nicht verzichten.

»Ich bin die Tochter eines Automechanikers«, schreit sie ins Telefon, »das Auto ist für mich eine Frage der Identität.« Identität? Darauf wäre ich nie gekommen. Denn ich bin die Tochter desselben Vaters,[1] und ich denke, ein Leben ohne Auto ist schöner. Ich verstehe nicht, wie man einem Objekt so viel Raum geben kann, das neben seinem Nutzen – es ist bequem und schnell und für Menschen mit Behinderungen, Frauen mit Kindern und Menschen auf dem Land ein Segen – eben auch viel Schaden anrichtet: Verkehrstote, Lärm, Umweltschäden, Klima- und Landschaftszerstörung. Das Auto könnte also eine Abwägungssache sein. Das ist es aber nicht. Es kommt als Ultima Ratio daher. Das wiederum macht mich wütend.

Am Auto zeigt sich in Deutschland, dass es sehr schwer wird, die Erderwärmung auch nur annähernd in den Griff zu bekommen. Nicht nur aus Identitätsgründen. Da steckt noch mehr dahinter. Das Wort »autogerecht«

zeigt, wohin die Reise geht. So für sich stehend, wäre es nicht verwunderlich, wenn »autogerecht« auf einen paradiesischen Zustand verwiese: auf Gerechtigkeit, die sich automatisch einstellt. Als gäbe es einen Algorithmus für Gerechtigkeit. Ein Autokorrekturprogramm für alles, was ungerecht ist. Nur leider ist die Wirklichkeit anders. Das Wort »autogerecht« ist verbraucht, besetzt vom Automobil. In den 60er-Jahren des letzten Jahrhunderts galt die Maxime des »autogerechten Umbaus der Stadt«. Die Stadt sollte gerecht sein fürs Auto. Nicht für den Menschen. Die Straßen mussten breit sein; Bäume, die im Weg standen, wurden gefällt, Flüsse in Tunnel verlegt, Häuser abgerissen. Was im Krieg nicht zerbombt wurde, nun war es dran. Das wirkt wie eine späte Genugtuung für die Kriegsverlierer. Sie konnten den Osten mit Panzern nicht erobern, also erobern sie mit Autos die Heimatfront. Wenn auch nur ein Funken Wahrheit an meiner Überlegung ist, dann erklärt das, warum das Auto, dessen Begrenzung nicht nur dem Planeten, sondern auch der Lebensqualität zugutekäme, nicht infrage zu stellen ist. Denn wenn man den Gedanken zu Ende denkt, muss der Siegeszug des Autos den verlorenen Krieg wettmachen. Militärparaden gehen nicht mehr seit 1945. Autokolonnen auf Autobahnen müssen das ersetzen. Und wer glaubt, der in einen Sieg umgewandelte Schmerz der Kriegsverlierer hätte sich mittlerweile demografisch erledigt, zieht nicht in Betracht, dass er transgenerationell weitergereicht wird. Ja, klar, das ist verrückt, man muss schon um drei Ecken denken, um diesem Gedanken zu folgen. Aber um zu verstehen, dass in Deutschland nicht mal ein Tempolimit durchsetzbar ist, braucht es Gedanken, die das Unbewusste bemühen. Denn mit vollem Verstand ist es nicht zu begreifen. Wenn Außerirdische auf die Erde schauen, werden sie denken, die Autos seien die herrschende Spezies. Diejenigen, welche die Autos von einem Ort zum anderen bewegen, die Menschen, sind nur Akteure im Auftrag der Autos. Dieses Bild stammt nicht von mir, ich habe es irgendwo gelesen. Was die Außerirdischen jedoch nicht verstehen: dass das Auto bei vielen Leuten zum erweiterten Selbstobjekt geworden ist. So nennen Psychotherapeuten und Psychotherapeutinnen etwas, mit deren Hilfe sich eine Person vollkommen fühlt. Es wird ein Teil ihrer selbst. Deshalb ist es eine Frage der Identität. Deshalb darf es auch mehr öffentlichen Raum beanspruchen als Kinder. Deshalb wird es von vielen mehr geliebt als die Ehefrau. Werden

Ehefrauenmörder gefragt, warum sie ihre Frauen umgebracht haben, sagen manche, es sei ein Unfall gewesen.

Die Idee der Autogerechtigkeit durchzieht die Geschichte der Bundesrepublik. Generationen haben daran ihren Wohlstand gemessen, Autogerechtigkeit steckt in unserer DNA. Wie sonst könnten wir zulassen, dass allein die Straßenflächen, würde man sie nebeneinanderlegen, so viel Platz einnehmen wie halb Sachsen oder halb Hessen, nämlich 9.373 Quadratkilometer? Das halbe Hessen eine Asphaltwüste. Und das ist nicht alles. Das sind nur die Straßen. Hinzu kommen die Autos, die irgendwo stehen müssen. Fast 50 Millionen Pkws sind derzeit zugelassen. Nur Pkws. Lastwagen, Anhänger, Landmaschinen und was sonst noch mit einer Karosserie umgeben ist, nicht mitgezählt. Auf ungefähr 1,7 Personen kommt also ein Auto. Wird für jedes, das herumsteht, der Platz zugrunde gelegt, der ihm in einem Parkhaus zusteht, nämlich maximal 5 x 2,5 Meter, und legt man die Parkplätze der 50 Millionen Autos aneinander, ergibt das 625 Quadratkilometer – sofern meine Rechnung stimmt. Das ist zweimal die Fläche von Bremen. Oder zweimal München. Oder die Fläche von München und Bremen zusammen.

Auch die Automobilindustrie trägt dazu bei, dass das Auto in unserer Gesellschaft etwas mit Identität zu tun hat. 779.700 von etwa 45 Millionen Berufstätigen waren 2023 in der Branche beschäftigt. Das sind weit weniger, als die Autolobby gern behauptet, die von jedem siebten Arbeitsplatz spricht, was aber, seit Angela Merkel dies zitierte, als gesetzt gilt. Bei der Rechnung werden alle Jobs mitgezählt, die auch nur irgendwie dem Auto zugutekommen, inklusive der Holzfäller*innen, die Bäume schlagen für Lenkräder aus Holz. Dass die Erzählung von jedem siebten Arbeitsplatz bei den Autofans gut ankommt, zeigt, wie sehr es das Denken dominiert. Nur, so kann es nicht weitergehen. Die Identifikation, diese scheinbar heilige Allianz zwischen Mensch und Gefährt, muss aufgebrochen werden, wenn das mit dem nachhaltigen Umbau der Gesellschaft und der Eindämmung der Erderwärmung noch irgendwie gelingen soll. Zwischen Auto und Identität muss der Abstand groß werden. Sehr groß. Davon sind wir weit entfernt. Denn stellt jemand das Autofahren infrage, nur infrage, entsteht identitärer Phantomschmerz. Auch bei meiner Schwester. Ich bin noch auf der Suche nach identitätsstiftenden Alternativen für sie. Das Fahrrad? Unser Vater hat auch Fahrräder repariert. Das Auto ist das krasseste Beispiel, an dem sich zeigt, wie schwer es werden wird, in einer satten Gesellschaft wie der unseren die Erderwärmung einzudämmen. Denn vieles, was wir im Alltag für gegeben halten, müsste auf den Prüfstand. Flugreisen, Kreuzfahrten, Wohnfläche pro Person, Zugriff auf Saisonales und Elektrizität, Internet und warmes Wasser jederzeit. Der Anspruch, seinen Radius medial, digital, global oder in Echtzeit jederzeit nach Belieben erweitern zu können, steht infrage.

Die Politiker und Politikerinnen haben, so denke ich, eigentlich die Aufgabe, dies den Menschen zu sagen. Aber sie tun es nicht. Sie sagen nicht: »Wir stehen vor riesigen Herausforderungen. Ihr Leben wird sich ändern. Aber wir schaffen das.« Sie schalten stattdessen auf Autopilot, wiegen die Leute bestenfalls in der unsicheren Gewissheit, dass mit Technik, die es noch nicht gibt, alles zu lösen sei. Das ist falsch, vielleicht aber noch nicht gelogen. Ich wünsche mir dennoch mehr Ehrlichkeit. Nur Rita Süssmuth, diese 87 Jahre alte, krebskranke CDU-Politikerin, versucht in ihrem kleinen, jüngst erschienenen Büchlein, das Über Mut [2] heißt, zu sagen, dass wir umdenken und radikal anderen Handlungsmaximen nachgehen müssen, um die Krisen in den Griff zu bekommen.

»Es läuft auf Verzicht heraus«, sagte sie neulich in einem Interview,[3] das ich mit ihr führte. »Aber ich sage nicht Verzicht. Und warum sage ich das nicht? Weil ich dann einen anderen Gedanken fallen lassen müsste, den nämlich, dass Verzicht auch ein Gewinn sein kann.« Sie sei eine passionierte und flotte Autofahrerin gewesen. »Aber als ich mein Auto aufgegeben habe, habe ich das nicht als Verzicht, sondern als Befreiung wahrgenommen.«

Der Mensch braucht kein Gefährt, sondern Gefährtinnen und Gefährten.

Mehr Zukunft wagen!

Uli Mayer-Johanssen

Klimaforscherinnen und Ökonomen sind sich einig: Mehr Klimaschutz und mehr Wirtschaftswachstum schließen sich nicht aus. Klimaneutrale Technologien sind bereits heute ein wichtiger Wirtschaftsfaktor. Der Green Deal ist nicht nur Herausforderung und Bürokratie, sondern eine Chance, uns von alten Glaubensgrundsätzen und Mythen zu lösen, die uns im Gestern festhalten. Leider brechen bislang in Deutschland die Dämme nur im Ahrtal, in Bayern und im Allgäu und nicht hinsichtlich der alten Überzeugungen und Glaubensgrundsätze. Die Kraft der Zerstörung ist gewaltig und spült alle Versprechungen und Übereinkünfte, sich dem Verderben entgegenzustemmen, mit in den reißenden Strom der Vergeblichkeit. Fast scheint es so, als veranschauliche die Natur uns ihre Form des seit annähernd 500 Jahren gängigen Narrativs vom »immer mehr, immer schneller«.

Gegen die Angst, hin zum Prinzip Verantwortung

Wieder und wieder warnen Wissenschaftlerinnen und Wissenschaftler aller Disziplinen vor der drohenden globalen Katastrophe, und dennoch beherrschen Kriege, Egoismus, Gier und Populismus das Weltgeschehen. Alle, Alle, die zu einem veränderten Blick auf die Welt und die weltweit bedrohten Lebensräume aufrufen, werden der Lüge geziehen und mit Hass überhäuft. Unsere drängendsten Probleme werden von Kriegsgeschehen und ungebremstem Profitstreben verdrängt. Zukunftsängste werden sukzessive zu Begleitern unseres Alltags. Zusehends werden die Themen Umweltschutz, Artensterben und Klimawandel von einer Verzichtsdebatte dominiert. Die Konsequenz: Die Bereitschaft, sich zu engagieren und sich mit Fakten und Erkenntnissen auseinanderzusetzen, sinkt dramatisch.

> »Die Zukunft beunruhigt sie wenig:
> Nach ihnen die Sintflut.«
> Abbé Gabriel Bonnot de Mably[1]

Wie ein Lichtstreif am Horizont erscheint der Dokumentarfilm *Whale Nation* des Franzosen Jean-Albert Lièvre. Ein ebenso faszinierend wie bedrückend schönes Schauspiel einer Lebenswelt, die das Ineinandergreifen einer ganzheitlichen, nachhaltigen Form der Existenz in friedlicher Koexistenz darstellt. Vor unseren Augen öffnet sich eine Welt, die sich unserer Wahrnehmung bislang entzog. In spielerischer Eleganz durchstreifen die Wale die Weltmeere und schenken uns dabei Sauerstoff und Nährstoffe. Erkennt man erst, dass sie mitunter unsere wichtigsten Verbündeten im Kampf gegen den Klimawandel sind und dass die Wale bis weit nach ihrem Tod auf dem Grund der Tiefsee zu einem unverzichtbaren Nährstofflieferanten werden, kommt man aus dem Staunen nicht mehr heraus. Es scheint wie ein Wunder, dass sich nach annähernd 50 Jahren die Walbestände erholen. Langsam zwar, aber durch die Einhaltung eines 1996 geschlossenen Schutzabkommens, dem über 21 Staaten beigetreten waren, gelang, was lange als unmöglich galt, nämlich das Aussterben der Wale zu verhindern. Hoffnung keimt auf. Hoffnung, dass wir trotz aller vermeintlich bestehenden Zwänge dennoch die Fähigkeit besitzen, Wissen in Handeln umzusetzen, und nicht nur kurzfristiger Profit und Eigennutz im Zentrum stehen, sondern dass wir die Fähigkeit besitzen, gemeinsam entschlossen neue Wege zu gehen und Verantwortung zu übernehmen.

Menschengemachte Probleme in der von uns geschaffenen und beherrschten Welt

Seit Rockefeller als Begründer der Erdölindustrie der erste Milliardär der Weltgeschichte wurde, wurde er weltweit zum Role Model. Und so wuchsen die jährlichen Gewinne der Energiewirtschaft in Billionenhöhe. Gleichzeitig reißt die Liste der Umweltkatastrophen nicht mehr ab. Allein ein Blick auf einen Bruchteil der Ereignisse aus der Vergangenheit lässt einen erschauern, etwa das Scheitern des Kyoto-Protokolls durch den damaligen CEO von

Exxon und Exxons Einfluss auf eine Industriegruppe in den USA, die alle Bemühungen um Umwelt- und Klimaschutz im Keim erstickten. Oder die US-Ölfirma Sinclair, die sich durch Bestechung italienischer Faschistinnen und Faschisten das Monopol für Ölbohrungen in Italien sicherte, wie Giacomo Matteotti aufdeckte und dafür mit seinem Leben bezahlte.[2] Oder British Petroleum, das durch Umbenennung in Beyond Petroleum Greenwashing betrieb und damit kaschierte, dass die Investitionen in erneuerbare Energien letztlich ein Promille ihres Milliardengewinns ausmachte. Exxon, Shell und Total – sie alle wussten über Studien, die sie selbst in den 1970er-Jahren beauftragt hatten, dass ein Weiter-so die Menschheit in die Katastrophe führen würde. Doch all dies landete in den Giftschränken der Konzernzentralen. Ein Bann des Schweigens legte sich über Jahrzehnte hinweg über die dramatischen Erkenntnisse. Was auch geschah, es ist kein Ende in Sicht. Das Tankerunglück der »Erika« vor der bretonischen Küste, der »Exxon Valdez« vor Alaska, die Explosion der »Deepwater Horizon« – bis heute, bis zum Aufdecken des Milliardenbetrugs deutscher Ölkonzerne, die die Verpflichtung ihrer gesetzlich verordneten Treibhausgasminderungsquote über Scheinabkommen mit China zu umgehen wussten. Der Schaden liegt bei rund 1,7 Milliarden Euro;[3] obwohl offensichtlich ist, dass die Beseitigung der entstandenen Schäden um ein Vielfaches teurer ist, als die Ursachen zu bekämpfen, vertrauen wir immer noch darauf, dass es schon irgendwie gut ausgehen wird. Ein tödlicher Irrglaube.

Besitzstandswahrung, Macht und Gier: die Apokalytischen Reiter der Moderne

Ob Klimawandel, Artensterben, Vermüllung der Weltmeere, der Einsatz von Pestiziden oder die Zerstörung der Regenwälder, der Rückzug der Gletscher, das Schmelzen der Permafrostböden, all dies bedeutet am Ende, die Resilienz der Erde und damit unsere Existenz aufs Spiel zu setzen. Wir nehmen mit unserem Handeln und unserer Haltung in Kauf, dass Golfstrom und Jetstream aus dem Gleichgewicht geraten. Wir riskieren den sozialen Zusammenhalt, Demokratie und Freiheit. Doch solche Warnungen verhallen – trotz sich unentwegt mehrender Umweltkatastrophen. Neben dem Modell der Planetary Boundaries und den 16 von vielen Wissenschaftlern prognostizierten möglichen Kipppunkten entwickelte er mit Kolleginnen und Kollegen das Konzept der »Planetary Commons«, der planetaren Gemeinschaftsgüter, deren Schutz und Erhalt in der Verantwortung aller Länder, insbesondere aber derer liegen, die vom unbegrenzten Raubbau am meisten profitieren.

Wir werden bewusst sein oder nicht mehr sein

Scheinbar unbemerkt mutierten wir zu Claqueuren eines unbegrenzten Wohlstands, der sich wie von Geisterhand vermehrt. Das unheilvolle Narrativ vom ungebremsten Wachstum auf einem begrenzten Planeten vernebelt den Blick auf die Realität und die Konsequenzen unseres Handelns. Anbeter*innen von Götzenbildern gleich eifern wir dem Mythos vom immerwährenden Wohlbefinden durch endlosen Konsum hinterher und landen bei Einsamkeit, Depression und Angststörungen. Angst verengt den Blick und damit die Möglichkeit eines Perspektivenwechsels. Angst ist ein schlechter Berater, wenn es darum geht, Neuland zu betreten, wenn es ums Staunen, Erkennen und Verändern geht. Erkenntnisprozesse setzen voraus, dass wir uns mit Neugierde und Begeisterung auf den Weg machen. Ein Blick in die Vergangenheit beweist, dass Negieren und Leugnen immer tiefer in eine ausweglose Situation führen. Mächtige, faszinierende Reiche und Kulturen waren dem Untergang geweiht, wenn ungezügelter Expansionsdrang und grenzenloser Raubbau lebenswichtiger Ressourcen durch Rodungen und Überbevölkerung überhandnahmen. Wenn wir uns der Aufgaben nicht bewusst werden und uns ihnen mutig stellen, werden sich auch keine Wege zeigen, wie wir als Gesellschaft kollaborativ und gemeinsam unsere Probleme lösen können.

Das Leben spüren und verbunden sein

Aurelio Peccei, italienischer Industrieller und Initiator und Mitbegründer des Club of Rome, erklärte 1979 im Bericht *No Limits to Learning*, dass die Antworten auf unsere Probleme in uns selbst lägen. Diese innere Suche beschrieb er als kulturellen Wandel und als Abenteuer des Geistes. Seine Gedanken haben nichts an Aktualität verloren. Im Gegenteil, immer drängender scheint es, dass wir unser Denken und die Erzählungen, denen wir zu einem großen Teil unbewusst folgen, deuten können, um zu verstehen, warum wir trotz all unseres Wissens, unserer Kompetenz und der technologischen Möglichkeiten nicht ins Handeln kommen.

Doch wie die Zuversicht nicht verlieren, wenn Daten und Fakten immer beängstigendere Szenarien aufzeigen? Nach all den Jahren, in denen ich Unternehmen, Organisationen oder Regionen in Veränderungsprozessen und Neuausrichtungen begleiten durfte, waren eine gemeinsame positive Vorstellung von der Zukunft und das gemeinsame Erarbeiten einer Vision ganz entscheidende Faktoren. Visionsprozesse öffnen Möglichkeitsräume, bieten die Chance, Unternehmen oder Organisationen werteorientiert zu führen, um Mitarbeitern und Mitstreiterinnen die Möglichkeit zur Verantwortungsübernahme und somit zur Selbstwirksamkeit zu geben. Bereits 2016 zeigte ein Team von Kognitionswissenschaftler*innen um Emilie Caspar: Wenn Menschen unter Zwang entscheiden und handeln oder das Gefühl haben, Aktionär*innen, Aufsichtsräte oder Vorgesetzte erwarten ein bestimmtes Ergebnis oder ein bestimmtes Vorgehen, fühlen sie sich für ihr Tun nicht verantwortlich. Befolgen wir also lediglich Befehle, stellt sich kein Gefühl der Verantwortung ein. Ohne eine Vorstellung, wo das strategische und wirtschaftliche Potenzial eines Transformationsprozesses liegt, verharren wir in den bestehenden Systemen, ganz gleich, wie aussichtslos es sich bei näherer Betrachtung erweist.

Bei einer gemeinsamen Podiumsdiskussion im Mai 2024 in München plädierte Hans-Joachim Schellnhuber, Physiker und ehemaliger Leiter des Potsdam-Instituts für Klimafolgenforschung, in seiner Keynote vor Architektinnen und Designern für ein Umdenken auf allen Ebenen. Viele überzeugende Lösungen geben Hoffnung und weisen Wege auf, weg von Beton, Stahl und Glas sowie der Hybris, die in den Wolkenkratzern der Welt vom Rausch der Allmacht zeugen. Am Ende bleibt die vorsichtige Hoffnung, dass nach den Schocks der Fluten in Deutschland, den Dürresommern und den weltweit beginnenden Klimaveränderungen die Erkenntnis mehrheitsfähig wird, dass ein Umsteuern möglich und notwendig ist, dass Schönheit und die Liebe zum Lebendigen den Menschen doch noch zur Umkehr bewegen. Wir müssen erkennen, dass wir ohne intakte Natur nicht überlebensfähig sind. Wir sind Teil der Natur und nicht Herrscher über sie. In der Politik ist die Notwendigkeit zur Transformation durchaus angekommen, wenn auch nicht in allen Parteien. Es bleibt zu befürchten, dass alle Fortschritte am Votum der Wählerinnen und Wähler scheitern, die Angst vor Machtverlust überwiegt und sich das Fenster des Handelns endgültig schließt.

Im Zeitalter der Polykrisen: Warum eine andere Kommunikation entscheidend ist

Nicola Schuldt-Baumgart

Die Welt um uns herum hat sich verändert. Seit der Weltfinanzkrise von 2007 folgen Krisen und politische Schocks in rascher Abfolge aufeinander. Aus den Umweltproblemen des späten 20. Jahrhunderts sind heute planetare Krisen geworden. Wir erleben derzeit eine Polykrise, in der sich einzelne globale Krisen überlagern und gegenseitig beeinflussen und sich die Perspektiven der Menschheit erheblich verschlechtern.[1] Polykrisen sind diffus und von hoher Komplexität. Einfache und nachvollziehbare Ursache-Wirkungs-Beziehungen gibt es nicht. Ja, mehr noch: Die Bekämpfung einer Krise kann eine andere Krise sogar verstärken – und umgekehrt. Wegen der Vielschichtigkeit einer Polykrise gibt es große Unterschiede in der gesellschaftlichen und politischen Wahrnehmung und Bewertung der Krisenphänomene und ihrer Ursachen. Vielen Menschen machen diese Veränderungen Angst. Sie fühlen sich angesichts der ungewissen Perspektiven verunsichert. Die gesellschaftlichen Debatten sind rauer geworden und in den sozialen Medien mit ihren eigenen Funktionslogiken stellenweise gar verroht. Die Fliehkräfte zu den politischen Rändern haben zugenommen, das Vertrauen in zentrale gesellschaftliche Institutionen wie Politik, öffentlich-rechtliche Medien und Wissenschaft wird weniger. Für einen effektiven Umgang oder gar eine Bewältigung dieser Krisen sind neue Denk- und Handlungsweisen unabdingbar.[2] Ebenso wichtig ist jedoch auch, dass wir als Gesellschaft einen anderen Umgang mit Wissen, Unsicherheit und Nichtwissen lernen und dass wir anders darüber und miteinander sprechen – das gilt auch für die Klimakommunikation.

Populismus und Desinformation: Bedrohung für die Klimakommunikation

Wissen ist keine »robuste Ressource«.[3] Wissen und Zweifel gehören eng zusammen. Zudem ist Wissen, insbesondere wissenschaftliches Wissen, oft unsicher oder uneindeutig. Und auch Desinformationen – also falsche Informationen – sind kein neues Phänomen. Im Gegenteil, sie sind so alt wie die Welt der Nachrichten und der menschlichen Kommunikation. Das Brexit-Referendum und die US-Präsidentschaftswahlen 2016 markieren jedoch eineeine Zäsur: Im Vorfeld dieser politischen Großereignisse wurden erstmals gezielte populistische Desinformationskampagnen in einem bisher ungekanntem Ausmaß lanciert. Das Ziel war, die Wählerinnen und Wähler zu täuschen und zu manipulieren. Dabei machten sich diese Kampagnen die Funktionslogik der Online- und sozialen Medien zunutze. Sie verwischten bewusstbewusst den Unterschied zwischen Wissen, also überprüfbaren Fakten, und subjektiven Meinungen. Gleichzeitig wurden evidenzbasierte Erkenntnisse zu bloßen Meinungen abgewertet. Warum verfängt diese Kommunikationsstrategie? Der ehemalige Präsident der Deutschen Forschungsgemeinschaft Peter Strohschneider sagt, dass populistische Vereinfachungen und autokratische Durchgriffsideologien versprächen, den Zumutungen der modernen Welt schadlos entkommen zu können.[4] Sie böten vermeintlich einfache Erklärungen für die Herausforderungen und Krisen unserer Zeit und negierten die hohe Komplexität unserer heutigen Welt ganz bewusst. Daher, so Strohschneider, machten sie den sachlichen Diskurs ebenso verächtlich wie die methodische Wahrheitssuche und die Begründungsbedürftigkeit von Geltungsansprüchen. Für demokratische Wissensgesellschaften seienseien Desinformationen aus einem weiteren Grund brandgefährlich. Sie degradierten nicht nur Wissen zu Meinungen, sondern gleichzeitig auch jene Menschen und Institutionen, die für einen evidenzbasierten Dialog stünden und sich dafür einsetzten. So zeigte etwa die hitzige Debatte um die Corona-Schutzimpfung in Deutschland, dass diejenigen, die für einen differenzierten und offenen Austausch warben, schnell zu Sprachrohren einer vermeintlichen Elite abgestempelt wurden, die die gefühlte Wahrheit verschleiern wolle.

Vom einstigen Topthema zum Reizthema: Wie andere Krisen den Klimaschutz zurückdrängen

Ähnliches ist bei der Kommunikation über die Klimakrise zu beobachten. Auch hier tun sich heute tiefe Gräben in der gesellschaftlichen Debatte auf. Die Auseinandersetzungen entzünden sich vor allem an der Geschwindigkeit des gesellschaftlichen Wandels in Richtung Klimaneutralität. Aber auch neue Arten von Klimawandelleugnung schwächen die Klimapolitik. Diese verneinen nicht mehr nur den Klimawandel an sich, sondern stellen Lösungen wie etwa erneuerbare Energien oder Effizienzstrategien infrage. Ein Bericht des Bündnisses Climate Action Against Disinformation (CAAD), eines weltweiten Zusammenschlusses von mehr als 50 Klima- und Desinformationsorganisationen, der anlässlich der UN-Klimakonferenz 2023 in Dubai veröffentlicht wurde, kam zu dem Schluss, dass Desinformationen über das Klima derzeit Hochkonjunktur haben.[5] Angesichts dieser Diagnose mag man kaum glauben, dass die Klimadebatte noch vor wenigen Jahren unter ganz anderen Vorzeichen stand: Seit den Nullerjahren hatte sich die Klimakrise spürbar verschärft. Eine entschlossene Jugend trat ab 2018 weltweit – inspiriert von Greta Thunberg – für entschlossenen Klimaschutz ein, Großbritannien verschärfte 2019 seinen Climate Change Act, im Dezember 2019 stellte Ursula von der Leyen den European Green Deal vor, der die Nettoemissionen von Treibhausgasen in der EU bis 2050 auf null reduzieren soll, und im März 2021 erklärte das Bundesverfassungsgericht in seinem Klimabeschluss die Bestimmungen des Bundesklimaschutzgesetzes für unvereinbar mit den Grundrechten. Das politische Handeln wurde in diesen Jahren getragen von einer breiten Zustimmung der Bürgerinnen und Bürger. Klimaschutz galt als wichtigste gesellschaftliche Herausforderung. Dann folgte im Jahr 2022 die große Regression, wie Hedwig Richter und Bernd Ulrich in ihrem Buch *Demokratie und Revolution* die Entwicklungen beschreiben:[6] Die fortdauernde Covid-19-Pandemie, der russische Angriffskrieg gegen die Ukraine und die einsetzende Energiekrise führten dazu, dass die Klimakrise heute im Vergleich zu anderen Krisen als Überforderung und weniger dringlich bewertet wird. In dieser Lage verwundere es nicht, dass Politiker und Politikerinnen, die »zu viel Klimapolitik betreiben, reaktionäre Volksaufstände riskieren«.[7] Die scharf und bisweilen diffamierend geführten Auseinandersetzungen um das sogenannte Heizungsgesetz belegen dies eindrucksvoll.

Mehr als Wissensvermittlung: Warum Klimakommunikation Werte und Gefühle adressieren muss

Wie kann es also weitergehen? Was können wir tun? Zuversicht und Hoffnung auf eine andere Zukunft sind in dieser Situation entscheidend, aber woran sollten wir diese knüpfen? Zumal die Stimme der Jugend, die 2018 in der Klimadebatte die Politik vor sich hertrieb, inzwischen weitestgehend verstummt ist. Laut der *Trendstudie Jugend in Deutschland 2024*[8] sind die größten Sorgen der jungen Generation: 1. Inflation, 2. Krieg in Europa und Nahost, 3. teurer/knapper Wohnraum und 4. die Spaltung der Gesellschaft. Der Klimawandel folgt erst an fünfter Stelle. So viel scheint sicher: Angesichts der vielerorts zu beobachtenden Radikalisierung gesellschaftlicher Diskurse kann ein bloßes Noch-mehr an Kommunikation durch Politik, Medien und Wissenschaft nicht das alleinige Ziel sein, zumal der stetig wachsende Medienstrom bei vielen Menschen inzwischen ein Gefühl von Informationsüberflutung hervorruft. Außerdem besteht in der Klimakommunikation kein quantitativer Mangel mehr an Wissen über die Ursachen des Klimawandels. Häufig fehlt jedoch etwas anderes: Bürger*innen und Mitarbeitende in Unternehmen und Verwaltungen benötigen konkretes Handlungswissen, um in ihrem Alltag klimafreundlicher handeln zu können – und sie benötigen klimafreundliche Alternativen, die im Alltag auch einsetzbar sind. Um es konkret zu machen: Der ÖPNV oder das Jobfahrrad sind für Familien nur dann wirklich attraktiv, wenn sie zum Familienalltag passen und diesen nicht noch herausfordernder machen. Wichtig ist schließlich auch, Desinformationen gezielt zu adressieren.[9]

Es geht darum, in der Kommunikation die gängigen Muster von Falschinformationen zu erkennen und darauf zu reagieren sowie Desinformationen nach anerkannten Regeln zu widerlegen. Gleichzeitig ist das Wie der Klimakommunikation von wachsender Bedeutung. Konkrete Maßnahmen zum Schutz des Klimas, wie beispielsweise E-Fuels, Wärmepumpen oder eine klimaschonende Ernährungsweise, sind heute Gegenstand hochemotionaler, wertebeladener Auseinandersetzungen, in denen Fragen der Zugehörigkeit des »Absenders« oder der »Absenderin« eines Debattenbeitrags zu einer bestimmten Gruppe wichtiger sind als Sachargumente. Zudem verbinden viele Menschen Klimaschutz regelmäßig mit Verzicht: Die wachsende Reaktanz vieler Bürger*innen gegen Klimaschutzmaßnahmen resultiert aus der Sorge, Klimaschutz bedeute, sich einschränken und das gewohnte Leben aufgeben zu müssen. Vor diesem Hintergrund muss die Klimakommunikation zukünftig verstärkt Werte und Emotionen adressieren, die mit einem Wandel in Richtung Nachhaltigkeit verbunden sind.

Hier besteht großer Nachhol- und Lernbedarf. Dazu gehört auch, dass Politikerinnen und Wissenschaftler endlich ernst machen mit dem heute viel zitierten Dialog »auf Augenhöhe«, den Bürger*innen mehr zutrauen und ihnen die Angst vor Veränderungen nehmen. Dieser Dialog beginnt mit dem Zuhören und dem Verstehenwollen der Sichtweise des Gegenübers. Ein derartiger Austausch ist auf geeignete Orte und Formate angewiesen, die nicht nur die bereits überzeugten und engagierten Bürger*innen ansprechen, sondern auch bisher wenig erreichte bildungsferne Milieus oder Menschen in ländlichen Regionen. In diesen Gesprächen muss es auch darum gehen, die Resignation und Aggression, die inzwischen bei vielen auftreten, ernst zu nehmen und zum Thema zu machen. Außerdem ist es wichtig, den Blick auf Klimaschutz zu verändern. Grüne Energie müsse als Frage von Sicherheit und Wohlstand betrachtet werden und nicht nur abstrakt als Beitrag zum Erdklima, sagt der Soziologe Stephen Fisher: »Energiesicherheit ist gut für jeden, niedrige Energiepreise sind gut für jeden, und beides spricht dafür, erneuerbare Energien auszubauen, statt fossile Brennstoffe zu importieren.«[10] Es ist aber auch wichtig anzuerkennen, dass man bestimmte Gruppen, die Klimawandelleugner*innen, nicht wird erreichen können. Ziel einer anderen Klimakommunikation sollte jedoch sein, eine breite Akzeptanz für den Weg zu mehr Klimaschutz zu erreichen.

Der Weg zum »Klimaglück«: Wie positive Emotionen den Wandel fördern können

Eine gute Kommunikation über das Klima solle den Bürgerinnen und Bürgern schließlich nicht nur Fakten präsentieren, sondern auch Gefühle wie

Stolz, Hoffnung und Freude wecken. Es gehe auch darum, wie man ihre Selbstwirksamkeitserwartungen stärken könne – also das Bewusstsein, dass Bürger*innen etwas Sinnvolles beitragen und gemeinsam mit anderen einen Unterschied machen können, sagt der Kommunikationswissenschaftler Mike S. Schäfer.[11] Zusätzlich sei wichtig aufzuzeigen, wie Klimaschutz gehen könne und dass es Menschen gibt, die das schon tun. Also: ohne Auto zur Arbeit pendeln oder weitestgehend fleischlos leben oder mit dem Nachtzug an den Urlaubsort fahren. Eine Botschaft könne sein, so Schäfer: Diese Leute leben auch ein glückliches, sinnerfülltes Leben.[12] Der Journalist Uwe Jean Heuser sieht hier auch die Politik in der Verantwortung.[13] Es sei Sache des Staates, die Infrastruktur für dieses »Klimaglück« zur Verfügung zu stellen. Er verweist auf die vielen guten Beispiele in Städten wie Helsinki oder Kopenhagen. Es sei kein Wunder, dass Finnland und Dänemark im aktuellen »World Happiness Report«[14] auf Platz eins und zwei liegen. Sie fördern vehement Klimaschutz und Naturnähe und lassen die Menschen beides als positive Veränderungen erleben.

Die Sonne gehört allen – die Botschaft des Jahrhunderts

Franz Alt

»Er, Abba, lässt seine Sonne aufgehen über Gute und Böse.
Er, Abba, lässt seinen Regen fallen über Gerechte und über Ungerechte.«

Jesus in seiner Bergpredigt, Matthäus 5,45

Der Klimawandel ist die Überlebensfrage der Menschheit. Doch wir kennen auch die Lösung: Sie steht am Himmel. Um die Sonne kann kein Mensch je einen Krieg führen. Sie hat einen Sicherheitsabstand zu unserer Erde von 150 Millionen Kilometern. Da kommt nie jemand ran. Und sie schickt uns 15.000-mal mehr Energie, als heute alle acht Milliarden Menschen verbrauchen. Die Sonne gehört allen. Sie ist nicht monopolisierbar. Es gibt zu unserem Glück keine RWE-Sonne, keine E.ON-Sonne, keine Aral-Sonne und auch keine Shell-Sonne. Und keine Putin-Sonne. Das war schon vor 2.000 Jahren die große Erkenntnis des wunderbaren jungen Mannes aus Nazareth, der in seiner Bergpredigt sagte, dass die Sonne unseres himmlischen Vaters für uns alle scheinen werde. Es ist das größte Friedensversprechen aller Zeiten. Da kommt keine Kriegsherrin und kein sonstiger Gauner jemals ran. Es gibt nur unser aller Sonne. Die nahezu unerschöpfliche Kraft der Sonne kann Frieden, Gerechtigkeit und Wohlstand für alle schaffen. Alles dreht sich um die Sonne. Die Lösung der Energiekrise steht am Himmel. Wir leben alle vom solaren Reichtum unseres menschenfreundlichen und lebensspendenden Nachbarsterns. Solarpolitik und Klimaschutz werden zum Gewinn für alle. Aber bis heute liegen wir in den Ketten der alten atomar-fossilen Energiewirtschaft gefangen. Und dieser Zustand der Gefangenschaft bedeutete und bedeutet Kriege, Umweltzerstörung, Ausbeutung, Armut für viele und Wirtschaftsvernichtung für alle. In mehreren Büchern habe ich diese Katastrophen beschrieben. Jetzt und hier geht es um die Befreiung und um die ganz realen Alternativen. Es geht um Licht statt um Feuer. Wie aber beenden wir das Zeitalter des Feuers, und wie kommen wir ins Zeitalter des Lichts?

Der Raketenforscher Wernher von Braun (1912–1977) sagte am Schluss seines Lebens: »Wenn wir im 21. Jahrhundert die Sonne nicht nutzen, machen wir einen großen Fehler.« Selbst der Chef der BP Solar Europe, einer Tochter des Mineralölkonzerns BP, Michael Pitcher, sagte schon im Juli 1998 »der Sonnenenergie eine große Zukunft« voraus: »Das 21. Jahrhundert wird das Jahrhundert der Sonnenenergie werden.« Damals erreichten Photovoltaikanlagen Wirkungsgrade von etwa zwölf Prozent, 2024 stellte Oxford PV einen Weltrekord auf mit einem Wirkungsgrad von 26,9 Prozent für ein Solarmodul für Hausbesitzer und Gewerbe. Weit höhere Wirkungsgrade können in der Zukunft erreicht werden. Der Wirkungsgrad einer PV-Anlage beschreibt, wie viel Prozent der auf die Zellen fallenden Sonnenenergie in Strom umgewandelt werden. Je höher der Wirkungsgrad, desto schneller die finanzielle Amortisation einer Anlage. 2024 sagt bei einer Umfrage jede*r dritte Hausbesitzer*in in Deutschland, im nächsten Jahr eine Solaranlage installieren lassen zu wollen. Das ist wie eine Unabhängigkeitserklärung nach über 100 Jahren Abhängigkeit von Ölkonzernen. Keine Form der Stromerzeugung ist global jemals so rasch gewachsen wie zurzeit jene des Sonnen- und Windstroms. Noch nie gab es weltweit, in Europa und in Deutschland so viel grünen Strom wie heute. 2024 werden deshalb wohl die CO_2-Emissionen durch Stromerzeugung weltweit erstmals fallen. Ein Welttrend von historischer Bedeutung.

Die gute Nachricht: Das Pariszziel ist noch erreichbar durch exponentielles Wachstum der grünen Energien.

Und die schlechte Nachricht: Eine Hitzewelle jagt die nächste, ein Hitzerekord den anderen. Wir erleben gerade den schnellsten Anstieg der CO_2-Emissionen in den letzten 50.000 Jahren. Immer mehr Länder geraten in den Schwitzkasten der Klimakatastrophe.

Der rasche Klimawandel macht inzwischen Hitzewellen in den USA und Mexiko 35-mal wahrscheinlicher als bisher: immer mehr Hitzetote, vor allem ältere Menschen und Babys, Millionen Klimaflüchtende, immer mehr klimabedingte Krankheiten. Für viele Menschen ist die Klimaveränderung bereits der Unterschied zwischen Leben und Tod oder zwischen Wohlstand und totaler Armut. In Neu-Delhi stiegen die Temperaturen im

Sommer 2024 bis auf 52,3 Grad. Ähnlich heiß war es in Saudi-Arabien: Im Wallfahrtsort Hadsch starben bei 51,8 Grad über 1.300 Pilger. 2023 erlagen in Deutschland über 3.000 Menschen dem Hitzetod. Hierzulande leiden über acht Millionen Menschen an psychischen Störungen wegen des Klimawandels. Ein Experte des Deutschen Wetteramtes sagte dem *SPIEGEL*: »Es gibt etwa 35 Arten, aufgrund der Hitze zu sterben.«[1] Der stärkste Hurrikan, der je in der Karibik gemessen wurde, hat auf der Insel Curriacon 98 Prozent der Häuser und der Infrastruktur dem Erdboden gleichgemacht. Diese Karibikinsel und viele andere kleine Inselstaaten werden es in einer globalisierten Welt nicht länger akzeptieren, dass die viel zu hohen CO_2-Emissionen der reichen Länder die Lebensgrundlage der armen Länder zerstören. Die Katastrophe trifft aber auch die reichen Länder. US-Behörden berichten, dass auch in Amerika die Zahl der Hitzetoten steigt: 2021 waren es 1.600 hitzebedingte Todesfälle, 2022 um die 1.700 und 2023 schon 2.300. Aufgrund der hohen Temperaturen konnten im Sommer 2024 Rettungshubschrauber nicht mehr starten, da sie ab 49 Grad Hitze nicht mehr sicher fliegen können. In Kalifornien wüteten schon Mitte 2024 über 3.000 Waldbrände, obwohl die eigentliche Hitzesaison noch erwartet wird. Zehntausende Menschen mussten bereits ihre Häuser verlassen.[2]

Eine Analyse von Climate Central hat errechnet, dass in Saudi-Arabien die hohen Temperaturen durch den Klimawandel zwischen drei- und fünfmal wahrscheinlicher geworden sind. Climate Central berichtet weiter, dass weltweit fast fünf Milliarden Menschen von Extremtemperaturen betroffen sind. Darunter:

- 619 Millionen Mensch in Indien
- 579 Millionen in China
- 231 Millionen in Indochina
- 206 Millionen in Nigeria
- 65 Millionen in den USA
- 152 Millionen in Europa (ohne Russland).[3]

Wo es um Geld geht, geht es auch immer um Macht. Die fünf größten börsennotierten Erdölkonzerne der Welt vereint ein riesiges Machtpotenzial: ExxonMobil (USA), Shell (Großbritannien), Chevron (USA), Total (Frankreich) und BP (Großbritannien). Allein diese »Big Five« machten im Jahr

2022 zusammen 200 Milliarden Dollar Gewinn. Gewinn, nicht Umsatz! Ein historischer Rekord – obwohl die Folgen der Klimakatastrophe seit Jahrzehnten bekannt sind. Alle bisherigen 29 Weltklimakonferenzen hatten im Wesentlichen nur ein Ergebnis: Dem Klima geht es immer schlechter. Trotzdem wird weitergemacht wie gehabt. Es sind hauptsächlich »Männer, die die Welt verbrennen«, schreibt der *SPIEGEL*-Kolumnist Christian Stöcker. Ihre wichtigsten Namen: Trump und Putin und ihre vielen Helfershelfer, die Ölscheichs, die allesamt noch viel zu viel Geld mit den alten, fossil-atomaren Energieträgern verdienen und denen das Wohl der Menschheit und erst recht das Wohl der künftigen Generationen gleichgültig ist.

Die Temperaturen der letzten zwölf Monate waren 2024 die höchsten, die je gemessen wurden.[4] Zur gleichen Zeit meldet die Internationale Agentur für Erneuerbare Energien (IRENA): Wenn das Ziel der Weltklimakonferenz in Dubai 2023 noch erreicht werden soll – und die erneuerbaren Energien global bis 2030 verdreifacht werden –, muss der Ausbau der erneuerbaren Energien um etwa 20 Prozent beschleunigt werden. Das ist ein Weckruf für die ganze Welt. Wir brauchen jetzt eine solare Weltrevolution. Das Pariser Ziel – also die Erderwärmung nicht über 1,5 Grad Celsius im Vergleich zum Beginn des Industriezeitalters vor 150 Jahren ansteigen zu lassen – ist noch erreichbar, aber nur bei schnellerem und exponentiellem Ausbau der Erneuerbaren. Es ist möglich. Das Solarzeitalter beginnt. Die Sonne gewinnt. Voraussetzung ist freilich, dass wir den Weg vom Prinzip Hoffnung zum Prinzip Verantwortungsübernahme konsequent gehen. Die solare Weltrevolution ist die erste weltweite friedliche Revolution, welche die ganze Welt verändern wird. Dafür brauchen wir Lust auf Zukunft.[5]

Über die zwei Grad hinausdenken – Aufgeben? Keine Option!

Students for Future Freiburg: Lena Eith / Julia Hörner / Isabel Raunecker / Leonard Schneider-Strehl / Hanna Utermann

Ich bin **Lena** (23) und studiere Geografie in Freiburg. Ich komme aus einem kleinen Dorf zwischen Schwarzwald und Schwäbischer Alb und habe mich in einem relativ unpolitischen Umfeld mit 17 Jahren politisiert. Der Zugang war ursprünglich die Meeresverschmutzung. Schlag auf Schlag kam aber zu meiner Wissbegierde rund um das Thema Umweltverschmutzung das Interesse für globale Gerechtigkeit hinzu und durch Fridays for Future dann die Klimakrise, woraufhin sich mein Blick für viele weitere Themen öffnete. So war schnell klar, dass ich während meines Studiums einen starken Fokus auf Aktivismus legen möchte. Ehe ich michs dann versah, war ich bei der Organisation und Durchführung etlicher Klimagerechtigkeitsprojekte in Freiburg dabei. Der Aktivismus ist das, was mich in dieser Welt hoffen lässt.

Ich heiße **Julia** und bin 21 Jahre jung. In der 11. Klasse musste ich eine Rede zum Thema »Fast Fashion« halten und habe danach aufgehört, Klamotten bei H&M zu kaufen. Zu allem Überfluss habe ich dann auch noch begonnen, mich vegan zu ernähren – ein Schock für meine bayerische Dorfnachbarschaft. In meinem Studium der Umweltwissenschaften und bei Students for Future habe ich gelernt, wie viel Spaß Klimaaktivismus machen kann, wenn man zusammen an einem Strang zieht. Und dass es sich immer auszahlt, sich für Klimagerechtigkeit zu engagieren.

Ich bin **Isi**, 23 Jahre alt und studiere im sechsten Semester Geografie. Ich hatte früher nie viel am Hut mit dem ganzen »Klimathema«, habe aber versucht, meinen eigenen Teil durch bewussten Konsum, Informieren und Kommunizieren beizutragen. Durch mein Studium habe ich die Dringlichkeit erkannt und auch, dass meine Mülltrennungsbemühungen nichts an der Politik und unseren tatsächlichen Problemen ändern – auch in Verantwortung anderen gegenüber nicht. Jetzt bin ich inzwischen seit zwei Jahren bei Students for Future dabei, habe Freundschaften, Hoffnung, Mut und die Möglichkeit, die Welt zu verändern, kennen-, schätzen und lieben gelernt. (Müll trenne ich trotzdem immer noch.)

Ich bin **Leonard** (28), studiere gerade noch in den letzten Zügen Environmental Governance in Freiburg und versuche neben diversen Nebenjobs mein Umfeld so mitzugestalten, dass etwas Solidarisches und Lebensfreundliches entstehen kann. Politisiert haben mich Freund*innen, Protestcamps, das Theater und die erschlagende ökologische Faktenlage, aus der heraus der ehrlichste Weg für mich vor vier Jahren in den Klimaaktivismus geführt hat. Ich glaube an Veränderung und Gemeinschaft. Beides finde ich insbesondere in klimaaktivistischen Gruppen wie Students for Future.

Ich bin **Hanna** (22). Als ich vor drei Jahren zum Studium der Umweltnatur- und Umweltsozialwissenschaften nach Freiburg kam, war ich definitiv an einem ganz anderen Punkt meiner klimaaktivistischen Biografie als jetzt. Ich war voller Tatendrang, aber ziemlich unerfahren und bisher vor allem eine regelmäßige Fridays-for-Future-Demobesucherin, *Greenpeace-Magazin*-Leserin und versuchte wie Isi, meinen Teil zu mehr Klimaschutz und nachhaltigem Leben durch bewussten Konsum und gewissenhaftes Recycling beizutragen. Sechs Semester und damit unzählige Students-for-Future-Plenen, spannende Vorträge, Demo- und Veranstaltungsorganisationen, aber auch zwei Straßenblockaden mit der Letzten Generation inklusive Gerichtsprozess sind vergangen. Ob sich zwischendurch nicht mal Zweifel und Hoffnungslosigkeit eingeschlichen haben? Auf jeden Fall. Ob ich immer noch voller Tatendrang bin? Ja! Aber vielleicht auf eine ein bisschen nachdenklichere, gefestigtere Art.

Wir alle sind Teil der Gruppe Students for Future Freiburg (SFF) und engagieren uns für Klimagerechtigkeit. Jeden Mittwochabend findet unser Plenum statt, in welchem wir Aktionen, Vorträge, Demonstrationen und vieles mehr rund um das Thema Klimagerechtigkeit für die Gesellschaft organisieren. Aber auch intern bilden wir uns weiter, und so steht zum Beispiel die kritische Auseinandersetzung mit verschiedenen Diskriminierungsformen regelmäßig auf der Tagesordnung.

Schon seit mehreren Jahrzehnten kursiert im wissenschaftlichen – und mittlerweile auch immer mehr im gesellschaftlichen – Diskurs um die Klimakrise diese eine Botschaft: »Wir müssen JETZT handeln – morgen ist es zu spät! Ein Aufschub hat fatale Konsequenzen!«[1] Mal ganz davon abgesehen, dass der Aufschub schon jetzt und bereits seit Jahren fatale Konsequenzen hat, haben viele von uns sicherlich aus solchen Aussagen immer wieder Hoffnung geschöpft. Wir haben jedes Mal gedacht: »Jetzt ist der Groschen gefallen, und der große, dringend benötigte Wandel setzt ein.« Und doch wurden wir jedes Mal aufs Neue enttäuscht. Zu sehen, dass sich nichts ändert und dass der heraufbeschworene Wandel in den Kinderschuhen stecken bleibt, ist frustrierend. Wie hätten wir uns nur über ein bleibendes Neun-Euro-Ticket gefreut! Und wie einfach ließe sich ein Tempolimit auf den Autobahnen umsetzen, zumal es dafür sogar eine breite gesellschaftliche Zustimmung gibt.[2] Es ist frustrierend, dass wir offensichtlich schon an den kleinsten Stellschrauben scheitern. Denn seit Jahren türmt sich eine Herausforderung vor uns auf, die viel mehr fordert als ein Tempolimit oder einen sozial verträglichen ÖPNV. Natürlich sind das auch Schritte, die gegangen werden müssen, aber die großen, dringend notwendigen Sprünge in eine klimagerechte Welt scheinen weit entfernt. Immer wieder wird globale Gerechtigkeit durch Kritik an Individuen untergraben. Auf Lenas allererstem Klimastreik wurde sie zum Beispiel von der Seite angepöbelt mit den Worten: »Dir ist aber schon klar, dass deine Regenjacke auch aus Plastik ist. Fürs Klima sein, aber selber Plastik tragen – jaja.« So absurd das klingen mag, das ist die Realität vieler Menschen, die sich für Klimagerechtigkeit einsetzen: Menschen, die in einem zutiefst unnachhaltigen System leben und sich dagegen auflehnen, werden kleingemacht, weil sie nicht *alles* richtig machen. Aber kann man in einer unnachhaltigen Welt überhaupt alles richtig machen? Unsere Antwort ist ganz klar Nein. Selbstverständlich können sich Individuen dazu entscheiden, nur noch secondhand zu kaufen, sich pflanzlich zu ernähren, den ÖPNV zu nutzen und vieles mehr. Aber viele Strukturen hindern uns eben auch daran, genau dies zu tun. Beispielsweise eine gescheiterte Verkehrswende, die es vielen Menschen aus ländlichen Regionen (beinahe) unmöglich macht, vom Auto auf den ÖPNV umzusteigen.

Unsere Beobachtung ist, dass uns genau diese Diskussionen über vermeintliches Fehlverhalten von Individuen daran hindern, überhaupt den Blick für eine globale Gerechtigkeit einzunehmen. Und das ist gefährlich, da die Klimakrise keine Krise von Individuen ist, sondern in erster Linie eine global ungerechte Krise, die nur dann gelöst werden kann, wenn sich die Strukturen ändern, in die die Individuen eingebettet sind. Was übrigens nicht heißen soll, dass Individuen gar keine Handlungsmacht haben. Die haben sie. Aber eben nur in einem gewissen Rahmen. Und dieser Rahmen muss nachhaltig werden, in vollem Umfang.

An dieser Stelle ist uns aber auch wichtig aufzuzeigen, dass wir als globale Klimagerechtigkeitsbewegung auch Erfolge verzeichnen können. Die Klimakrise ist im öffentlichen Diskurs angekommen und wird – ausgenommen vereinzelte Kreise von Verschwörungstheoretikerinnen und Klimawandelleugnern – zumindest vorgeblich in seiner Dringlichkeit ernst genommen. Fridays for Future hat 2019 Massen auf die Straßen gebracht,[3] und das Thema Klimakrise war plötzlich eines, an dem niemand mehr so einfach vorbeikam. Das ist eine Tatsache, die Menschen wie uns immer wieder Hoffnung gibt, weil sie zeigt: Was wir tun, hat einen Effekt. Auch wenn dieser Effekt manchmal mehr und manchmal weniger spürbar ist.

Nehmen wir das Beispiel einer Klimabildungswoche, die wir erst vor Kurzem durchgeführt haben. Das sah so aus: ein großes, buntes Zirkuszelt auf dem zentralsten – und sonst sehr tristen grauen – Platz Freiburgs, in dem wir das Thema »Klimagerechtigkeit« mit Vorträgen, Workshops, Exkursionen und Spielen für ein möglichst diverses Publikum gefüllt haben. Niemand von uns hatte so etwas vorher schon einmal organisiert. Wir sind gemeinsam ins kalte Wasser gesprungen. In den drei Monaten der Planung nutzten wir basisdemokratische Entscheidungsfindungsprozesse, lernten, Kompromisse mit Institutionen auszuhandeln, teilten unser Wissen und unsere Fertigkeiten untereinander und bildeten eine Gemeinschaft, die sich aufmerksam unter die Arme greift und niemanden außen vor lässt. Wir vernetzten uns mit anderen solidarischen Gruppen, bekamen Kisten voller Lebensmittel geschenkt, transportierten sieben Sofas mit Lastenrädern durch die Stadt, die uns kostenlos zur Verfügung gestellt wurden, und kamen mit den verschiedensten Menschen ins Gespräch.

Diesen Prozess zu erfahren, ist besonders für Leonard unglaublich wertvoll. Es ist eine Vorbereitung auf die Gesellschaft von morgen, die wir uns erkämpfen.[4] Wir organisieren uns in einer Art und Weise, die sich dem vorgelebten hierarchischen, profitorientierten und menschenverachtenden System widersetzt – basisdemokratisch, bedürfnisorientiert und solidarisch. Jede Bildungsaktion, jede Demonstration, jede Besetzung ist bereits in der Vorbereitung ein Experimentierraum, in dem wir Beziehungs- und Organisationsweisen erproben, die wir für besser, nachhaltiger, zukunftsfähiger halten. Wir gestalten die Räume, die wir erschaffen, aktiv mit und entscheiden über diesen Gestaltungsprozess kollektiv. Wir tauschen uns über politische Haltungen aus, informieren uns und beeinflussen den politischen Diskurs dort, wo wir zu Wort kommen können. Indem wir uns in klimaaktivistischen Gruppen wie SFF organisieren, wollen wir also eine wünschenswertere Gesellschaftsform vorbereiten und einen Vorgeschmack dessen erleben, wie wir kapitalistische und umweltzerstörende Zwänge stückweise aufbrechen können. Was daraus entsteht, sind kleine Setzlinge der Gesellschaft von morgen, wie es die Autorinnen Indigo Drau und Jonna Klick in ihrem Buch *Alles für alle* als »Keimform der strukturellen Solidarität«[5] bezeichnen. Es wäre utopisch, davon auszugehen, wir könnten von heute auf morgen die Gesellschaft vollständig transformieren und etwas Solidarisches und Umweltfreundliches aus dem Boden stampfen. Diese Transformation ist ein langer und mühevoller Prozess, und wir tun unseren Teil, indem wir sowohl innerhalb der Bewegung als auch in der Außenwirkung Keime setzen – Keime, die sich derzeit noch dem Status quo widersetzen müssen und Gefahr laufen, zertreten zu werden. Mit der Zeit aber können sie das Alte rissig werden lassen, zeigen auf, was stattdessen wachsen kann, und ermöglichen Neues.

Manch eine*r wird unsere Beschreibung als romantisch bezeichnen. Eine gelebte Utopie, in der unsere angestrebten Ziele tatsächlich erreichbar zu sein scheinen. Und wir können das sogar in Teilen verstehen. In einer solchen Gesellschaftsform, wie wir sie aktuell auffinden, ist es schwer, über den Tellerrand des gegebenen Systems hinauszublicken und sich vorzustellen, dass es auch gänzlich anders geht: solidarischer, gemeinschaftlicher, empathischer. Und trotzdem fragen wir uns auch immer wieder, was Menschen daran hindert mitzuziehen, Teil der Utopie zu werden, selbst Keimlinge zu setzen und diese mit Leben zu füllen. Warum macht das Alte unser erträumtes Neues oft so brüchig? Warum stecken wir so tief in diesem unnachhaltigen System fest?

Um dies besser greifen zu können, tauchen wir kurz in die Geschichte der Umweltbewegung ein. Der Kampf für die Umwelt ist keine neue Idee. Seit Jahrzehnten kämpfen Umweltverbände und andere Gruppen für eine ehrgeizigere Umweltpolitik und für mehr Naturschutz. Hier in Deutschland ist die Anti-AKW-Bewegung an dieser Stelle sicherlich nennenswert. Nach zahlreichen Aktionen und Gruppierungen, die sich der sogenannten Umweltbewegung zuordnen lassen, sieht Henrik Sander den Beginn der Klimagerechtigkeitsbewegung nach dem Klimagipfel in Bali 2006. Seither schlossen sich viele Menschen der »Graswurzelbewegung« an und organisieren sich protestorientiert, konfrontativ und solidarisch. Mit Fridays for Future tat sich 2018 dann eine junge klimaaktivistische Gruppe auf, die sich für eine gerechte und lebenswerte Zukunft einsetzt. Relativ schnell hat diese Bewegung in die gesellschaftliche Debatte Einzug gehalten und gestaltet den Klimagerechtigkeitsdiskurs seither maßgeblich mit.[6] Auch die Organisation, in der wir uns kennengelernt haben, hat ihren Ursprung bei Fridays for Future.

Die Geschichte zeigt: Klimagerechtigkeit – keine neu entstandene Idee; Protest – kein unbekanntes Mittel; Umweltschutz – keine neu aufgetauchte Dringlichkeit. Und doch sehen wir uns immer wieder in der Pflicht, uns zu rechtfertigen. Wir werden hinterfragt, hinterfragen uns selbst. Wofür das alles? Dafür, dass mittlerweile Begriffe wie »Klimachaoten«, »Klimaterroristen« und »Klimasekte« Alltag sind?[7] Dafür, dass unser Aktivismus, mit dem wir uns für eine sozialökologisch gerechte Welt einsetzen, andauernd delegitimiert wird? Es gibt weitaus genug Gründe, sich für eine Welt einzusetzen, in der ein Leben lebenswert ist: für eine Zukunft für unsere Kinder, unsere Kindeskinder. Für global faire Bedingungen, für weltweite Gerechtigkeit. Aber um welchen Preis? Um die Frage von vorhin aufzugreifen: Warum ziehen immer noch so viele Menschen nicht mit? Wir haben genug Keimlinge, die gegossen werden müssen, doch wenn der Boden mit Nährstoffen fehlt, fehlt es auch an Menschen, die den Sinn sehen zu gießen. Und wenn der Sinn da ist, fehlen oft die Ideen. In beinahe allen Vorträgen oder Aktionen, die wir planen, begegnen uns immer wieder Menschen mit der Frage, wie sie denn ihren Beitrag leisten können.

Wir als SFF sehen Bildung als einen großen Hebel, weil wir denken, dass Bildung Menschen zu einem kritischen Denken ermächtigen kann. Kritisches Denken wird dringend benötigt, um Strukturen zu hinterfragen, Verantwortung zu übernehmen, Verantwortungsübernahme einzufordern und letztlich die gegebenen Strukturen einzureißen. Im Sommer 2024 haben wir die oben erwähnte Klimabildungswoche auf die Beine gestellt. An unserem Zelt hing ein großes Banner mit der Aufschrift »Sozialökologische Transformation«. Während einer Veranstaltung kam ein Mensch auf uns zu und fragte, was es denn damit auf sich habe. Isi antwortete darauf mit ihrem eigenen Verständnis und sagte, dass es ein großer Überbegriff für viele kleinere oder größere Schritte hin zu einer gerechteren, bewussteren und nachhaltigeren Welt sei. Entgegen ihrer Erwartung reagierte der Mensch mit Entrüstung und meinte, dass er ja grundsätzlich für unsere Sache sei, dieser Ausdruck jedoch eine leere Worthülse sei und überhaupt nichts zu der Erreichung unserer Ziele beitrage. Spannend. Eine leere Worthülse also?

Für viele Menschen mag der Begriff abstoßend wirken. Etwas zu akademisch, zu sperrig, zu unkonkret. Sie können damit nichts anfangen und bezeichnen ihn dann eben als eine leere Worthülse. Für uns aber ist diese Hülse mit Sinn gefüllt. Mit Werten, Wünschen, Prozessen und mit einem Handlungswillen, den wir überall mit hintragen. Wir glauben, dass die sozialökologische Transformation bereits begonnen hat. Und zwar unter anderem genau dort, wo wir mit der »leeren Worthülse« konfrontiert wurden. Denn genau dort haben wir versucht, eine Woche zu organisieren, in der wir solidarisch miteinander sind, Dinge teilen, Wissen weitergeben, verschiedene Menschen ins Gespräch bringen, unterschiedliche Lösungen und Transformationsschritte aufzeigen und Hoffnung weitergeben. Wir tun das, indem wir Krisen zusammendenken, in Diskussion kommen, aufklären und zeigen, wie eine gerechtere Welt für alle aussehen kann. Sicherlich sind wir nicht perfekt, und sicherlich haben wir es nicht ganz geschafft, abseits von beispielsweise kapitalistischen Zwängen zu leben. Aber es ist doch großartig, dass die sozialökologische Transformation schon lebt. Und zwar in allen von uns. Keine*r weiß, wie genau sie aussehen soll, aber diese eine, mit buntem Leben gefüllte Woche ist ein Vorgeschmack, der Hoffnung gibt.

Nun ist da nur noch diese eine klitzekleine Sache: Es muss in viel größerer Dimension passieren. Wir glauben, die sozialökologische Transformation muss revolutionär sein, doch nicht auf die Weise revolutionär, wie das Wort landläufig verstanden wird. Wir fordern keinen Abbruch, kein Stürzen der Regierungs- und Verwaltungsstrukturen an einem Montagmorgen – nein, wir fordern kleine wie große mutige, revolutionäre Entscheidungen in einzelnen Bereichen der Gesellschaft. Es braucht mutige Entscheidungen auf politischer Ebene, die eine Welt von morgen zeichnen. Eine ebenso revolutionäre wie sinnvolle verkehrspolitische Entscheidung wäre es beispielsweise, ein Sondervermögen von 100 Milliarden Euro für die Sanierung der Deutschen Bahn aufzuwenden und dem spanischen Beispiel eines Null-Euro-Tickets für Pendlerinnen und Pendler zu folgen. Solche mutigen Entscheidungen Richtung Klimagerechtigkeit dürfen nirgendwo haltmachen. Jede Entscheidung muss von einer solidarischen und klimafreundlichen Vision geleitet werden, denn nur dann passiert die sozialökologische Transformation auf allen Ebenen. Anderenfalls bleiben wir im gefährlichen Weiterso stecken, das schon heute etliche Lebensrealitäten zerstört hat und deshalb untragbar ist.

Ein solches Transformationsverständnis hat den Vorteil, dass es nicht nur eine Institution oder Gruppe der Gesellschaft in die Verantwortung nimmt – es wehrt sich gegen das individualistische Narrativ, dem zufolge wir uns als Einzelpersonen insbesondere in unseren Kaufentscheidungen anpassen müssen. Gleichzeitig verkürzt es den Weg des Wandels nicht auf die Notwendigkeit politischer Entscheidungsträger*innen, die den Klimagerechtigkeitsgedanken vorantreiben (auch wenn wir hier eine der wichtigsten Stellschrauben verorten).

Also noch mal die Frage: Sozialökologische Transformation – eine leere Worthülse? Eine Worthülse vielleicht, ja, dennoch ist sie zu einem Teil bereits durch konkrete Werte, Vorstellungen, Träumereien und Wünsche gefüllt. Um sie aber gänzlich zu füllen und Taten folgen zu lassen, brauchen wir verantwortungsbewusste, mutige, ja revolutionäre Entscheidungen auf allen Ebenen. Die Vorstellung einer sozialökologischen Transformation beinhaltet für uns darüber hinaus auch ganz viel gedankliche Reflexionsarbeit, die wir alle gemeinsam leisten müssen. Wir müssen als Gesellschaft erkennen, dass vieles von dem, was wir als gegeben und unveränderbar akzeptieren, es in Wirklichkeit gar nicht ist. Sich mit radikal neuen gesellschaftstheoretischen Ideen und Gesellschaftsentwürfen auseinanderzusetzen, sie zu überdenken, bis die Köpfe rauchen, und für jede neue Antwort immer mindestens drei neue Fragen im Kopf zu haben – das ist immer mehr Teil von Hannas aktivistischem Austausch und Lernprozess geworden. Sich so weit über den eigenen – und gesellschaftlichen! –Tellerrand zu lehnen, bis man riskiert herunterzufallen, lässt sich deutlich leichter zusammen als allein bewerkstelligen. Dann fällt man wenigstens nicht allein, sondern hat immer Hände, an denen man sich festhalten kann.

An dieser Stelle möchten wir unbedingt betonen, dass wir uns unserer Privilegien als *weiße,* oftmals cis-Menschen aus überwiegend akademischen Elternhäusern sehr bewusst sind. Nicht alle Menschen können sich mit der gleichen Leichtigkeit in diesem Raum bewegen wie wir oder haben gar nicht erst den Zugang und erst recht nicht die Zeit, sich mit solchen Themen auseinanderzusetzen. Auch hier zeigt sich unter anderem wieder die Wichtigkeit von Bildung, vor allem einer Chancengleichheit im Bildungssystem, die beinhaltet, dass Bildung eben nicht von individuellen Privilegien oder dem Elternhaus abhängig sein darf.

Eine der wichtigsten Stellschrauben bei der kritischen Reflexion bestehender Denk- und Beurteilungsmuster ist für uns das Transformationsfeld Arbeit und Ökonomie. Was wird in unserer Gesellschaft als Arbeit gewertet und was nicht? Wann hat wer in welchem Maß etwas geleistet? Wann hat etwas eine Daseinsberechtigung als Arbeit und wann nicht? Solche Fragen und Denkansätze hat Hanna durch ihr Studium und interessante Gastvorträge zur feministisch-ökologischen Ökonomie, aber auch durch Lesekreise, Vorträge, Workshops und Austausch an widerständigen Orten wie beispielsweise Lützerath kennengelernt. Wir möchten nun den Raum nutzen, um zu teilen, inwiefern das kritische Auseinandersetzen mit dem, was Arbeit für uns ist, unser aktivistisches Engagement, aber auch unser Verständnis der sozialökologischen Transformation geprägt hat.

In unserer Gesellschaft gibt es nur für einen kleinen Teil an Tätigkeiten und Leistungen Aufwandsentschädigung in Form von Geld – ebendie bezahlte Lohnarbeit, die Arbeit, mit der man bestmöglich zur Steigerung des Bruttoinlandsprodukts und zum Florieren der (kapitalistischen) Wirtschaft beiträgt. Dabei ist das nur die Spitze eines imaginierten »Arbeitseisberges«, der aus dem Wasser ragt. Der viel größere Teil befindet sich allerdings ungesehen und weitestgehend nicht wertgeschätzt unter Wasser, beispielsweise Care-Arbeit.[8] Das hat zur Folge, dass wir alle, wenn wir nicht reich erben, entsprechend heiraten oder durch sonstige Zufälle zu Geld kommen, für Lohn arbeiten müssen. Aber was ist denn mit all den anderen Tätigkeiten wie einkaufen gehen, Wäsche waschen, Oma besuchen, im Verein aktiv sein und, und, und? Als Hanna das überdachte, ist ihr aufgefallen: Wenn ich all das hinzuzähle, dann arbeite ich wahnsinnig viel. Wenn dann auch noch unser ganzes aktivistisches Engagement und unser Studium plötzlich in die Kategorie »Arbeitszeit« aufgenommen würden, dann käme da so einiges zusammen. Das fällt nur deswegen nicht als Arbeit auf, weil wir es freiwillig und unbezahlt machen. Das soll nicht bedeuten, dass uns das alles nicht auch Spaß machen und wertvolle Erfahrungen und Begegnungen ermöglichen kann. Dabei ist beides – bezahlte Arbeit und freiwillige »Arbeit« – bisweilen sehr anstrengend, erfordert viele Kapazitäten und Ressourcen.

Nachhaltig Aktivismus betreiben – wir glauben, auch das gehört dringend zur Idee der sozialökologischen Transformation. Verantwortung übernehmen, aber in einem realistischen und für sich gesunden Maß. Und auch hier sprechen wir aus der Sicht privilegierter Personen, die sich entscheiden können, wann sie sich mit den Schattenseiten unserer Welt befassen und wann nicht – weil unsere Häuser noch nicht weggeschwemmt wurden, weil unsere Existenzen nicht durch Ernteausfälle bedroht werden, weil wir keinen strukturellen Alltagsrassismus erfahren, weil wir genug Geld haben, um ein komfortables Leben ohne finanzielle Sorgen führen zu können. Wir können die Tür zumachen, wenn wir es nicht mehr aushalten – andere nicht. Und sehen uns deswegen erst recht in der Verantwortung, für Klimagerechtigkeit einzustehen.

So weit, so gut. Vielleicht konnten wir bis hier die leere Worthülse etwas füllen, etwas klarer machen, wie wir uns diese Transformation vorstellen, woraus unsere »Arbeit« besteht und worauf wir zählen. Dafür sollte aber natürlich auch noch ein klares Ziel verfolgt werden. Welches Ziel noch mal? 1,5 Grad? LOL. Da heute niemand mehr diesen Ausdruck benutzt, hier eine kurze Nachhilfe: LOL = »laughing out loud«, also »ich lache laut«. Dass es ein zynisches Lachen ist, müssen wir wohl nicht erklären. 1,5 Grad. Ein Ziel, das immer noch den Diskurs über die Klimakrise prägt. Ein Ziel, für dessen

Erreichung wir in Deutschland viel zu viele Umwege und falsche Ausfahrten genommen haben. Ein Beispiel dafür war das Abbaggern des kleinen Dorfs Lützerath am Rande des Braunkohletagebaus Garzweiler. Dieser Ort wurde für den Gewinn von fossiler Energie aus Braunkohle geräumt und fiel dem Tagebau wortwörtlich zum Opfer. Und unter anderem damit ist der Beitrag Deutschlands zum 1,5-Grad-Ziel gesunken. Um es bildlich zu machen: Das 1,5-Grad-Ziel wurde in demselben Matsch begraben, der auch den einen oder anderen Schuh von Aktivist*innen in Lützerath verschwinden ließ, ebenso ihre Träume, ihre Hoffnung und ihren Glauben an eine bessere Welt.

Uns alle hat das, was in Lützerath passiert ist, stark geprägt, wir würden sogar von einem Wendepunkt im Klimaaktivismus sprechen. Viele Menschen aus unserer Gruppe waren vor Ort. Julia sieht die bunten Baumhäuser noch genau vor sich. Und, damit einhergehend, auch ein buntes Leben ohne Hierarchien, Massenkonsum oder sinnlose Arbeit. An diesem Ort wurde eine Utopie geschaffen, die Julia gezeigt hat, dass eine Gesellschaft auch anders organisiert sein kann. Sie sieht aber auch das riesige Matschfeld am Tag der Großdemonstration vor sich. Auf der einen Seite Tausende Aktivistinnen und Aktivisten, die sich gegen das Abbaggern der Braunkohle und für eine klimagerechte Welt einsetzten. Auf der anderen Seite Tausende Polizistinnen und Polizisten, die für das Interesse von RWE kämpften. Allein dass die Bundes- und Landesregierung mit einem dermaßen umweltschädlichen und zerstörerischen Konzern kooperiert hat, war für uns alle absurd und hat uns die Macht von großen Unternehmen in der Klimakrise vor Augen geführt. Und trotzdem haben wir uns ausgemalt, dass Lützerath bleiben könnte: ein Momentum zwischen Hoffnung und Machtlosigkeit.

Wir, die diesen Beitrag schreiben, haben uns noch etwas von der bunten Utopie Lützeraths erhalten, aber viele Menschen sind seit der Räumung nicht mehr im Klimaaktivismus aktiv. Viele haben die Hoffnung in eine bessere Welt dort gefunden und leider auch wieder verloren. Wir können das verstehen. Wir sind aber der Meinung, dass das nur ein Kampf war. Einer von vielen. Nur weil das 1,5-Grad-Ziel nicht mehr erreichbar ist, heißt das nicht, dass wir aufgeben sollten. Und jetzt kommen wir endlich konkreter zu dem Teil, der unserem Beitrag den Titel verliehen hat: Während wir im Unikurs noch darüber diskutieren sollen, ob nun 1,5 oder 2 Grad das realistischere Ziel ist, erkennen wir an, dass das gar nicht die Frage ist. Es geht nicht um 1,5, 2 oder 3 Grad. Es geht um jedes Zehntel Grad, das wir noch vermeiden können. Denn jedes Zehntel Grad bedeutet Lebensrealitäten, für die es sich zu kämpfen lohnt – und dabei ist Aufgeben keine Option, egal wie viele vermeintliche »Klimaziele« noch gerissen werden. Jedes Zehntel Grad. Darum geht's. Wir sagen deshalb nicht, dass Klimaziele nicht auch wichtig wären. Aber sie bergen auch die Gefahr des Aufgebens, wenn sie nicht erreicht werden. Es ist aber keine Zeit zum Aufgeben, sondern eine Zeit, um noch stärker und lauter für Klimagerechtigkeit und somit für jedes Zehntel Grad einzustehen. Eine Zeit, um die sozialökologische Transformation zu skalieren – auf die Dimension, die es für den gesamtgesellschaftlichen Wandel braucht.

»Über die zwei Grad hinausdenken«, das haben wir als Titel gewählt, als wir mit dem Schreiben begonnen haben und die Ideen nur so aus uns heraussprudelten. Jetzt, wo wir alles niedergeschrieben haben, stellt sich heraus, da haben wir ja doch einen ziemlich treffenden Titel gefunden. Jenseits des Tellerrands steckt so viel mehr, als es ein Zwei-Grad-Ziel jemals fassen könnte. Da sind Mut, Hoffnung, Verantwortung, Gemeinschaft, Sinn, Keimlinge, Arbeit, Zukunft. Und dafür lohnt es sich zu kämpfen, jeden Mittwoch im Plenum, in jedem Gespräch in der Mensa, bei jeder Lastenfahrradfahrt und auch bei jeder Pöbelfrage, warum man denn eine Plastikregenjacke anhabe. Es lohnt sich für all das. Was wir brauchen, sind Menschen, die ihre Leidenschaft, die Welt zu verändern, entdecken und leben – in jedem noch so kleinen oder großen Schritt –, um schließlich auch die Entscheidungsträger*innen zu überzeugen, vielleicht sogar zu begeistern. Denn das ist zusammenfassend, was Klimagerechtigkeitsaktivismus für uns ist: begeisternd, hoffnungsgebend und notwendig!

Klimaschutz – Wege aus einer hoffnungslos erscheinenden Lage

Estelle Herlyn

Die Welt kommt beim Klimaschutz nicht weiter. Die globalen CO_2-Emissionen steigen. Zwar reduzieren die Industrieländer im Einklang mit dem Pariser Klimaschutzabkommen ihre eigenen Emissionen. Die Emissionen der Entwicklungs- und Schwellenländer mit ihren fünf und bald sieben Milliarden Menschen wachsen jedoch weiter. Auch dies ist konform mit dem Parisabkommen – und nicht überraschend. Das Zwei-Grad-Ziel erscheint unerreichbar, von 1,5 Grad erst gar nicht zu reden. Dass die deutschen CO_2-Emissionen 2023 insbesondere deshalb um zehn Prozent sanken, weil die industrielle Produktion einbrach und in der Folge weniger Energie verbraucht wurde,[1] gibt einen Hinweis darauf, dass es beim Klimaschutz um eine diffizile Aufgabe mit vielfältigen Auswirkungen und Wechselwirkungen geht: Klimaschutz ist nur eines der 17 Nachhaltigkeitsziele der UN-Agenda 2030 und aufs Engste mit den Themen Energie und Wohlstand verknüpft, weshalb es letztlich um eine globale Verteilungsfrage geht: Stellt man die Frage »Wer darf noch wie viel CO_2 emittieren?«, steht implizit die Frage »Wie viel Wohlstand ist für wen zulässig?« im Raum. Dass dies in einer Welt, in der die Entwicklungs- und Schwellenländer bei anhaltendem Bevölkerungswachstum Wohlstands- und Wachstumsambitionen haben, eine konfliktträchtige Situation darstellt, bedarf keiner Erläuterung. Es scheint um eine unlösbare Aufgabe zu gehen.

Vor dem Hintergrund eines derart realistischen Blicks, der durchaus Hoffnungslosigkeit verbreiten könnte, hatte ich das Glück, Teil eines Teams zu sein, das eine Referenzlösung für ein weltweites klimaneutrales *und* Wohlstand schaffendes Energiesystem entwickelt hat.[2] Am Ende des Projekts stand die erfreuliche Erkenntnis, dass es prinzipiell möglich ist, eine Welt zu schaffen, in der zehn Milliarden Menschen ein Leben in Freiheit und Wohlstand in sozialer Balance, intakter Umwelt und stabilem Klimasystem führen können, ohne Energiearmut. Es gibt einen Weg, den man in globaler Kooperation verfolgen und natürlich weiter optimieren kann. Zugleich bestehen Bewusstsein und Klarheit darüber, dass eine gleichzeitige Erreichung der 17 Nachhaltigkeitsziele – wenn auch erst zur Mitte des Jahrhunderts – samt Erhalt der Biodiversität, einer intakten Umwelt und eines stabilen Klimasystems extrem ambitioniert ist. Bisher ist Entsprechendes international noch nie gelungen – im Gegenteil: Die Dinge scheinen heute mehr und mehr aus dem Ruder zu laufen.[3] In den Bereichen Technik und Natur bieten sich aber viele neue Chancen und Möglichkeiten – durch einen ganzheitlichen Blick auf die Welt als Ort eines kooperativen Zusammenwirkens aller zur gemeinsamen Lösung der bestehenden Herausforderungen. Hierzu müssen gedankliche und politische Horizonte dringend erweitert werden. Toleranz und Offenheit für unterschiedliche Herangehensweisen und Technologien sind wichtig – und in diesem Sinne zum Beispiel eine Abkehr von Pauschalisierungen wie »Erneuerbare gut, Fossile schlecht«.

Es ist also sehr viel im Bereich Kommunikation und Verständnis zu tun. Letztlich muss es darum gehen, heutige Narrative zu verändern, die fest in Teilen der Gesellschaft verankert sind. Ihre Kernelemente sind ein nationaler Denkrahmen, eine Fokussierung auf erneuerbare Energien, eine weitgehende Elektrifizierung aller Wirtschaftsbereiche und nicht zuletzt eine Überbetonung der individuellen Verantwortung. Die erneuerbaren Energien werden von sehr vielen als ausschließliche Lösung für die Errichtung eines klimaneutralen Energiesystems dargestellt. Eine Veränderung dieses Denkrahmens hat heute eine Chance, weil immer mehr Menschen klar wird, dass der aktuell eingeschlagene Weg nicht zum Ziel führt, und ein rein nationaler Fokus beim Klimaschutz offensichtlich dem globalen Problem Klimawandel nicht angemessen ist, dafür aber viele Kollateralschäden verursacht.

Es gilt zu verstehen, dass sehr viel mehr Kooperation vonnöten ist und Maßnahmen überall auf der Welt notwendig sind, um den menschengemachten Klimawandel zu bewältigen.[4] Die Referenzlösung umfasst eine Vielzahl von Bausteinen, die neben verschiedenen Elementen aus dem Bereich der Energieerzeugung und -wandlung vom konsequenten Regenwaldschutz über umfangreiche Aufforstungsmaßnahmen, massive Anstrengungen zur Bodenverbesserung bis hin zu Aktivitäten zur Verhinderung von Methanleckagen reicht und mit vielfältigen Anstrengungen im Bereich der internationalen Regierungsführung und Finanzierung verknüpft ist. Um stabile Stromsysteme zu garantieren, was unbedingte Voraussetzung für wirtschaftliche Entwicklung ist, sollten diese auf zwei Säulen stehen: Volatile Erneuerbare sollten mit zuverlässig steuerbarer Energie kombiniert werden. Dies können Fossile mit Carbon Capture oder Nuklearenergie sein. Grüner Wasserstoff spielt im Kontext der erneuerbaren Energie eine Rolle, ist aber nicht der Gamechanger, für den er oft gehalten wird. Gründe sind die sehr hohen Kosten, aber auch die perspektivisch begrenzt bleibenden Elektrolyseurkapazitäten.

Carbon Capture ist ein Joker für die nächsten Jahrzehnte. Bis 2050 könnten jährlich bis zu 15 Milliarden Tonnen CO_2 abgefangen werden. Es geht also in Richtung eines »Ausstiegs aus fossilen Emissionen«, was als Leitidee den unrealistischen »Ausstieg aus fossilen Energien« ersetzt.[5] Dieser Ansatz ist in weltweiter Perspektive konsens- und damit friedensstiftend. Es geht einerseits um wirtschaftliche Interessen zentraler Akteure wie China, Russland sowie zahlreicher Staaten der arabischen Welt, der Organisation erdölexportierender Länder (OPEC) etc. und andererseits um das Schaffen der energetischen Voraussetzungen für einen Wohlstandsaufbau in den Entwicklungs- und Schwellenländern. Alle genannten Staaten können die Herausforderungen in den Bereichen Entwicklung und Klima nur gemeinsam und in internationaler Kooperation bewältigen und werden dies nur tun, wenn aus ihrer jeweiligen Sicht Vorteile erkennbar sind. Bei Berücksichtigung aller technischen Optionen eröffnen sich auch für Deutschland und Europa wesentlich kostengünstigere Lösungen für die Transformation des Energiesystems, als heute verfolgt werden. Insbesondere für das deutsche Stromsystem existieren verschiedene Kalkulationen, aus denen hervorgeht, dass die möglichen Einsparungen beträchtlich sind.[6] Diese sollten dringend erschlossen werden, um auch international finanzielle Beiträge leisten zu können. Von zentraler Bedeutung ist eine ernsthafte Beschäftigung mit den legitimen Entwicklungsanliegen des Globalen Südens. Seit 50 Jahren fehlt an dieser Stelle ein starker Wille der Industrieländer. Die Referenzlösung zielt für die nächsten 25 Jahre auf ein dortiges BIP-Wachstum von jährlich sechs Prozent, in den am wenigsten entwickelten Ländern sogar auf sieben Prozent, im Einklang mit der Agenda 2030. Das BIP dieser Länder könnte so von heute 20 Billionen auf 80 Billionen US-Dollar in 2050 anwachsen. Die Folge wäre ein Weltwirtschaftswunder. Eine Mitwirkung an der Umsetzung würde ökonomische Vorteile für alle eröffnen.

Die große Herausforderung ist die Bewältigung des resultierenden Wachstums des Energiebedarfs der Entwicklungs- und Schwellenländer, der sich etwa verdoppeln wird – selbst dann, wenn parallel erhebliche Anstrengungen im Bereich der Energieeffizienz und der Veränderung von Lebensstilen erfolgen.[7] Um ein solides Fundament für eine gemeinsame Bewältigung der erforderlichen Maßnahmen zu schaffen, müssen die bisher konditionierten Klimaschutzziele der Entwicklungs- und Schwellenländer auf eine realistische Basis gestellt werden. Sie bilden heute die Achillesferse des Pariser Klimaschutzvertrags.[8] Diese Überarbeitung ist eine gigantische intellektuelle, fachliche und finanzielle Aufgabe, die zwingend zu erfüllen ist, wenn die Klimaziele der Länder die Basis für einen kooperativen Ansatz zum Beispiel in Form eines weltweiten Cap-and-Trade-Systems werden sollen. Neben den Kosten, die zur Bewältigung der notwendigen politischen und gesellschaftlichen Transformationsprozesse anfallen, sind der eigentliche Auf- bzw. Umbau des Energiesystems zu finanzieren sowie die Maßnahmen im Bereich der naturbasierten Lösungen zu flankieren.[9] All das erfordert massive Investitionen durch die OECD-Staaten, zum Beispiel für den Aufbau transnationaler Energieinfrastrukturen und im Kontext anfallender Differenzkosten für die Erreichung von Klimaneutralität, dies in Anlehnung an das Montrealer Protokoll.

Politisch werden die Transfervolumina aus den reichen Ländern in die Entwicklungs- und Schwellenländer eine Schlüsselfrage sein: Es geht um bis zu 1,2 Billionen US-Dollar pro Jahr, im Mittel also 800 US-Dollar pro Kopf, für die Durchführung einer Vielzahl von Maßnahmen, womit es endlich in Richtung der seit 2015 bestehenden Forderung »From billions to trillions« geht. Zu beachten ist dabei, dass die Unterstützung pro Kopf im Globalen Süden dennoch nur 200 US-Dollar pro Jahr beträgt, was gerade einmal den Kosten der Vermeidung von etwa zwei Tonnen CO_2 entspricht – wenn diese Kosten niedrig sind. An so mancher Stelle werden nicht nur in Deutschland weit höhere Summen für die Vermeidung einer einzigen Tonne CO_2 aufgebracht. Derartige Summen sind heute für viele unvorstellbar. Zugleich spricht vieles dafür, dass die bestehenden Herausforderungen für weniger

Geld nicht zu bewältigen sein werden. Frühere, günstigere Chancen wurden leider nicht ergriffen.[10]

Wenn es im Klimabereich eine historische Verantwortung seitens der Industrieländer wahrzunehmen gilt, weist die Referenzlösung einen Weg, wie dies gelingen kann. Aus ihrer Sicht ist die erhaltene Gegenleistung die Stabilisierung der weltweiten Verhältnisse, in ökologischer wie in sozialer Hinsicht. Die finanzierten Systemdienstleistungen wirken zum Vorteil aller und sind letztlich für überschaubare Summen zu haben. Die Anliegen der Entwicklungs- und Schwellenländer sollten aus einsichtsvollem Eigeninteresse endlich aufgegriffen werden – in unser aller Sinne. Der Klimaschutz ist gerade kein Argument, die Wohlfahrtsversprechen erneut zu brechen, sondern muss ein wesentlicher Beweggrund dafür sein, die große gemeinsame Herausforderung anzugehen, die nur in Kooperation zu bewältigen ist. Um die Kosten beherrschbar zu halten, müssen kluge, kosteneffiziente Lösungen verfolgt werden. Nicht hilfreich sind dabei Pauschalisierungen wie etwa All-Electric. Es sollten keine technischen Lösungen vorgegeben werden, vielmehr sollte Technologieoffenheit herrschen. Die Kräfte der Märkte sollten wirksam werden, und weltweite Vielfalt auf Basis von lokalem Wissen sollte zugelassen werden. Realismus, Pragmatismus, Tempo und eine faire Lastenverteilung sollten die nächsten Jahrzehnte bestimmen, denn die Zeit wird knapp.

Nicht zuletzt muss es gelingen, dass Menschen überall auf der Welt dafür gewonnen werden, sich zu beteiligen – dies in einer Situation, in der mancherorts Frustration und Resignation im Einsatz für eine nachhaltige Entwicklung zu beobachten sind, unter anderem wegen der vielen nicht zielführenden Maßnahmen, die heute ergriffen werden. Es ist zu erwarten, dass so manche*r seinen oder ihren Beitrag wieder motivierter leisten wird, wenn sich das Gefühl verliert, ein »Fass ohne Boden« füllen zu müssen. An dessen Stelle tritt die Erkenntnis, dass man einen Beitrag zu einem konsistenten Gesamtansatz leisten kann, der in Summe dazu führt, dass – wenn auch erst nach 2050 – Net Zero erreicht und die Agenda 2030 umgesetzt werden kann. Es eröffnet sich also ein Weg, mit dem es doch noch gelingen kann, dass alle Menschen »innerhalb der Grenzen des Planeten gut leben können«.[11] Es stimmt hoffnungsvoll, dass es eine solche Lösung gibt, bei der zumindest keine prinzipiellen Gründe dagegensprechen, dass sie umgesetzt werden kann.

Es ist zu wünschen, dass diese Chance nicht verspielt wird, wie so viele andere zuvor. Dafür braucht es das Engagement vieler. Ich werde mich mit meinem Netzwerk auch weiterhin engagieren und versuchen dazu beizutragen, dass Fehler vermieden und bestehende Chancen genutzt werden. Noch gibt es sie.

Miteinander zum Wohle von uns allen

Jens Lueck

Vor ungefähr zehn Jahren habe ich begonnen, mich mit dem Thema »Klimakrise« auseinanderzusetzen. Ausgelöst durch einen Vortrag von Prof. Harald Lesch, wurde mein bis dahin valides Vertrauen in die Politik (ich dachte: »Die werden den Planeten wohl nicht an die Wand fahren«) augenblicklich vom Tisch gefegt. Seitdem kann man mich wohl mehr oder weniger als Klimaaktivisten bezeichnen – jedenfalls diskutiere, transportiere, kritisiere ich seitdem vieles und werde nicht müde, mich zu engagieren. Ich bin durch Höhen und Tiefen gegangen, habe Frust und Hoffnung, Unterstützung und Anfeindungen erlebt, und doch weiß ich bis heute nicht, ob wir als Zivilisation in der heutigen Form »die Kurve kriegen«. Unsere aktuelle Lage beunruhigt mich zutiefst, haben doch Kriege die Klimakrise in der gesellschaftlichen Wahrnehmung zumindest in Europa (woanders fehlt dieses Bewusstsein teilweise fast vollends) etwas verdrängt. Seit Dekaden mahnt die Wissenschaft, und selbst Ölkonzerne haben zur Planung von Strategien, die das möglichst lange Beibehalten des aktuellen Geschäftsmodells ermöglichen sollten, schon früh sehr genaue Klimamodelle entwickelt, aber in der Politik und folgend in der aktiven Umsetzung von Klimaschutzmaßnahmen ist nur ein Bruchteil des Notwendigen passiert. Fossile Lobbyisten und neoliberale Parteien faseln von Technologieoffenheit, obwohl inzwischen öffentlich bekannt ist, dass diese technologischen Ideen größtenteils von den Ölkonzernen ins Spiel gebracht wurden, um ihr Geschäftsmodell möglichst lange aufrechterhalten zu können, anstatt frühzeitig mit dem Umstellen auf erneuerbare Energien zu beginnen. Wir sind inzwischen laut COPERNICUS bei einer Erderwärmung von 1,5 Grad, das ist der Wert, der bei der legendären Pariser Klimakonferenz als maximaler Grenzwert festgelegt wurde, und der erste Klimakipppunkt steht vor der Tür: Die Korallen sterben in den zu warm gewordenen Meeren.

Wie konnte es so weit kommen, und wie weit wird es noch gehen? Über Dekaden haben Regierungen versagt – in Deutschland sogar die von der Physikerin Angela Merkel (in ihrer Zeit wurde das Pariser Klimaabkommen unterzeichnet). Warum werden von der Wissenschaft klar formulierte Zusammenhänge von der Politik erstens nicht in der Form respektiert, dass sie handlungsweisend werden, und zweitens nicht in aller drastischen Klarheit an die Bürgerinnen und Bürger kommuniziert? Es gibt stattdessen unklare, teils sogar verharmlosende Formulierungen, die die Tragweite des Problems nicht ansatzweise erkennbar machen. Das Pariser Ziel ist, gemessen an der Realpolitik, nicht mehr erreichbar, und nun müssen wir eine »Vollbremsung« hinlegen, um eine Erderwärmung von zwei Grad nicht zu überschreiten. Organisationen wie Fridays for Future, die Letzte Generation oder Extinction Rebellion, alle mehrheitlich von der jungen Generation initiiert, haben das längst erkannt, sind sie doch diejenigen, die unter den Folgen der Klimakrise am meisten zu leiden haben werden. Gleichzeitig werden junge Menschen in vielen Ländern Europas aufgrund der Demografie von jenen Menschen durch deren Lebensweise und Wahlverhalten ausgebremst, die am wenigsten von den Folgen betroffen sind. Leider beobachte ich derzeit auch, dass sich vor allem weniger gebildete junge Menschen – beeinflusst durch ultrarechtes Influencing in den sozialen Netzwerken – nach rechts wenden und teils die Klimakrise leugnen, teils das eigene Individuum derart in den Vordergrund stellen, dass jeder, der das Wort »Nachhaltigkeit« in den Mund nimmt, sofort zum Gegner, zur Gegnerin wird. Eine dritte Gruppe junger Menschen hat bereits aufgegeben und versucht einfach nur noch »gut« zu leben, solange das noch möglich ist.

Ein weiteres Problem stellen die Narrative vom mündigen Bürger, von der mündigen Bürgerin, die selbst ihre Entscheidungen treffen, und vom freien Markt, der durch Angebot und Nachfrage geregelt ist und somit konsumentengerecht funktioniert, dar. Was oder wer ist ein mündiger Bürger, eine mündige Bürgerin? Jede Person ab 16? Menschen mit einem Schulabschluss? Personen mit einem Minimum an Sozialkompetenz? Was bedeutet »mündig« überhaupt? »Mündig sein« bedeutet meines Erachtens zumindest, einen gewissen Informationsstand zu besitzen (hier kommt ein weiterer Baustein ins Spiel: die Tatsache, dass man sich nicht Fachkompetenz in jedweder Hinsicht aneignen kann und somit auf Informationsquellen vertrauen muss, um gewisse, dann als Fakten angenommene Inhalte als Ausgangspunkt für Handlungen oder zum Treffen von Wahlentscheidungen zu nutzen). Wenn es zum Beispiel um die CO_2-Bilanz von Supermarktprodukten oder auch deren Inhaltsstoffe geht, benötigt ein Mensch, der nachhaltig einkaufen will, erstens eine Lupe und zweitens entweder ein riesiges Allgemeinwissen oder diverse Handy-Apps sowie jede Menge Zeit. Das liegt an der Tatsache, dass wir vom »freien Markt« so, wie er derzeit geregelt ist, immer wieder verführt, getäuscht oder gar betrogen werden. Ein Wocheneinkauf kann dann mal zwei Stunden dauern. Und dies ist nur *ein* Beispiel, das zeigt, dass es dem »freien Markt« nicht nur in Bezug auf Nachhaltigkeit zu misstrauen gilt. Ein »normaler« Bürger, eine »normale« Bürgerin kann das nicht leisten. Aus meiner Sicht ist es notwendig, dass der Markt insoweit geregelt wird, dass Industrie und Anbieter in der Pflicht sind, ein sauberes, nachhaltiges, klimafreundliches Produkt anzubieten. Der »mündige« Bürger, die »mündige« Bürgerin könne selbst entscheiden – das ist ein neoliberales Narrativ, das die Erzeuger (die über alle ihre Produkte betreffenden Informationen verfügen) größtenteils aus der Verantwortung entlässt und den Einzelnen und die Einzelne überfordert. Stattdessen ist es sogar so, dass mit »klimaschädlichen« oder in anderer Hinsicht umweltschädlichen Produkten erwirtschaftete Gewinne von den Unternehmen abgeschöpft, Schäden und Probleme aber sozialisiert werden und somit die Steuerzahler*innen belasten, die am Ende auch für den Klimaschutz zahlen müssen.

Psychologische Aspekte sind in meiner Betrachtung bisher unberücksichtigt und spielen doch leider auch eine große Rolle: Zielt eine Wahlentscheidung auf den eigenen Vorteil, oder ist auch das Allgemeinwohl im Blick? Bin ich bereit, persönliche Einschnitte hinzunehmen, um mir unbekannten Menschen zu helfen, die auf der anderen Seite der Welt leben? Die Fragestellungen ließen sich beliebig erweitern. Wenn es um das Innere des Menschen, also Psychologie, Mentalität und Eigenarten, geht, dann sind viele Forschende der Meinung, dass der Homo sapiens nicht in der Lage ist, mit langfristigen, großen Problemen wie der Klimakrise umzugehen. Wenn man ihm anbietet: »Du kannst jetzt zwei Bananen haben oder in drei Tagen fünf«, dann nimmt unsere Spezies sofort die zwei Bananen.

Das letzte, große »äußere« Problem ist die Tatsache, dass immer noch überall das Wachstumsmodell Dreh- und Angelpunkt ist. In keiner Nachrichtensendung fehlt dieser Begriff, und alles wird daran gemessen – vom Exportvolumen bis zum privaten Konsum. Jedes Jahr muss alles *mehr* werden. Wie soll das in einem räumlich begrenzten System (Planet Erde) funktionieren, und wie soll man im gleichen Atemzug CO_2-Emissionen reduzieren? Ich könnte viele weitere ähnliche Kontexte ausformulieren, aber das ergibt keinen Sinn, denn das Problem bleibt immer dasselbe. Meine persönliche Analyse (und ich versuche sehr, mich an wissenschaftlichem Input zu orientieren) lautet:

Wir brauchen Regeln – unser gesamtes Zusammenleben basiert auf Regeln –, innerhalb derer wir uns frei bewegen können. Es ist unsinnig, die Frage zu stellen, warum jede*r Einzelne nicht verantwortlich handelt, und daher noch unsinniger zu fragen, warum die Gesellschaft als Ganzes nicht ins Handeln kommt, denn die relevanten Einflussfaktoren sind zu vielfältig. Stattdessen müssen wir unser Wissen als Gesamtgesellschaft nutzen. Keine*r von uns kann alles, aber wir arbeiten überall zusammen. Grundlage aller politischen Maßnahmen müssen wissenschaftliche Fakten und Prognosen sein, auf deren Basis man über zielführende Maßnahmen streiten kann.

Wir brauchen ein anderes Bildungssystem, das anstelle des Bulimielernens Begeisterung und den Wunsch, etwas zu wissen, Dinge zu verstehen, bei den Kindern weckt, was meines Erachtens zu einem anderen Umgang mit unserer Umwelt (Mensch und Natur) führt. Wir müssen weg von einem exponentiellen Wachstumssystem und damit auch weg von der Idee, dass Geld sich selbst vermehrt, hin zu einer auf Gemeinwohl basierenden Kreislaufwirtschaft. Wir müssen den Begriff »Konkurrenz« neu definieren: Statt eines Gegeneinanders und Ausstechens von Mitbewerbern und Mitbewerberinnen könnte Konkurrenz insofern stattfinden, dass jede*r sein bzw. ihr Bestes beisteuert und dass Ideen sich gegenseitig befruchten.

Wir brauchen ein faires Steuersystem, das sowohl die Subventionierung nachhaltiger Unternehmen als auch die höhere Besteuerung von umweltschädlich arbeitenden und damit die Gesellschaft belastenden Firmen einschließt.

Außerdem brauchen wir ein Pro-Kopf-CO_2-Budget, bei dem nicht genutzte Emissionsrechte *nicht* verkauft werden können. Global benötigen wir einen »Club der Willigen«, Klimazölle für nicht nachhaltig erzeugte Produkte eingeschlossen.

Den Ausstieg aus dem zinsbasierten Finanzsystem betreffend, möchte ich ein einfaches Beispiel konstruieren: Derzeit ist der Anreiz für fast alles, was wir tun oder was wir tun sollen, immer finanzieller Art – es geht einfach nur um Geld. Wenn wir jemandem aus unserer Familie ein Geschenk machen, ist der Anreiz ein anderer. Das kann auch außerhalb der Familie funktionieren. Warum sollte ich nicht jemandem Geld leihen (mit vertraglich garantierter Rückzahlung, aber ohne Zinsaufschlag), damit er oder sie eine Solaranlage aufs Dach setzen kann? Dieser Mensch trägt dann (und damit auch ich) zur Reduzierung von CO_2-Emissionen und damit zum Wohle aller bei. Das könnte doch eine Motivation darstellen, und ähnliche Beispiele vielfältiger Art lassen sich denken. Das Prinzip ist immer dasselbe: miteinander! Ich glaube, dass man sich in einem solchen System viel wohler fühlt – sowohl persönlich als auch im gesellschaftlichen Kontext. Aktuell sind aufgrund des kleinen Zeitfensters, das uns bleibt, um die Klimakrise zu bewältigen, schnelle, drastische Maßnahmen vonnöten, die Nutzung aller verfügbaren Techniken eingeschlossen. Dafür ist – wie schon oben erwähnt – ein klares Regelwerk, basierend auf Empfehlungen der Wissenschaft, aus meiner Sicht die einzige realistische Option.

Planet earth is blue, and there's nothing I can do

Burkhart von Braunbehrens

Wir leben in wundervollen Zeiten, und ich darf das schon ein langes Leben lang. Als ich drei Jahre alt war, flog mit tiefem Dröhnen ein Bombergeschwader am blauen Mittagshimmel über unseren Garten in Freiburg. Da stand ich zwischen Blumen und wusste keine Angst zu spüren. In der Schule gab es noch Tatzen auf die Finger, aber der Lehrer war ansonsten sehr nett. Und nach den ersten Jahren nach dem Krieg, in denen von Hamsterfahrten der Mutter mit dem Fahrrad holzige Kohlrabi auf den Tisch kamen, begann schon das »Wirtschaftswunder«. Der Vietnamkrieg dann veränderte für mich alles und hat mich in kürzester Zeit zu einem Aktivisten gemacht. Und heute fühlt es sich an, als würde ich vor einem Scherbenhaufen stehen und auf eine Welt am Abgrund blicken, auf grauenvolle Kriege und eine ausweglose Zerstörung der Lebensbedingungen auf unserem Planeten und eine Bedrohung der Ideale, die meine politische Sozialisation prägten. Sind die Welt und ihre Machtstruktur so absurd geworden, und sind wir alle so in dieser Absurdität befangen? Wir wissen alles und machen weiter, als wüssten wir nichts.

Seit über 50 Jahren wissen wir, dass das Hamsterrad von Arbeit und Profit sich wie ein riesiger Schaufelbagger in unseren Planeten Erde hineingefressen hat. Und wir wissen, dass diese menschengemachte Maschine, deren Teil wir geworden sind, angehalten werden muss für die Befreiung der menschlichen Arbeit aus diesem Rad der Zerstörung. Wir sollten aber auch wissen, dass die meisten Menschen auf der Welt sich innerhalb ihrer Lebensbedingungen höchst realistisch verhalten. Wenn sie sich in miserablen Verhältnissen befinden, sind ihre Aussichten, da herauszukommen, fast immer äußerst beschränkt und ausweglos. Deshalb bleiben sie in ihrem möglichen Rahmen. Und wenn sie in vergleichsweise gesicherten Verhältnissen leben, so sind diese gesichert, solange sie sich in den vorgezeichneten Bahnen bewegen.

In den Geschäftsberichten der großen Konzerne wie BASF wird beispielsweise alles getan für das Erreichen der Klimaziele und für die Natur schützenden Wohltaten für die Menschheit. Auch die Investition von zehn Milliarden Euro für neue Produktionsstätten in China dient dem »ehrgeizigen« Klimaziel in Deutschland, während am Stammsitz Ludwigshafen Arbeitsplätze »abgebaut« werden müssen. In einem Dokumentarfilm der ARD wird gezeigt, dass in Europa nicht mehr zugelassene Giftstoffe weltweit und tonnenweise exportiert werden und grauenvolle Erkrankungen der Menschen und Naturzerstörungen verursachen. Der Chemiegigant Bayer schreibt: »Gesundheit fördern und Ernährung sichern ist das, was wir am besten können und was uns am Herzen liegt«, nachdem er den in zahlreichen Urteilen als lebensbedrohend enttarnten amerikanischen Agrarriesen Monsanto gekauft hat.

Will ich die Aktivitäten der Konzerne entlarven? Das wird schon seit Jahrzehnten getan. Alles ist bekannt und dokumentiert. Fast 80 Prozent der klimaschädlichen Emissionen stammen von weniger als 100 dieser Giganten. Die Klima und Natur zerstörende Produktion ist nicht einmal in ihrer schlimmen Dynamik gestoppt, sondern wächst ungebremst. Und das Zeitfenster wird immer kleiner.

Gute Nachrichten

Die Hauptverantwortlichen sind bekannt, und es sind wenige. Sie, die in der Lage sind, mal eben große Milliardenbeträge in neue Anlagen zu investieren, haben die Mittel und das Know-how Tausender Mitarbeiterinnen und Mitarbeiter, einen schnellen Wechsel ihrer Unternehmensstrategie anzuordnen. Das könnte eine gute Nachricht sein, wenn Medien und Politik sie nicht mehr verschwiegen. Gegen den Boykott der Wirtschaftsgiganten ist der Kampf für die beschlossenen Klimaziele und für eine Umkehr in der Naturzerstörung nicht zu gewinnen. Wahrscheinlich haben sie schon die Pläne und Blaupausen in der Schublade, was alles technisch möglich ist und was der Risiken wegen gestoppt werden muss. Sie tun das Gegenteil, sie glauben, das Gegenteil tun zu müssen, um ihre Marktposition, ihre Macht zu erhalten. Es sind Giganten, aber wenige.

Die zweite gute Nachricht geht direkt an die Aktivisten und Aktivistinnen. Sie haben im Verlauf ihrer Kämpfe gelernt, dass der Kapitalismus die Ursache für die Krise ist. In seinem Siegeszug zerstört der Kapitalismus Mensch und Natur, das hat Karl Marx schon vor über 170 Jahren geschrieben. Aber ich muss nicht »Kapitalismus muss weg« rufen und Handwerkerinnen, Bauern und kleine Unternehmen erschrecken, sondern die großen Riesenkapitale zur Verantwortung ziehen. Gegen ihre Obstruktion und gegen ihren Boykott sind der Planet und unsere Welt nicht zu retten. Wir müssen verstehen, dass diese überschaubar wenig Großen über immense freie Mittel verfügen, die mittlere und kleine Unternehmen nicht haben. Ja, nicht einmal große Staatshaushalte können über so große Summen frei verfügen. Sie scheinen nach denselben kapitalistischen Gesetzen und Spielregeln zu agieren, aber sie spielen in einer anderen Liga. Das ist wie im Fußball, nur heftiger. Sie dominieren auch die Zulieferer, deren Arbeit sie Bedingungen unterwerfen, die diesen keine Chance für Nachhaltigkeit lassen. Aber alle spielen nach denselben Regeln. Von diesen großen Verantwortlichen ist einzufordern, sofort alles zu unterlassen, was das Klima anheizt und die natürlichen Lebensbedingungen zerstört.

Ist das naiv?

Im Grunde hatte Fridays for Future nie andere Argumente und Forderungen und wurden sogar nach Davos eingeladen, wo sie keinen nennenswerten Widerspruch zu hören bekamen. Aber nichts, was wirklich eine Wende bedeutet hätte, ist geschehen. In den Medien wurden derweil die Vertreter*innen des Klimaaktivismus regelmäßig in müßige Defensiven gedrängt, sich zu distanzieren. Diese Moderationen von Realismus und Vernunft zeigen die Absurdität, dass die Welt so weitermacht und vor die Wand fährt. Die Forderung nach einem Ende dieser Praxis mag naiv erscheinen, aber sie ist die einzig realistische. Die Politik erweist sich als machtlos gegenüber den Giganten. Sie mag korrumpiert sein, tut zu wenig oder boykottiert naheliegende Entscheidungen. Aber: Die Politik hat die Klimakrise nicht gemacht. Ehe die großen Macher*innen der Klimakrise nicht auf die Bühne gezogen werden, wird auch die Politik die Wende nicht herbeiführen.

Die friedliche Revolution

Es geht um nichts weniger als eine Revolution, eine, die anders ist als alle vergangenen und bisher verbreiteten Vorstellungen von Revolution. Die Friedlichkeit einer solchen Revolution ist bei den Aktivistinnen und Aktivisten seit Langem Gemeingut – entgegen allen öffentlichen Bemühungen, sie ihnen auszureden. Darin machen sich alle Medien schuldig. Denn dort wird immer wieder mit Erfolg versucht, die Aktivist*innen zu Kämpferinnen und Kämpfern jenseits der Realität und Vernunft abzustempeln. Schauen wir noch mal auf das Beispiel Chemieindustrie. Wir sind wieder Weltmarktführer, und die EU hat Glyphosat wieder zugelassen. Die großen Unternehmen können uns weismachen, dass das auch unser Interesse sei: Arbeitsplätze, Industriestandort Deutschland, Wohlstandsgarant. Zugleich sind sie mit ihren Produkten, die in fast allen Artikeln verbaut sind, tief sitzender Bestandteil unserer Lebenswelt. Der Elementarstoff für Kunststoff ist Erdöl. Die weltgrößten Steamcracker der BASF beschaffen mit gewaltigem Energieaufwand die Grundstoffe. So vernetzen sie die globale Ölwirtschaft nicht nur über die Mobilität, sondern auch über unsere täglichen Gebrauchsgegenstände mit unserer Lebenswelt. Zugleich sind sie über Düngemittel und Pestizide dominant vernetzt mit der globalen Agrarproduktion und somit mit unseren unmittelbaren Lebensmitteln. Sosehr einen das Grauen packt über diese Zusammenhänge, erzwingt diese Erkenntnis auch die Einsicht, dass das alles nicht zu lösen ist, indem wir es wegwünschen. Es ist unsere Lebenswelt. Aber ihre notwendige Umgestaltung wird nicht einmal als guter Gedanke überleben, wenn die Großen nicht gestoppt werden, die Lebensbedingungen auf unserem Planeten dynamisch zu zerstören.

Der Himmel ist blau

Ich stehe auf einer blühenden Wiese. In Europa ist Krieg, und kaum einer geht hin. Über mir dröhnen zwei große Turbotransporter. Sie kommen aus Ramstein. Seit über 40 Jahren lebe ich in einem alternativen Wohnprojekt auf dem Land, in dem von Anfang an versucht wurde, Ökologie praktisch zu leben. Auch das betrachte ich inzwischen als ein Privileg in meinem Leben, das nur wenigen vergönnt ist. Jedoch ist mir bewusst, dass die gewaltige

Menschheitsaufgabe, wie sie gegenwärtig vor uns steht, nicht allein durch Projekte guten ökologisch und verantwortlichen Lebens bewältigt werden kann. Der Austausch mit der Welt, wie sie ist, muss immer wieder geleistet werden, genauso wie der Blick auf die großen Zusammenhänge. Wir wissen, dass wir die Klimakrise nicht stoppen können, ohne die Kriege zu stoppen, und wir können davon ausgehen, dass dies die meisten Menschen wissen, ahnen oder verdrängen. Beides zugleich erscheint unmöglich zu stemmen, aber beides zugleich muss gelingen. Angesichts der Größe dieser Aufgaben erscheint die öffentliche Debatte lächerlich und unernst. Ausweglos erscheinende, zunehmend schreckliche Kriege überbieten gegenwärtig alle Katastrophen. Offen oder verdeckt geht es in allen kriegerischen Auseinandersetzungen immer auch um die Neuverteilung der Machtverhältnisse zwischen alten und neuen imperialen Mächten, die mit ihren Mitteln und Waffen alle Kriege alimentieren. Kriege werden hemmungslos entfacht, um hoffnungsvolle Emanzipationsbewegungen zu eliminieren. Und Kriege machen alle Erfolge und Anstrengungen, die Klimakrise und Naturzerstörung zu beenden, zunichte. Kriege sind voller widerlicher Verschwörungen, und dennoch ist aus Verschwörungstheorien keine Haltung zu gewinnen. Wenn man sich im Krieg befindet, nützt es nichts, damit nichts zu tun haben zu wollen. Es gilt, alles zu tun, um den Krieg zu beenden. Wenn Wladimir Putin Europa den Krieg erklärt und Länder überfällt, die er einem großrussischen Reich einverleiben will, dann muss er mit allen Mitteln gestoppt werden. Das hat Europa, das hat der Westen in mehr als zwei Jahren trotz der viel gepriesenen militärischen Überlegenheit nicht getan. Dass es zum gegenwärtigen, lang andauernden Abnutzungskrieg gekommen ist, kostet unerträglich viele Menschenleben auf beiden Seiten; und so geht das weiter as long as it ... Das lässt mich schaudern.

Seid realistisch, verlangt das Unmögliche

Zum notwendigen Realismus gehört auch die Einsicht, dass wir aus dem Westen nicht aussteigen können, auch wenn er in all seinen manifesten Aktionen und Institutionen das gegenwärtige Desaster mitbetreibt, das er mitangerichtet hat. Es ist unsere Geschichte und unsere Lebensweise. Zum Teil haben wir ein Bewusstsein über Faschismus. Und Rassismus wird inzwischen diskutiert, insbesondere bei internationalen Sportveranstaltungen. Aber die europäische koloniale Vergangenheit lebt weiter. Wenn korrupte Eliten in Afrika sich nun neuen imperialen Mächten zuwenden, ist das auch die Quittung dafür, dass die EU in Zusammenarbeit mit IWF und Weltbank die Fortsetzung der kolonialen Abhängigkeit zur Plünderung der enormen Reichtümer an Rohstoffen gut verdeckt als Entwicklungshilfe betrieben und so eine faire Entwicklung verhindert hat. Die südlichen Länder sind am schlimmsten betroffen von der Erderwärmung, die vom Norden hauptsächlich verursacht wird. Sie hätten die besten Chancen für solarbetriebene Entwicklung und eine Jugend, werden aber, statt Bildung und Arbeit zu finden, in die Emigration getrieben.

Die Klimaprogramme der Politik können nicht überzeugen, weil sie nicht global orientiert sind und die Lasten denen aufbürden, die sie nicht tragen können, und weil die großen Verursacher, die die globale Klimakrise wirksam stoppen könnten, verschont werden.

»Seid realistisch, verlangt das Unmögliche« war die zentrale Botschaft des surrealistischen Manifests vor 100 Jahren. Heute befindet sich die Welt in der surrealen Situation, ihren eigenen Untergang wissentlich zu betreiben. »Seid realistisch, verlangt das Unmögliche« kann die Parole sein und zugleich der anspruchsvolle, doch einzig realistische Weg, den Frieden mit der Leben spendenden Natur wiederzugewinnen. Und die Hoffnung!

Was du (nicht) willst, das man dir tu ...

Maria Tekülve

»Soll jeder Inder einen Kühlschrank haben?«, schrieb ein Dozent der Göttinger Uni Anfang der Achtzigerjahre an die Tafel. Damals hatten die *Grenzen des Wachstums* in unseren Reihen – fast – denselben Rang wie *Das Kapital*, gefolgt vom Kanon zur Dependenz der damals noch so genannten »Dritten Welt«. Mit Ehrfurcht lasen wir vom Leben »einfacher Gesellschaften« wie der Yanomani-Indianer und Samoa-Mädchen und fühlten uns betrogen, als sich herausstellte, dass dort doch nicht alle so glücklich waren, wie wir gerne geglaubt hätten. Auf einer Exkursion nach Südindien, wo das Elend buchstäblich auf den heißen Straßen lag, erfasste viele von uns der Impuls, sofort zurückzufliegen. Aber in unserem Hotel, mit Waschbecken, Deckenventilator und gekühlter Coke, konnten wir uns vom Schock erholen.

Wieder zurück in der »Ersten Welt«, sammelte ich Aluminiumdeckelchen der Joghurtbecher unserer Hausgemeinschaft ein und brachte sie in einer Jutetasche in einem Fiat 500 zur Sammelstelle in Göttingens erstem Bioladen. Auf dem Rückweg lag Biowaschmittel (der ersten Generation) im Weidenkorb und Nicaragua-Kaffee, den ich durch preisgünstiges Brot vom Vortag quersubventionierte. Das sind alles Anekdoten, über die man heute schmunzeln könnte – wäre die Sache nicht viel ernster geworden, als wir es damals befürchtet hatten. Auch über die Relevanz der Aludeckelchen kann man trefflich streiten, zumal mit einem Auto dorthin gebracht. Aber es war der Beginn einer aktiven Umweltbewegung, der (gescheiterte?) Versuch, die schleichende Zunahme einer heute überbordenden Umweltlast aufzuhalten. Und die Nachfolgemarke des Biowaschmittels benutze ich noch immer, erhältlich in jeder deutschen Drogerie, das heißt auf dem Massenmarkt.

»Verzicht ist Lust!«, rief Anfang der Neunziger auf einer Konferenz der evangelischen Akademie Loccum ein Referent in die Zuhörerschaft, die damals, noch hoffnungsvoll, machbare »neue Wohlstandsmodelle« für das neue demokratische Deutschland diskutierte: ein angenehmes, freundliches

Leben, das allen den Besitz eines Fahrrads, Mopeds oder Kleinwagens (für Familien), eines langlebigen Fernsehers und Kühlschranks ermöglichen würde, die Nutzung von Bahn und Bus, auch einen erholsamen Jahresurlaub an der nahen See etc. Eine Teilnehmerin schwärmte (übrigens bis heute) von den dreiwöchigen Urlauben mit den Eltern und beiden Brüdern in einem VW-Käfer von Ulm bis an die Adria oder zur Oma an die Nordsee, die Ferien gefühlt einen ganzen Sommer lang. Warum dieses – wie ich noch immer finde – Luxuskonzept (zumal in einer sich für aufgeklärt haltenden westlichen Welt) im Nirgendwo verschwand, mögen andere untersuchen.

Jedenfalls wurden wir immer reicher und verschwenderischer, während wir die »Dritte Welt« vom Ziel der »nachholenden Entwicklung« verabschiedeten. Wir speisten sie buchstäblich mit dem Konzept der »Grundbedürfnisse« (kein Hunger, Basisgesundheit, Grundbildung, ein Dach über dem Kopf etc.) ab. Es folgten die ähnlich bescheidenen und dennoch für knapp eine Milliarde Menschen bis heute nicht erreichten Millennium Development Goals und schließlich die Agenda 2030, die manche für ein neues SPD-Konzept hielten. Immerhin, aber das ist hier kaum angekommen, erkennt diese Agenda (theoretisch) auch Deutschland als Entwicklungsland an, vor allem in Sachen Umwelt, und betont seine globale Verantwortung.

Die Gegenwart: Luxus ohne Verantwortung

»Das bringt doch alles nichts!«, spotten 40 Jahre später aus dem gleichen obigen Kreis Fundies wie Ignoranten, wenn ich von unseren langsamen Mittelmeerreisen mit Bahn und Bus berichte oder vom Kauf regionaler Biobutter. Die einen akzeptieren nur Balkonien (mit bienenfreundlichen Pflanzen) und Margarine (ohne Palmöl), die anderen ziehen sofort mit ihrer (individualistischen) Freiheitsfahne aufs Feld, wo dann der (allein verantwortliche) »Staat« die Schlacht zu führen hat. »Kindergarten, Kirchengedöns«, antwortete gar einer, »außerdem: Eine Bratwurst weniger macht woanders keinen Wald«, nur etwas witzig, weil Polemik. Überdies sollte ich mich, Stichwort »Mittelmeer«, an die Superreichen mit ihren Jachten wenden – leider (?) jenseits meiner Zugangswelt. Niederschmetternd auch das genervte Abwinken eines Vaters: »Ich habe meine eigenen Sorgen!« Man muss nicht die staatlich bindenden Deklarationen der Pariser Weltklimakonferenz, das Grundgesetz, eine gute Heilige Schrift oder Elias oder Kant gelesen haben (obwohl durchaus zu empfehlen), um auf die Einwürfe antworten zu können: Freiheit aller bedeutet zugleich Zivilisierung aller, oder: »Was du nicht willst, das man dir tu, das füg' auch keinem andern zu«.

Längst ist es Zeit, mich zu outen: Ich gehöre zur grün-urbanen Mittelschicht, noch schlimmer: aus Berlin, zudem mit beruflich bedingter Vielfliegervergangenheit, sogenannte Entwicklungszusammenarbeit. Immerhin können mein Mann und ich mit vielen Aktiva punkten, kein Auto, wenig Fleisch, seltenes Streamen, Wäschetrocknen auf der Leine und vor dem Urlaub die Kabel von Kühlschrank und Router abziehen etc. – das alles, tatsächlich, mit großer »Lust«, monetärem Gewinn sowieso und ohne »Verzicht«. Mit alledem liegt unser Haushalt laut Klimarechnern etwa von Brot für die Welt[1] oder WWF[2] zwar deutlich unter dem durchschnittlichen deutschen CO_2-Fußabdruck von drei Erden, aber würden alle Erdenbürger*innen so leben, würden auch wir über zwei Erden konsumieren. Trotzdem können wir damit in unserem Umfeld – viele mit zwei Autos, zwei Wohnungen, mehreren Flügen pro Jahr – relativ gut bestehen, was unsere schlechte Bilanz nicht besser macht.

Global: verkehrte Welten

Hitze, Dürre und Überflutungen sind auch in unserer übersättigten Gesellschaft des Globalen Nordens angekommen. Dank Staat und (überwiegendem) individuellem Wohlstand lassen sich die Schäden bei uns (überwiegend) gemeinsam schultern. Interessant: Dabei wird »rückgebaut«. Für viele Menschen im Globalen Süden ist der Klimawandel eine Frage des Überlebens in der Heimat, der Ernte oder des Hungers – das alles ohne externe oder eigene Polster. Zwar hat auch der Süden vielerorts »Fortschritt aufgeholt« (das ist gut so), allerdings vielerorts mit schlimmen Verschmutzungen (das ist furchtbar). Aber unser CO_2-Müll pro Kopf liegt zehn bis 20-mal über dem Niveau der Menschen in Bangladesch, Ghana oder Äthiopien.

Das Absurde: Es ist (fast) allen klar, dass unser Stil nicht glücklich macht; wir Deutschen haben den Ruf als muffliges Meckervolk unter ständigem Stress, begleitet von Überkonsum und Sinnsuche. Unsere Gesellschaft ist lange kein Vorbild mehr für die Welt. Haben wir nichts Besseres zu bieten?

Der Punkt, an dem ich alles hinwerfen wollte, war mit der COP-Klimakonferenz 2023 in Dubai erreicht: Allein aus Deutschland flogen über 250 Regierungsmitglieder hin plus weitere Hunderte aus Entwicklungsorganisationen und Wirtschaft, viele mit Businessclass-Tickets, in vor Ort gekühlte Konferenzräume etc. Kurz darauf buchte ich, nach vielen Jahren erstmals wieder, einen privaten Ostafrikaflug, Economy, kürzeste Strecke, kompensiert. Sollte ich die einzige Dumme sein?

Gefechte im Alltag: Zwischen Tabus und Toleranz

»Von dir lass ich mir meinen Ruhestand nicht verderben«, sprang der Freund vom Tisch auf, »wer im Glashaus sitzt …!« Und überhaupt: Die Fußabdruckrechner seien doch von der Petrochemie für Naivlinge gemacht. Dabei hatte das jährliche Neujahrstreffen unter alten Freunden und Freundinnen zum Thema »Pläne und Vorsätze« so harmonisch begonnen. Tomaten und Erdbeeren im Winter kauft schon lange keiner mehr, jeder hat ein Fahrrad und nimmt einen Korb zum regionalen Wochenmarkt mit, auch der Fleischkonsum geht zurück. Und während wir uns schon entspannt zurücklehnten, brach eine Spielverderberin den Frieden: »Sorry, Leute, das reicht nicht«, woraufhin banges Schweigen entstand, bevor sie den Tiger »Wie steht's denn um eure Fernreisen?« aus dem Käfig ließ. Besitzstandswahrung. Beinahe wäre (s. o.) ein Unfall passiert, hätte nicht jemand den zahmen Satz gefunden: »Man sollte schon mal darüber nachdenken: Darf es etwas weniger sein?«, was sowohl Tiger wie Freund zurück an ihre Plätze brachte. Immerhin war das Tabu gebrochen, und das Thema steht für das nächste Mal auf der Agenda.

Im (anonymen) Verkehr geht es sofort direkter zu. Auf der morgendlichen Wogging-Runde muss ich an der 30-Sekunden-Doppelfußgängerampel die Kolonne der Einzelautofahrer samt Abgasen an mir vorüberlassen, übrigens auch den grünen Abgeordneten, der sich immer für vier Kilometer mit Dienstwagen chauffieren lässt. Jüngst wollte mich ein SUV bei Gelb von meinem Streifen hupen, woraufhin ich einfach mutig stehen blieb, mit viel Sympathie für die Klimakleber, aber weniger Courage. Bis sich plötzlich eine Wagentür öffnete und ich mich nur durch einen Sprint retten konnte. Gegen SUVs (u. a.) komme ich allein nicht an.

Jetzt kommt der Trost: Zwischen den Fundies, die manchmal nervig sind, aber natürlich Vorbilder, und den Ignoranten, bestenfalls Gleichgültigen, oft leider Betonköpfe, gibt es eine große, relevante, potenziell strukturverändernde Gruppe, gerade aus unseren auch jüngeren Kreisen: aufgeschlossen, manche suchend, »Swinger«, willig zu handeln, solange die Hürden nicht zu groß sind. Die konstruktive Frage ist: Was können wir als Individuen anders machen, um bessere Strukturen zu schaffen? Auf dieser Basis kann und muss der Staat als notwendiger Regelgeber handeln – und umgekehrt. Ganz ohne Frust und Verzicht wird es natürlich nicht gehen, aber große Lebenslustgewinne locken. Außerdem: Wir sind nicht im Kindergarten!

Verantwortung: zwischen Resignation und Illusion

Man muss das Rad nicht neu erfinden; es gibt eine Fülle sehr guter »Nachhaltigkeitsmodelle«, »Zukunftskommissionen« und »Ratgeber«. Medien schwenken mit Beiträgen zu »Anders Essen«, »Langsam Reisen«, »Digitale Pausen« um. Große Tageszeitungen ersetzen ihre blutigen Kochrezepte durch wohltuende Gemüsekost, und Reiseseiten informieren über Zugverbindungen (daneben leider weiterhin Werbung für Karibikkreuzfahrten). Daher folgen hier nur einige wenige, erprobte persönliche Tipps:

- Wohnen und Arbeiten: Meine Wohnviertel in Deutschland habe ich stets so ausgewählt, dass das Büro eine halbe Fahrradstunde, vorzugsweise durchs Grüne (klappte immer) erreichbar war – ein Lebenselixier während meiner gesamten Berufszeit.
- Reisen: Selbst von Berlin aus und mit Tarifurlaub ist es mit hohem Erholungswert möglich, mit Bus, Bahn und Fähre etc. ans Mittelmeer zu kommen, von Korsika bis Kreta. Man beachte nur einige Regeln: Einplanung von drei Stunden Puffer vor Nachtzügen oder Langstrecken, etwa ab München oder Paris; Verspätungsstress gegen ein Eis am Viktualienmarkt oder eine *plat du jour* an der Seine eintauschen, bevor es zum Fährhafen nach Ancona oder Marseille (spart eine zusätzliche Städtereise und verspricht viel Genuss) weitergeht. Für das Ferienquartier empfiehlt sich die Mitnahme einer mobilen Fliegengardine plus Kreppband (gibt's in jedem Baumarkt und passt in kleinstes Gepäck), um diese vor die Fenster zu hängen. Statt des muffigen Dunstes der Klimaanlage

können so die duftige Macchia-Luft und das Zirpen der Grillen hineingelassen werden.
- Eltern-Spezial: Eine Kollegin mit Familie möchte ihre Kinder »anders sozialisieren«, auch um jungen Bewegungen eine breitere Basis zu geben. Sie nahm unter anderem Abschied vom anstrengenden und wenig anregenden »Fly and Drive«. Die Ferien verbringt die Familie an den größten deutschen Seen, wobei sie meistens am Bodensee hängen blieb, so schön! »Weltwärts«, sagt sie, »geht später noch, ist auch für die Selbstständigkeit der Teenies besser.« Im Bad darf – laut Familienbeschluss – jedes Mitglied nur einen Kunststoffbehälter besitzen, um dem »Drogerieplastikwahnsinn« zu begegnen. Die Mädchen, sagt meine Kollegin, dienen damit in der Klasse als Vorbild.
- Beruf: Jede Wette: Wenn Sie sich nur 15 Minuten zurücklehnen und Ihren Spielraum überdenken: Sie werden über Ihre guten Ideen staunen, zum Beispiel als öffentlicher Beschaffer für die nächste Möbelausschreibung, als Journalistin für konstruktive Berichterstattung, als Schulbuchlektor für zukunftsorientierte Arbeitsbögen, als Ingenieurin und Regionalplanerin, die den Entscheiderinnen und Entscheidern die besten (und nicht gewinnträchtigsten und politisch einfachsten) Umweltpläne vorlegt, als Politikerin und Abgeordneter mit langfristigen Visionen und Vorbildfunktion. Nur so kommen Sie positiv in die Geschichtsbücher Ihrer Gemeinde, des Kreises, des Landes. Und vielleicht kennt jemand von Ihnen einflussreiche Influencer*innen gegen Betonköpfe?
- Zivilgesellschaft: Meine aktuelle Idee – zugegebenermaßen etwas verwegen, aber den Versuch wert – für potenziell strukturbildende Maßnahmen knüpft an eine derzeitige Initiative des Club of Rome an.[3] Ausgehend von der »Lethargie« des UN-COP-Prozesses, fordert der Club eine deutlich effizientere Struktur, darunter eine »drastische Reduzierung« der Größe der Konferenzen und ihres enormen ökologischen Fußabdrucks. Ich schlage hiermit den Zuständigen des Auswärtigen Amtes, des Bundesministeriums für Umwelt, Naturschutz, nukleare Sicherheit und Verbraucherschutz und des Bundesministeriums für wirtschaftliche Zusammenarbeit und Entwicklung vor, einen Verhaltenskodex für die Abhaltung dieser Mammutevents zu entwickeln, darunter die deutliche Reduzierung der Teilnehmerinnen und Teilneh-

mer, die Abhaltung nur alle zwei bis drei Jahre und die Abkühlung der Räume auf maximal 23 Grad.

Endlich von falschen Leitbildern Abschied nehmen: Neu erzählen!

In der Summe können wir – jede und jeder nach seinen Talenten, Rechten und Pflichten, komplementär und subsidiär, Individuum, Gesellschaft, Wirtschaft, Staat – unsere Leitbilder von dem, was wir für Entwicklung, Fortschritt oder ein gutes Leben halten, ändern. Die Geschichte hat oft gezeigt, dass die Vorstellungen von einem zivilisierten Umgang miteinander, ja von Zivilisation überhaupt wandelbar sind – leider in alle Richtungen. Positive Beispiele unserer Generation sind der fundamentale Gesellschaftswandel durch die Frauenbewegung, das Rauchverbot in öffentlichen Räumen, das Verbot der Plastiktüten etc. Alles könnte besser sein, aber auch sehr viel schlechter. Wir sind die Elemente einer hoffentlich immer wirkmächtiger werdenden Basis. »Wollen Sie ernsthaft eine Gesellschaft ohne Fundies und Umweltbewusste?«, frage ich die Ignoranten und Zweiflerinnen – ein Horrorszenario, auch für diese. Jetzt steht endlich die fundamentale, für die überwiegende Mehrheit der Menschheit mit einem Win-win und nicht Verzicht verbundene Schaffung einer »neuen Wohlstandsgesellschaft« an. Damit könnten wir auch international wieder punkten.

Die Beantwortung der Eingangsfrage mit den Kühlschränken überlasse ich Ihnen.

Barrieren auf dem Weg der Transformation

Christian Berg

Im Zusammenhang mit meinen Vorträgen zum Thema Nachhaltigkeit höre ich auch im Jahr 2024 immer noch, dass das ja »ein ganz aktuelles und neues Thema« sei oder dass sich mein Gesprächspartner schon »sehr lange« mit diesem Thema befasse ... Zeit ist relativ. Schon 2002 hatte ich einen kleinen Artikel veröffentlicht, in dem ich argumentierte, dass »Nachhaltigkeit« so überstrapaziert, inflationär und missbräuchlich verwendet werde, dass es eigentlich einen neuen Begriff bräuchte. Nun ist seit 2002 zwar viel passiert, auch in Sachen Klima und Nachhaltigkeit. Der europäische Emissionshandel ist Realität, das 1,5-Grad-Ziel verabschiedet, ebenso die 17 Nachhaltigkeitsziele der Vereinten Nationen (Sustainable Development Goals, SDGs). Doch mit Blick auf die immer noch steigenden globalen Emissionen und die absehbar deutliche Zielverfehlung bei den SDGs muss man ernüchtert feststellen, dass wir weit vom Ziel entfernt sind, in vielen Bereichen stimmt noch nicht einmal die Richtung.

Dabei wissen wir doch längst, was zu tun ist, so sagen manche. Wir hätten kein Erkenntnisproblem, sondern ein Umsetzungsproblem. Ist das so? Warum setzen wir dann nicht um? Das ist die entscheidende Frage. Offenbar haben wir doch ein Erkenntnisproblem, aber sozusagen eines zweiter Ordnung: Wir wissen nicht, wie wir in die Umsetzung kommen. Wer sagt, dass wir doch schon alles wüssten, was es für die Transformation brauche, geht offenbar von der irrigen Vorstellung aus, dass auf Einsicht automatisch Veränderung folge, sich mit Fakten allein schon Politik machen lasse. Das dürfte auch mit der öffentlichen Behandlung des Klimawandels zusammenhängen, die wir viel zu lange als eine naturwissenschaftliche Frage diskutiert haben. Erst deutlich später haben wir uns als Gesellschaft mit der Frage beschäftigt, welche gesellschaftlichen Folgen diese Veränderungen mit sich bringen und wie wir uns darauf einstellen – zum Beispiel beim Schutz vor Hochwasser, beim Umgang mit extremer Hitze oder der fehlenden Resilienz unserer Wälder. Aber noch immer stehen wir ganz am Anfang hinsichtlich der Frage, welche gesellschaftlichen Bedingungen wir für die Bekämpfung der Klimakrise bräuchten. Das sollte uns aber vor allem anderen beschäftigen, denn es wird immer deutlicher, dass die Bewältigung der Klimakrise ganz wesentlich eine soziale Frage, eine Frage sozialer Gerechtigkeit ist. In der ohnehin immer stärker polarisierten Gesellschaft ist es verheerend, wenn der Eindruck entsteht, das Thema »Nachhaltigkeit« sei etwas für bestimmte Parteien oder Milieus. Leider trägt die Politik zu diesem Eindruck bei, wenn es etwa staatliche Förderung für diejenigen gibt, die gleichzeitig eine Wallbox, eine PV-Anlage für das heimische Dach und einen Batteriespeicher im Keller anschaffen – Normalverdienende sind das vermutlich nicht, zumal es ja dann auch noch das Elektroauto braucht, das geladen werden soll. Solche Maßnahmen nähren die Vorstellung, Nachhaltigkeit sei etwas für abgehobene Eliten.

In einer Demokratie braucht es Mehrheiten. Und wenn es nicht gelingt, Gewinne und Verluste durch die Transformation in der Gesellschaft so zu verteilen, dass die Mehrheit der Menschen das als gerecht empfindet, wird die Politik große Schwierigkeiten haben, unliebsame Maßnahmen durchzusetzen. Erschwert wird das noch dadurch, dass die Herausforderungen der Nachhaltigkeit globaler Natur sind. Denn wenn der Konsumismus des Globalen Nordens keine Blaupause für alle Länder sein kann, muss unter dem Gesichtspunkt der Fairness den Menschen im Globalen Norden gesagt werden, dass sie sich auf ein geringeres Maß an Konsum werden einstellen müssen. Das bedeutet aber in der Logik der konsumistischen Wachstumsgesellschaft, dass sie zu den Verlierer*innen gehören. Was kann man tun? Wenn es gelänge zu zeigen, dass das Leben mehr ist als Konsum, dass weniger auch mehr sein kann, dass die dominierenden Paradigmen für beruflichen und privaten Erfolg nicht nur auf Trugschlüssen beruhen, sondern auch auf Kosten von weniger privilegierten Menschen ausgetragen werden, dass Konsum auf dem Rücken armer Menschen in anderen Weltregionen uns nicht wirklich glücklich machen kann und dass Veränderung nicht Angst machen muss, sondern als Chance für einen Neuanfang gesehen werden kann – wenn all das zu zeigen gelänge, dann wäre viel gewonnen.

Dafür ist es zunächst aber wichtig zu erkennen, wie vielschichtig unsere Herausforderungen sind und wie die Dinge zusammenhängen. Meine Kernthese ist, dass wir uns mit der Transformation so schwertun, weil wir ihre Komplexität unterschätzen beziehungsweise sie unterkomplex angehen. Es spielen sehr viel mehr Faktoren hinein, als wir gemeinhin öffentlich diskutieren. Ausgangspunkt ist für mich der Gedanke, dass Scheitern viel einfacher ist als Gelingen. Damit ein Projekt gelingt, müssen oft sehr viele Bedingungen erfüllt sein. Aber es kann ein einziger Aspekt sein, der alles zunichtemacht.

Stellen Sie sich vor, Sie planen ein großes Fest. Sie haben eine coole Location organisiert, ein tolles Programm, ein leckeres Büfett, eine Liveband etc. Sie haben wirklich an alles gedacht. Aber als die ersten Gästen kommen, geht Ihnen plötzlich auf, dass Sie die Getränke vergessen haben ... Klingt konstruiert? Vielleicht. Aber ich bin sicher, dass jede und jeder schon mal Ähnliches erlebt hat. Es ist unglaublich, welche Fehler bei extrem aufwendigen Projekten passieren können. 1999 stürzte eine Marssonde ab, weil ein Lieferant der NASA nicht im metrischen (SI-)System, sondern im veralteten imperialen System gerechnet hatte. Kaum zu glauben, dass das Scheitern einer viele Milliarden teuren Raumfahrtmission einen so banalen Grund haben kann. Eine einzige unbedachte Tatsache kann also ein ganzes Projekt zum Scheitern bringen, während es zum Gelingen das gute Zusammenspiel von sehr vielen Faktoren braucht. Das ist der Grund, warum es so wichtig ist, die Hindernisse auf dem Weg der Nachhaltigkeitstransformation möglichst umfassend zu kennen. Dies ist auch ein Kerngedanke meines Buches *Ist Nachhaltigkeit utopisch? Wie wir Barrieren überwinden und zukunftsfähig handeln.*[1]

Diese Barrieren auf dem Weg zur Nachhaltigkeit sind ganz unterschiedlicher Art: Manche liegen im persönlichen Bereich, andere in der Verfasstheit von Gesellschaften, in den institutionellen Rahmenbedingungen von Markt, Politik oder Recht oder schlicht in den Gesetzen der Physik. Unsere Welt ist zum Beispiel enorm komplex, weshalb wir die langfristigen Folgen auch gut gemeinter Maßnahmen kaum überblicken können. Und oft genug hat sich herausgestellt, dass gut gemeinte Initiativen oder Maßnahmen wegen dieser Komplexität auch unerwartete und unerwünschte Nebeneffekte hatten. Eine andere Barriere: Menschen tun oft nicht das, was sie eigentlich für richtig halten, worüber Philosophinnen und Theologen seit Jahrtausenden nachdenken. Will man wissen, wie man Menschen zu nachhaltigem Handeln motivieren kann, ist es wichtig, solche Zusammenhänge zu kennen und zu berücksichtigen.

Auch im Bereich unserer Institutionen gibt es wichtige Barrieren. Der heutige globale Markt bildet zum Beispiel nicht die Schäden ab, die wir durch unser Verhalten der Umwelt zufügen (»externalisieren«), etwa wenn wir Treibhausgase in die Luft entlassen. Das ließe sich aber ändern. Wenn wir nämlich einen Preis auf CO_2 festsetzen, bekommt das Verschmutzen einen Preis und wird unattraktiver – was glücklicherweise schon an vielen Orten der Welt geschieht. Weitere institutionelle Barrieren liegen im Bereich der Politik: Wir haben keine wirklich wirksamen Steuerungsmechanismen für globale Herausforderungen; im Bereich des Rechts: Wohl in den meisten Jurisdiktionen benachteiligt das Recht diejenigen, die unter Umweltschäden leiden, gegenüber denen, die den Schaden verursachen; ebenso wird den Belangen künftiger Generationen zu wenig Rechnung getragen. Und, ein letztes Beispiel, auch in der Organisation von Wissenschaft und Verwaltung steckt eine institutionelle Barriere, denn dort wird oft in voneinander getrennten Silos gearbeitet, obwohl es zur Lösung komplexer Herausforderungen eigentlich den Blick über den Tellerrand bräuchte.

Wenn man auf diese Weise eine möglichst vollständige Übersicht über die zahlreichen unterschiedlichen Gründe unserer Nichtnachhaltigkeit bekommen hat, kann man diese Barrieren eine nach der anderen adressieren und sich Maßnahmen überlegen, sie zu überwinden. Allerdings gibt es, anders als beim oben erwähnten Partybeispiel, bei der Nachhaltigkeit nicht die Organisatorin des Festes, den einen entscheidenden Akteur, schon weil die wichtigsten politischen Ämter an Nationalstaaten gebunden, die Probleme der Nachhaltigkeit aber globaler Natur sind. Die Nachhaltigkeitstransformation wird also stark auf Selbstorganisation und Bottom-up-Initiativen setzen müssen. Und das heißt: Jede und jeder muss im eigenen Bereich so handeln, dass es der Nachhaltigkeit dient.

Aber was bedeutet das im Einzelfall? Beim Thema »Klima« ist das noch relativ einfach, es gibt ja mittlerweile sehr viele gute Ratgeber für nachhaltigen Konsum. Aber wie ist es mit anderen Zielen der Nachhaltigkeit, etwa dem Bekämpfen der weltweiten Armut (SDG 1)? Fragt man Ökonominnen und Ökonomen unterschiedlicher Schulen, was man tun kann, um weltweit Armut zu bekämpfen, so bekommt man zum Teil gegensätzliche Antworten.

Während die einen sagen, es brauche mehr Entwicklungszusammenarbeit, sind andere überzeugt, dass genau das die Lage der Armen langfristig nur noch schlimmer mache. Wie soll aber Lieschen Müller oder Max Mustermann wissen, was sie oder er denn tun kann, um dem Problem der Armut zu begegnen, wenn noch nicht einmal die Wissenschaft dabei helfen kann? Mit anderen Worten: Die SDGs helfen beim konkreten Handeln in vielen Fragen nicht weiter. Deshalb, so meine Überzeugung, ist es wichtig, dort zu unterstützen, wo es konkret wird, beim Handeln selbst. Man braucht etwas, das bei konkreten Handlungsoptionen Orientierung gibt. Und deshalb schlage ich vor, Prinzipen nachhaltigen Handelns zu entwickeln.

Prinzipien setzen beim Akteur an, nicht beim Ziel. So sagt etwa das Prinzip »Dekarbonisieren«, dass ich möglichst alles unterlassen muss, bei dem Treibhausgase freigesetzt werden. Natürlich mag es im Einzelfall immer noch schwierig sein zu beurteilen, welche Alternative denn mit geringeren Emissionen verbunden ist. Aber im Prinzip lässt sich das mit wissenschaftlichen Analysen (Ökobilanzen) klären. Auch bei den Prinzipien schlage ich verschiedene Kategorien vor, je nachdem, wo ihr jeweiliger Wirkungsbereich liegt. Es gibt Prinzipien, die im Umgang mit der Natur zu beachten sind (zum Beispiel ebendas Dekarbonisieren). Daneben gibt es aber auch solche, die im individuellen Leben bedeutsam sind: dass weniger auch mehr sein kann, dass das Leben seinen Reichtum gerade nicht durch eine Maximierung des Konsums erhält und ein großer Gewinn darin liegen kann, Genügsamkeit und Kontemplation wertzuschätzen. Ein Prinzip im gesellschaftlichen Bereich geht auf eine Theorie von John Rawls zurück: Eine Gesellschaft sollte diejenigen am meisten unterstützen, die – aufgrund welcher Umstände auch immer – zu den Schwächsten gehören. Schließlich gibt es auch beim Umgang mit Systemen verschiedene Prinzipien, etwa Diversität zu fördern und Transparenz bei allen Belangen öffentlicher Relevanz zu zeigen.

Zusammengefasst heißt das: Zunächst sind die Barrieren der Nachhaltigkeit so umfassend wie möglich zu identifizieren und Lösungsmöglichkeiten für deren Überwindung zu erarbeiten. Dies ist eine komplexe Aufgabe, der sich insbesondere die Wissenschaft widmen sollte. Zugleich ist es wichtig, dass möglichst viele Akteure auf möglichst zahlreichen Ebenen rasch ins Handeln kommen. Hier muss es darum gehen, das Handeln zu vereinfachen, Komplexität zu reduzieren und nachhaltiges Handeln ganz konkret zu unterstützen, wobei Prinzipien helfen.

Auf die Utopie zulaufen und eine bessere Welt bauen

Nicco

Ich bin in den Neunzigerjahren groß geworden, die noch sehr stark von den Ideen der Umweltbewegung der Siebziger und Achtziger geprägt waren. Saurer Regen, Ozonloch und Abholzung des Regenwaldes waren große Themen in meiner Jugend, und in der Grundschule haben wir noch das richtige Verhalten bei »Smog« gelernt. All das hat mich letztendlich dazu gebracht, Ökologie zu studieren. Doch meine Erfahrungen während des Studiums waren ernüchternd: Artensterben, Klimawandel, Umweltzerstörung. Im Grunde war es eine Aneinanderreihung von Informationen darüber, wie kaputt unser Planet ist. Ein Gespräch mit einer Mitarbeiterin in einer Naturschutzstation hat mich damals besonders stark getroffen. Sie sagte: »Im Grunde können wir seit 30 Jahren einzig und allein dokumentieren, wie die Natur immer weiter stirbt.« Ist es dann verwunderlich, dass ich eine sehr pessimistische Einstellung zur Zukunft, zur Menschheit und auch sonst entwickelt habe? In meinen Teenagerjahren war für mich eine Sache klar: In meiner Generation wird unsere Zivilisation zusammenbrechen. Denn das war exakt das, was ich am Horizont drohen sah, während wir unsere eigene Lebensgrundlage konsequent zerstörten. Gepaart mit der Frustration darüber, dass das außer mir offenbar so gut wie niemand erkannte.

Dann kam 2019. Fridays for Future wurde aktiv, und es war für mich wie ein Befreiungsschlag. Hier waren endlich die Menschen, die genauso wie ich die Zeichen der Zeit erkannt hatten und dabei waren, etwas dagegen zu tun. Und sie hatten massiven Erfolg! Während ich 2017 und Anfang 2018 die Menschen, die vom Klimawandel gehört hatten, an beiden Händen abzählen konnte, war Ende 2019 eher das Gegenteil der Fall: Wer hatte noch nicht vom Klimawandel gehört? Ich kann kaum beschreiben, welchen massiven Erfolg diese Bewegung in gut einem Jahr hatte. Von einem abstrakten Nischenthema der Wissenschaft wurde die Klimakrise zu einem Thema im globalen Bewusstsein der Menschen. 2019 hätte sich kein vernünftiger

Mensch hinstellen und sagen können: »Ich bin gegen Klimaschutz.« Die Bewegungen für Frauenrechte, LGBTQIA+-Rechte oder gegen die Apartheid haben für einen solchen Erfolg Jahrzehnte gebraucht.

Nun kann man natürlich sagen: Im Grunde hat es beim Klimawandel auch Jahrzehnte gebraucht, denn schon 1968 war klar, worauf wir zusteuern. Aber 2019 hatte sich das Ganze derart hochgeschaukelt, dass selbst die intensive Klimawandelleugnungsmaschinerie von fossilen Konzernen wie ExxonMobil, BP oder Shell das Thema nicht länger unter den Teppich kehren konnte. Ich denke aber auch, dass wir heute in einer anderen Phase der Bekämpfung des Klimawandels angekommen sind. Wir wissen, was das Problem ist. Wir wissen, was die Lösungen sind. Wir müssen sie nur noch umsetzen. Doch wieder und wieder wird sichtbar, dass es am Ende am politischen Willen scheitert und gar nicht mal so sehr an dem oder der einzelnen Bürger*in. Denn natürlich laufen die Leugnungsmaschinerie und Lobbystrategien der fossilen Industrie weiter, und in Zusammenschluss mit rechten Kräften bilden sie eine unheilvolle Allianz, um Menschen gezielt gegen Klimaschutz aufzubringen, indem sie diesen als etwas Furchtbares, Beängstigendes und Unsoziales darstellen. Dabei bin ich absolut davon überzeugt, dass die konsequente und sozial gerechte Bekämpfung des Klimawandels, eine klimaneutrale Welt, gleichbedeutend mit einer besseren Welt für die überwältigende Mehrheit der Menschen ist.

Der Klimawandel, wenn man so will, hat seine Ursprünge in der Aufklärung. Damals wurde eine strikte Grenze zwischen »Mensch« und »Natur« gezogen (wobei der Mensch als gut dargestellt wurde und die Natur als schlecht bzw. das, was es zu beherrschen gilt). Damit wurde die moralische Basis geliefert für die exzessive Ausbeutung der Natur während der Industrialisierung. Das Märchen vom unendlichen Wachstum zog in die Köpfe der Menschen ein. Und Natur war nicht mehr etwas, das uns ernährt, sondern etwas, das lediglich als »Rohstoff« für die Produktion betrachtet wurde. Und das ist die Mentalität, die es zu verändern gilt, denn sie ist letztendlich auch mit dem verwandt, was zur Ausbeutung von Menschen führt: endloses Wachstum und Gewinnmaximierung.

Die Definition von Wachstum aus dem Blickwinkel der Ökologie ist sehr spannend, spezifisch das Populationswachstum. Dort gibt es exakt zwei Varianten: Eine Population wächst, bis sie eine stabile Phase erreicht hat und innerhalb der vorhandenen Ressourcen lebt. Oder eine Population wächst, bis sie mehr Individuen hat, als Ressourcen zur Verfügung stehen, und dann bricht sie ein, sehr viele Individuen sterben, und dann geht das Ganze von vorne los. Aktuell befinden wir uns zu 100 Prozent auf dieser zweiten Wachstumskurve. Und damit meine ich nicht, wie viele Menschen es auf der Erde gibt. Der Planet hat mehr als genug Ressourcen, um sieben oder acht oder gar zehn Milliarden Menschen zu ernähren. Aber eben nicht bei unserem heutigen verschwenderischen Umgang mit diesen Ressourcen. Und nicht, wenn durch die Klimakrise weiter unsere Nahrungspflanzen aussterben oder ganze Regionen der Erde durch Hitze und Feuchtigkeit unbewohnbar werden. Und in Anbetracht dessen, was ich aus der Ökologie und den Wachstumskurven weiß, weigere ich mich zu akzeptieren, dass wir weiterhin auf dem aktuellen Weg bleiben. Denn wir stehen bereits an dem Punkt, an dem die Ressourcen eben nicht mehr für alle ausreichen. An dem wir unseren Lebensraum Planet Erde überstrapazieren. Und die Konsequenz ist, wie es die Populationskurve prognostiziert, dass in diesem Fall extrem viele Menschen sterben werden.

Und das werden nicht die Superreichen sein. Nicht die Chefs und Chefinnen der fossilen Konzerne. Nicht die Autokrat*innen. Es werden am Ende Menschen wie Sie und ich sein. Menschen, die nicht viel Geld haben, weil sie von Diskriminierung betroffen sind. Weil sie Frauen oder People of Color sind, weil sie queer oder vielleicht autistisch sind. Menschen, die in extremer Armut leben. Eben alle, die im Konflikt mit der heutigen Gesellschaft stehen, die an deren Rand stehen, aus dem Rahmen fallen. Weil Diskriminierung extrem stark damit korreliert, wie viel Geld jemand auf diesem Planeten hat. Und Geld ist, was dich am Ende von den Folgen der Klimakrise freikauft. Und ein Gutteil des Geldes, das heute existiert und wie es verteilt ist, hängt exakt damit zusammen, wer den Klimawandel verursacht hat.

Ich falle in die Kategorien »Frau«, »queer«, »autistisch« und »arbeitslos« (Letzteres in erster Linie wegen des Autismus und der daraus resultierenden psychischen Probleme). Und ich würde behaupten, ich habe für die Verhältnisse in Deutschland ziemlich wenig zum Klimawandel beigetragen. Dennoch trage ich natürlich Verantwortung. Und um es einmal plakativ auszudrücken: Die Entscheidung darüber, wie viel oder wie schnell wir Klimaschutz umsetzen und wie viel CO_2 wir in den nächsten Jahren noch in die

Luft pusten, ist am Ende eine Entscheidung darüber, wie viele Menschen wir auf dem Gewissen haben wollen. Es bedeutet, wie viel Grad Erderwärmung wir haben, und das entscheidet darüber, wie viele Klimakatastrophen wie im Ahrtal wir haben werden. Wie viele Hurrikans Inselstaaten verwüsten. Wie viele Flutkatastrophen in Pakistan oder Baden-Württemberg. Wie viele Hitzewellen in Indien oder Frankreich. Wie viele Waldbrände in Australien oder Südeuropa. Und entsprechend wie viele Tote.

Das ist aber nur einer der beiden Scheidewege, an denen wir gerade stehen. Der andere ist der Weg von konsequentem und sofortigem Klimaschutz. Der Weg, mit dem wir von der ausbeuterischen Mentalität unserer heutigen Produktions- und Lebensweise wegkommen. Der Weg, mit dem sich das Klima wieder normalisieren kann. Mit dem wir das Artensterben aufhalten. Mit dem wir neue Wirtschaftsweisen etablieren, die innerhalb unserer planetaren Ressourcen bleiben. Eine Kernstrategie, um das zu erreichen, ist gerade auch, unsere Gesellschaften inklusiver zu gestalten. Denn alle, die heute aus oben genannten Gründen am Rande der Gesellschaft stehen, sind Menschen, die neue Ideen und neue Lösungen und neue Vorstellungen in die Gesellschaft tragen könnten. Wir brauchen diese Diversität. Denn genau wie in der Natur ist auch für unsere Menschheit Diversität gleichbedeutend mit Stabilität. Und überraschenderweise (eigentlich nicht) wollen die meisten Menschen in einer solidarischen, friedlichen, demokratischen und gerechten Welt leben. Ich kann an allen Ecken sehen, wie Klimagerechtigkeit uns genau in diese Welt führen kann. Sprich, in ein garantiertes, lebenswertes Dasein für die Menschen, ohne dabei den Planeten zu ruinieren. Erreichen wir das, sind wir auf der ersten Wachstumskurve angekommen, bei der wir eine Stabilitätsphase erreichen. In der wir als Population auf dem Planeten Erde weiter und weiter und weiter leben können.

Nun bleiben wohl die entscheidenden Fragen: Glaube ich, dass die Pariser Klimaziele erreichbar sind? Ja. Oder präziser gesagt, ich glaube, dass wir den Klimawandel eindämmen und die globale Erderwärmung auf 1,5 Grad begrenzen können. Das heißt nicht, dass wir nicht zeitweise über 1,5 Grad Erderwärmung kommen werden. Aber ich glaube, dass wir als Menschheit genug Potenzial haben, um es zu schaffen. Und das liegt zu einem sehr, sehr großen Teil daran, dass ich eben sehe, wie sehr sich die Welt in den letzten fünf Jahren verändert hat. Nicht klimaverändert, sondern mentalitätsverändert. Sind wir am Ziel? Nein. Müssen wir schneller werden? Ja. Bin ich noch immer überzeugt, dass in meiner Generation die Zivilisation zusammenbricht? Nein. Ich sehe das Potenzial, dass wir nicht nur den Klimawandel aufhalten, sondern dass wir auf dem Weg dorthin eine bessere Welt bauen. Und ich glaube, Letzteres sollten wir den Menschen bewusster machen. Denn nur vor einer Postapokalypse wegzulaufen, hat nicht die gleiche Zugkraft, wie auf eine Utopie zuzulaufen.

Ich glaube daran, dass alle Menschen gute Menschen sein wollen. Ich glaube, dass alle Menschen ein gutes, friedliches, lebenswertes Dasein haben wollen. Und wenn wir ihnen zeigen, dass Klimagerechtigkeit der Weg genau dorthin ist, dann ist es nicht mehr ein »Was gebe ich auf für Klimaschutz?«, sondern ein »Was gewinne ich durch Klimaschutz?«. Und dann haben wir und der Planet gewonnen.

Eine Dystopie und ein Zukunftsmärchen

Jan Frehse

Woran die Klimabewegungen gescheitert sind (eine Dystopie)

Der folgende Text ist eine **Dystopie** über das Scheitern der Klimabewegung aus einer in der Zukunft – Anfang 2044 – liegenden Perspektive. Niemand kann wissen, ob die geschilderten Ereignisse so eintreffen werden. Es ist aber wahrscheinlich, dass es so (oder so ähnlich) kommt. Der Text ist insofern eine Provokation und Herausforderung.

Die Klimabewegung ist an sich selbst gescheitert: Jede Gruppierung wollte ihre eigenen Ziele, Narrative und Alleinstellungsmerkmale behaupten. Immer wenn ein übergreifender Konsens in Sichtweite kam, stiegen die Tendenzen zu Ab- und Ausgrenzung gegeneinander. Dabei begann es 2018 so gut: Die Jugendbewegung Fridays for Future begeisterte breite Schichten der Bevölkerung und erreichte, dass eine Mehrheit zumindest grob um die Wirkmechanismen der globalen Erderwärmung und über deren Folgen Bescheid wusste. Doch Anfang der 2020er wurde klar, dass das Wissen um die Ursachen der Klimakatastrophe nur ein Aspekt des Problems ist. Als Hauptprobleme entpuppten sich der Streit über Lösungen und die resultierenden Verteilungskämpfe. Dieser Streit wurde zum unlösbaren gordischen Knoten, weil kurzfristige Partialinteressen immer stärker motivieren als der (scheinbar in ferner Zukunft und woanders liegende) Verlust der Lebensgrundlagen.

Große Aufmerksamkeit, Bewunderung, aber auch Empörung und manchmal Ratlosigkeit schlug 2021–2024 der Letzten Generation entgegen. Anders als Fridays for Future setzte diese Gruppierung auf zivilen Ungehorsam und auf leicht verständliche, sofort umsetzbare, klare Forderungen, um die Lebensgrundlagen der Menschen zu schützen. Von (eher konservativen) Teilen der Bevölkerung wurden die Methoden der Letzten Generation empört abgelehnt – allerdings durch einschlägige Medien auch dazu aufgestachelt. Viele Menschen verstanden andererseits, dass von der Letzten Generation eine neue Qualität des Protests ausging. Die Aktivisten und Aktivistinnen gingen ein reales Risiko ein. Ihre Verzweiflung, aber auch ihr Mut und ihre Entschlossenheit wurden spürbar, und so gelang es, dass die Argumente landauf, landab gehört und leidenschaftlich diskutiert wurden. Das Wort der »Klimakleber« (sich selbst auf Straßen festkleben war das »Markenzeichen« der Gruppe) machte die Runde.

Leider trat auch bei diesem Protest ein Gewöhnungs- und Abnutzungseffekt ein. Nach zweieinhalb Jahren schwand die mediale Aufmerksamkeit, und viele Aktivist*innen waren erschöpft und ausgebrannt. Zudem konkurrierten Ende 2023 andere Themen um die Aufmerksamkeit der Menschen: Es tobte ein Krieg in der Ukraine; Gebiete im Süden Israels wurden vom Gazastreifen aus von Kämpfern der Hamas überfallen, woraus ebenfalls ein Krieg entstand, und wirtschaftliche und soziale Verteilungskämpfe erreichten einen neuen Höhepunkt, etwa Anfang 2024 ein wochenlanger Streik der Lokführer sowie Blockaden und Demonstrationen von Tausenden Landwirtinnen und Landwirten mit ihren Traktoren. Besonders desaströs war damals, dass die Regierung aus drei unterschiedlichen Parteien bestand, von der jede die Interessen ihrer Wählerschaft durchsetzen wollte – und zwar ohne übergreifende mittel- oder langfristige gemeinsame Strategie. Dies führte bei immer mehr Menschen zu einem massiven Vertrauensverlust, zunächst in bestimmte Politiker*innen und Parteien und dann immer öfter in das System der repräsentativen Demokratie. Man bekam den Eindruck, dass die Regierung sich in internen Konflikten und taktischem – meist öffentlich ausgetragenem – Schlagabtausch verhedderte und dadurch das Bild einer wirk- und machtlosen und vor allem handlungsunfähigen Zweckgemeinschaft abgab, die nur zum Machterhalt zusammenblieb.

Mitte der 2020er-Jahre stand fest, dass Demokratien ebenso wie Diktaturen nicht in der Lage sind, dem langfristigen Erhalt der Lebensgrundlagen echte Priorität einzuräumen. In den Demokratien bekam der Klimaschutz immerhin zeitweise große Aufmerksamkeit, und es gab ernsthafte Maßnahmen, um die Treibhausgasemissionen zu verringern. Die Umsetzung begann nur viel zu spät und zu zögerlich, um die Folgen der Erderwärmung noch in vertretbarem Rahmen zu halten. Verzögerungstaktiken und Ausreden behielten letztlich die Oberhand. Dadurch, dass sich die Folgen der Klimaveränderung örtlich und zeitlich verteilt und in unterschiedlichen Phänomenen zeigten, die selbst Wissenschaftler*innen nicht immer eindeutig zuordnen konnten, entstand keine dauerhafte Handlungsmotivation. Für die meisten Menschen waren die langfristigen Wirkmechanismen der Erderhitzung ohnehin kein Grund, um im Alltag etwas zu ändern – das nutzten viele Entscheidungsträger*innen und Politiker*innen für ihre kurzfristigen Ziele, indem sie Klimaschutz bei jeder Gelegenheit als unsinnig, zwecklos oder »übertriebene Panikmache« darstellten. Deshalb – und weil von der Einzelperson bis hin zu internationalen Konzernen jede*r die Verantwortung zuerst an den oder die andere delegierte (oft unbewusst und um die eigenen Privilegien zu schützen), entstand keine nachhaltige Veränderung.

Die nach dem Pariser Klimaabkommen von 2015 gewachsene Hoffnung, dass die Menschheit rechtzeitig umsteuern würde, versiegte nach etwa zehn Jahren. Der Weltklimarat IPCC konnte nur noch feststellen, dass die bekannten Modelle zu den Kippelementen im Klimasystem stimmten: Es kam zu einer Überschreitung der 1,5-Grad-Grenze und die seit Beginn der 2020er-Jahre sprunghaft angestiegenen Extremwetterereignisse, Hitzewellen, Waldbrände, Dürren und Hochwasser explodierten förmlich. Während auf der Nordhalbkugel 2023 noch ca. alle 14 Tage ein Ereignis auftrat, das auf die Erderhitzung zurückzuführen oder von dieser verstärkt war, so passierte dies ab 2025 im Durchschnitt zweimal pro Woche. Mittlerweile starben jährlich viele Millionen Menschen an den Folgen der Erderhitzung, und die wirtschaftlichen Einbußen übertrafen die finanziellen, wirtschaftlichen und sozialen Belastungsgrenzen bei Weitem – auch in materiell wohlhabenden Industrienationen. Jetzt, im Jahr 2044, ist die Oberflächentemperatur in Erdbodennähe im Durchschnitt auf 2,3 Grad über dem vorindustriellen Niveau gestiegen. Verteilungskriege, gigantische Fluchtbewegungen (meist in vergleichsweise noch wohlhabende Industrieländer) sind Dauerthema. Übertroffen nur von den täglichen Nachrichten über die katastrophalen Folgen der menschengemachten Erderhitzung.

Schade! Es gab Anfang der 2020er vielversprechende Ansätze von klugen, weitsichtigen und motivierten Menschen in gut organisierten sozialen Bewegungen, die gegen die Lügen, Ausreden und Verschleierungstaktiken der etablierten Parteien protestierten. Diese scheiterten letztlich aber daran, dass sie sich, ähnlich wie ihre Widersacher*innen, über Details und die »richtige« Vorgehensweise zerstritten und nur punktuell zu gemeinsamen Aktionen und zu einer einfach verständlichen gemeinsamen Zielsetzung zusammenfanden. Darüber hinaus ging das Anliegen für wirksamen Klimaschutz in der digitalen Informationsüberflutung zu oft unter. Die For-Future-Bewegungen merkten zu spät, dass sie Teil der konsumorientierten neoliberalen Erlebniskultur geworden waren. Das Dogma der Autonomie des Individuums blieb unverrückbar und wurde von IT-Konzernen, Smartphone-, Computer- und Softwarefirmen gerne dafür genutzt, um ihre Produkte und Dienstleistungen (zum Beispiel in Form von Internetplattformen und Serverplatz) zu verkaufen. Die entstandene Digitalokratie (die technische Verlängerung eines pervertierten neoliberalen Freiheitsbegriffs) trug mit dazu bei, dass sich der Protest der Klimabewegungen, die von 2018 bis 2025 einiges erreicht hatten, nicht durchsetzen konnte. Das 1,5-Grad-Ziel wurde 2026 und das Zwei-Grad-Ziel 2038 überschritten.

Wir haben keine Chance, also nutzen wir Sie (ein Zukunftsmärchen)

Der folgende Text ist ein **Zukunftsmärchen** und fantasiert, welche klimapolitischen Entwicklungen es geben könnte, wenn wir als Weltgemeinschaft entsprechende Entscheidungen treffen würden. Niemand kann wissen, ob die geschilderten Ereignisse so eintreffen werden. Es ist aber nicht ausgeschlossen, dass es so (oder so ähnlich) kommen könnte.

Im Sonnenlicht des Juli 2025 glitzert der 2,5 Meter lange goldene »Schlüssel zur Zukunft« vor dem Bundestag in Berlin. Er ist eine überdimensionale Skulptur und soll ein psychologischer Anker sein für die Übernahme von Verantwortung für echten Klimaschutz durch unsere Regierung. Auf dem Schlüssel stehen – auf Deutsch und Englisch – die Sektoren der dringend notwendigen Verringerung der Treibhausgasemissionen: Verkehrs-, Ernährungs-, Energie-, Bau-, Konsum- und Industriewende sowie die Grundgesetzerweiterung zum Erhalt der klimatischen Lebensbedingungen als Menschen*recht* und als Menschen*pflicht* für alle. Seit jenem Juli wurde der Schlüssel von der Regierung und den meisten Bürgerinnen und Bürgern nicht angenommen – die Tür zu einer lebenswerten Zukunft blieb verschlossen.

Am 12. Dezember 2024, neun Jahre nach der Verabschiedung des Pariser Klimaabkommens durch 195 Staaten, machen sich 56 Aktivistinnen und Aktivisten vom Bundestag in Berlin auf den Weg, um den »Schlüssel zur Zukunft« per Bahn und zu Fuß nach Peking zu bringen. Die Gruppe hatte es sich zum Ziel gesetzt, ein Jahr später, genau am zehnten Jahrestag des Pariser Abkommens, in Peking anzukommen. Hervorgegangen war die Gruppe aus einer Initiative, die sich »Zukunft trifft Politik« nannte. Im Zentrum standen der Verein Zukunft für Kinder e. V. und dessen Vorstände. Diese Menschen führten seit 2023 Gespräche über die Dringlichkeit einer ehrlichen Klimapolitik mit führenden Politiker*innen der Regierungs- und Oppositionsparteien. Zukunft für Kinder e. V. führte diese Gespräche nicht allein, sondern stellte eine Gruppe aus Vertreterinnen und Vertretern aller wichtigen Klimaschutzbewegungen (Fridays for Future, Parents for Future, Omas for Future, Scientists for Future, Letzte Generation und viele mehr) zusammen. Gemeinsam kamen sie mit den Mächtigen ins Gespräch. Das erste Gespräch fand am 7. März 2023 in Berlin mit einem Staatssekretär aus dem Bundesministerium für Wirtschaft und Klimaschutz statt. Bei einer Wiederaufnahme dieser Initiative im August 2024 entstand die Idee, etwas »völlig Unmögliches« zu versuchen, was international mehr Aufmerksamkeit erreichen und gleichzeitig symbolisch die enorme Dringlichkeit für wirksames Handeln fühlbar machen könnte.

Der Start des »Walk for Future« begann holprig: Von den 128 Mitwirkenden, die sich gemeldet hatten, kamen nur 56 mit, und die Gruppe brauchte für die ersten 2.000 Kilometer bis nach Istanbul länger als erwartet. Doch dann passierte etwas, mit dem niemand gerechnet hatte: Der amtierende Bundesfinanzminister war auf dem Rückweg von einer Veranstaltung des Lobbyverbandes »Zukunft Gas« in ein Extremregenereignis geraten, bei dem sein Dienstwagen von den Wassermassen weggerissen wurde und er in den Fluten versank. Sein Fahrer und eine Leibwächterin der Bundespolizei ertranken in der gepanzerten Limousine – nur der Finanzminister selbst entkam, indem er durch das in letzter Sekunde geöffnete Fenster der Autotür tauchte und von Einsatzkräften der Feuerwehr gerettet wurde.

Wenige Tage nach diesem Ereignis änderte sich die Klimapolitik der sogenannten Ampelregierung um 180 Grad: Die Politiker*innen begriffen die Dimension der Katastrophe als nationale (und globale) Notlage und richteten gemeinsam mit den Oppositionsparteien nach einer sorgfältig abgestimmten Kommunikations- und Bildungskampagne einen Transformationsfonds ein, der zu 50 Prozent aus Bundesmitteln und zu 50 Prozent aus speziell entwickelten Bundeswertpapieren bestehen sollte. Innerhalb weniger Monate wurden wirksame Maßnahmen im Verkehrs-, Bau-, Agrar- und weiteren Sektoren geplant und durchgeführt. Noch wichtiger war allerdings die vorausgehende parteiübergreifende Informationskampagne: »Aus Liebe zu Deutschland jetzt neue Werte leben«, und als wahres Zaubermittel erwies sich ein ausgeklügeltes System aus 1. einem einkommensabhängigen Klima-Soli-Zuschlag, 2. Steueranreizen für klimafreundliches individuelles Handeln und 3. sozialen Ausgleichsmaßnahmen wie zum Beispiel der Auszahlung eines einheitlichen Klimageldes an alle.

Während in Deutschland die führenden Politikerinnen und Politiker den »Schlüssel zur Zukunft« im übertragenen Sinn endlich in die Hand nahmen, stießen zur Walk-for-Future-Gruppe mit ihrem realen Schlüssel in den durchquerten Ländern immer mehr Aktivistinnen und Aktivisten hinzu. Die Gruppe wuchs auf 2038 Mitwandernde an und bewegte sich durch Pakistan und Indien. Neben Greta Thunberg und Barack Obama schlossen sich viele weitere Prominente an, was weltweit für Aufsehen sorgte. In jedem Land skandierten die Teilnehmenden in der jeweiligen Landessprache und auf Englisch »Eine Welt, eine Menschheit« und »1,5 Grad bleibt das Ziel«. Trotz einer langen Hitzewelle in Indien und im Süden Chinas erreichte die Gruppe – auf fast 7.000 Menschen angewachsen – Peking. Bei einem Festakt, der klimaneutral ausgerichtet wurde, vereinbarten die USA, China und Europa einen globalen »Klimaclub«. China und die USA erklärten sich darüber hinaus bereit, bis 2035 ihre Treibhausgasemissionen verbindlich um 95 Prozent gegenüber der Menge von 1990 zu senken. Die Aktivistinnen und Aktivisten feierten ihren Erfolg mehrere Tage und Nächte.

Dystopie oder Zukunftsmärchen? Wir müssen uns endlich entscheiden, was wir wollen!

Wie können wir Wandel bewirken? Mit Entschleunigung in die Transformation

Annika Fricke

Zehn Jahre nach dem Pariser Klimaabkommen sind die globalen Treibhausgasemissionen nicht gesunken. Das Konzept Nachhaltigkeit wurde vor knapp 40 Jahren von der Weltkommission für Umwelt und Entwicklung definiert, doch die nicht nachhaltige Welt besteht im Wesentlichen fort. Ich verstehe Klimaschutz als einen Teilaspekt von Nachhaltigkeit. Der anthropogene Klimawandel stellt eine von insgesamt neun ökologisch-planetarischen Belastbarkeitsgrenzen[1] dar, bei deren Überschreitung ein erhöhtes Risiko von irreversiblen Umweltveränderungen besteht. Wichtig ist, dass es sich dabei um ökologische Krisen handelt, soziale Krisen sind nicht mit eingeschlossen. So viele Definitionen und Verständnisse es zu Nachhaltigkeit auch gibt, halte ich den folgenden Leitsatz für geeignet, da er das Wesentliche zusammenfasst: »Heute gut leben und dabei die Umwelt, Nachwelt und Mitwelt achten«.[2] Ganzheitlich aufgefasst, greift der Ansatz, Treibhausgasemissionen zu reduzieren und so die Klimakrise aufzuhalten, aus meiner Sicht aber zu kurz. Was nicht heißen soll, dass die Reduktion von Treibhausgasemissionen nicht notwendig und wichtig ist. Aber vielleicht fehlt zu oft das Ganzheitliche im Klimaschutz, und wir verwechseln Maßnahmen mit Ziel. »Ganzheitlich« im Sinne von »umfassend, übergreifend, andere Umweltbelange mit einschließend, nicht nur technisch zentriert und reguliert, sondern in der Kultur verankert«.

Ein gesamtgesellschaftliches Ziel könnte zum Beispiel so lauten: »Wir möchten eine sozialverträgliche globale Weltengemeinschaft gestalten, die die planetaren Grenzen wahrt und auf die Nachwelt achtet.« Drei Fragen könnten dabei eine entscheidende Rolle spielen: Was wollen wir erhalten? Was möchten wir verändern? Was sollten wir abschaffen? Die Reduktion von Treibhausgasemissionen wäre dann, da bin ich mir sicher, ein Nebeneffekt dieses Ziels. Was hält uns also davon ab, heute gut zu leben und dabei die

Mitwelt, Umwelt und Nachwelt zu achten? Welche Schritte für eine Transformation der Gesellschaft hin zu mehr Nachhaltigkeit sind erforderlich? Im Folgenden werde ich Ansatzpunkte oder Schritte skizzieren, die aus meiner Sicht notwendig sind, bisher aber keine oder nur eine untergeordnete Rolle spielen. Zur Debatte stelle ich, ob es sich dabei tatsächlich um Schritte oder vielleicht sogar um Wegweiser oder Wegpunkte handeln könnte.

(Andere) Geschichten über die Zukunft erzählen

2054. In welcher Welt leben wir in 30 Jahren? Wie sieht diese aus, was ist anders? Wir erzählen einander Geschichten, wie wir sie aus Büchern kennen, und tragen sie so weiter – das prägt unsere Vorstellungen und unser Denken. Und die Art, wie wir denken, bestimmt unser Handeln. Mindestens in der westlichen Welt prägen Weltuntergangsszenarien seit jeher menschliche Vorstellungen, daher mag es leichter und attraktiver erscheinen, Dystopien zu beschreiben. Es könnte jedoch eine ganz eigene Qualität und Kraft entfalten, von möglichen positiven Zukünften zu erzählen, sich diese auszumalen, sie anzureichern und zu verlebendigen. Imagination und Fiktion könnten kreative Möglichkeitsräume des heute Denk- und Vorstellbaren eröffnen, die im Hier und Jetzt bereits verankert, aber noch nicht sichtbar sind. Sie könnten kreatives Potenzial für Alternativen freilegen, das wir schon heute für die Gestaltung unserer Gegenwart und Zukunft nutzen könnten. Aus meiner Sicht ist es den heute lebenden Menschen – die auf bisher nie dagewesene Potenziale und Optionen zurückgreifen können – im Besonderen zugestanden, Transformation als Möglichkeit wahrzunehmen, in der wir nicht reaktiv, sondern vor allem aktiv agieren und gemeinsam kreativ gestalten können. Zugleich können wir dem Fatalismus etwas substanziell Positives entgegensetzen: Wir haben die Möglichkeit, unseren Nachkommen eine Welt zu übergeben, die sauberer, freundlicher und gerechter ist. Macht das nicht Lust auf Zukunft? Hieran anknüpfend, sollten Literatur, Kunst, Kultur ebenjene Orte der Ausgestaltung sein, um Visionen anzureichern und Zukunft zu gestalten, um die vornehmlich technisch und regulatorisch zentrierten Maßnahmen für mehr Klimaschutz oder Nachhaltigkeit zu rahmen, zu kontextualisieren, auszugestalten, sie nah-, greif- und fühlbar zu machen.

Nachhaltigkeit als tiefgreifend und alles durchdringend verstehen

Stattdessen finden diese Maßnahmen für mehr Klimaschutz oder Nachhaltigkeit oft im Außen statt, sind regulatorisch, zentralisiert, politisch gesteuert und haben damit nur wenig Berührungspunkte mit uns als Menschen oder mit unserem Alltag. Werden wir auf der individuellen Ebene adressiert, werden wir oft aufgefordert, Strom zu sparen, mit der Bahn zu fahren oder den Müll richtig zu trennen. Die Sustainable Development Goals (SDGs) begegnen mir auf Veranstaltungen meist in Form von niedlichen bunten Würfeln oder Fahnen. Mir erscheint wesentlich: Nachhaltigkeit hat ganz persönlich etwas mit uns zu tun. In der Art, wie wir leben, denken und handeln. Was wir tun können? Ein ganzheitliches Verständnis von Nachhaltigkeit einfordern. Eine tiefere individuelle und gesellschaftliche Auseinandersetzung mit Nachhaltigkeit anstoßen.[3] Und in diesem Prozess mehr und mehr verstehen, dass Nachhaltigkeit unbedingt auch etwas mit uns als Mensch und unserer Kultur zu tun hat. Das soll gleichermaßen nicht heißen, dass Transformation ausschließlich Aufgabe des Individuums ist. Für eine ganzheitliche Transformation bedarf es einer Kultur der Nachhaltigkeit, einer Übersetzung grundlegender Werte von Nachhaltigkeit in eine gelebte Kultur.[4] In diesem Kulturwandel ist nicht nur das Kollektiv, sondern auch das Individuum maßgeblich: Sie bedingen und beeinflussen sich gegenseitig – es geht um eine wechselseitige Transformation. Aus der Perspektive der Transformationsforschung ist eine Veränderung ebenjener kulturellen Werte ein »deep leverage point«,[5] also ein tief liegender Hebelpunkt mit großem Potenzial für Veränderung.

Eine Dringlichkeit, die zur Verengung von Potenzialen führt

Das 1,5-Grad-Ziel des Pariser Klimaabkommens und die Sorge darüber, was passiert, wenn dieses nicht erreicht wird, provoziert ein »Immer weiter, immer mehr und immer schneller« an technischen wie sozialen Innovationen und Engagement. Auch andere planetare Belastungsgrenzen wie der fortschreitende Biodiversitätsverlust lösen einen Handlungs- und Innovationsdruck aus. Wir müssen schnell handeln, sonst ... Der Panikmodus springt an, damit Sorge, Angst, Verdrängung. Schlimmstenfalls Fatalismus: Die Flasche Sekt, die geöffnet wird, weil die Sintflut nicht heute, sondern erst zukünftig über große Teile der Welt hereinbricht. Bestenfalls Aktivismus: sich einbringen, handeln auf verschiedenen Ebenen für mehr Klimaschutz oder für mehr Nachhaltigkeit. Jedoch besteht auch hier ein Risiko. Dass die Aktiven, die sich involvieren und engagieren, nicht mehr nachfragen oder nachspüren, sondern handeln, bis sie ausbrennen – bis zum (Activism) Burn-out. Tragischerweise fügt sich die Maxime, so schnell wie möglich zu handeln, um so viel wie möglich zu erreichen, gut ein in eine westlich geformte Welt der Superlative und »Steigerungslogiken«.[6]

Entschleunigt die Transformation (er)schaffen

Die auf Wachstum und Beschleunigung ausgerichtete Logik hat die permanente Ausbeutung der Erde befeuert – wenn nicht sogar hervorgebracht. Beschleunigung verstanden als »Mengenwachstum pro Zeit«[7] ist Triebfeder unserer ökonomischen Verhältnisse, Denk- und Verhaltensweisen, Umgangs- und Kommunikationsformen. Wir alle sind beschleunigt in einer sich immer mehr beschleunigenden Welt. Eben hier besteht die Chance, etwas Innovatives zu tun: nämlich zuerst einmal weniger. Ein gesamtgesellschaftliches Zur-Ruhe-Kommen. Ankommen in den Dingen, die sind; beobachten, reflektieren, sein. Entschleunigung birgt das Potenzial, in der Ruhe zu erkennen, was wichtig ist – und was nicht. Zentral könnte dabei sein, wie wir in der Welt stehen und wie wir uns diese aneignen – das Schlüsselwort im Erkenntnisprozess: Resonanz.[8] Zu entschleunigen muss nicht heißen, still zu stehen. Vielleicht noch nicht einmal, Dinge langsamer zu machen – auch wenn es der Begriff vermuten ließe. Vielmehr geht es um die Art und Weise, wie wir in Berührung, in Kontakt stehen, mit den Menschen, die uns umgeben, und mit uns selbst.

Menschen sind Beziehungswesen. Durch die permanente Beschleunigung verlieren wir den Kontakt zu uns selbst, zu unseren Mitmenschen, den Dingen, die uns umgeben, der Natur. Zu entschleunigen und in Berührung zu kommen mit alldem, darf und soll dabei nicht als Rückzug, als Abkapselung verstanden werden, sondern als Grundlage, um zu erkennen und sich zu besinnen, was wirklich wichtig ist. Nachhaltigkeit, verstanden als eine Frage von Wahrheit und Liebe.[9]

Nach diesem ersten, inneren Klärungsprozess könnte ein zweiter, äußerer erfolgen, in dem sich Menschen (sei es am Mittagstisch, in Unternehmen, Parteien, Vereinen oder im Stadtquartier) gemeinsam auf die Suche begeben und in einem offenen Aushandlungsprozess darauf verständigen, was ihnen wichtig ist und was nicht. Die Frage, wie eine Transformation gelingt, wäre dann ganz anders. Nicht: Was schaffen wir wie schnell?, sondern: Wie (er)schaffen wir, und was schaffen wir ab?

Entschleunigung setzt damit an dem Nachhaltigkeitsprinzip der Suffizienz an: Weniger ist mehr. Sie kann als Bestandteil und Bedingung für Nachhaltigkeit verstanden werden. Am Karlsruher Transformationszentrum für Nachhaltigkeit und Kulturwandel (KAT) haben wir den ersten Schritt gewagt, nämlich Entschleunigung als Motto für das Jahr 2024 ausgerufen – der Dringlichkeit für Transformation zum Trotz.[10] Und wir merken: Es benötigt Zeit, Anstrengung, Mut und Wille, sich mit sich selbst, mit anderen und der Welt auseinanderzusetzen. Zudem begegnen wir Hoffnungen wie Hürden. Der Wunsch nach mehr Entschleunigung und Resonanz in Zeiten fortsetzender Beschleunigung kommt möglicherweise provokant und riskant daher. Auch die Kritik einer Verzweckung von Entschleunigung steht berechtigterweise im Raum. Aus meiner Sicht ist es jedoch an der Zeit, Klimaschutz nicht nur als den Unterschied zwischen einem erträglicheren und unerträglicheren Leben zu verstehen. Wir können und sollten Klimaschutz als Teil einer ganzheitlichen Transformation hin zu Nachhaltigkeit verstehen: gleichermaßen Individuum und Kollektiv betreffend. Zu entschleunigen und miteinander in Beziehung zu treten, könnte die Grundlage bilden und ebenjener tief greifende und fundamentale Wegweiser sein, um neue Transformationsschritte freizusetzen und so wahrhaft und wirklich Wandel zu bewirken.

Lieber Elon als Olaf – von Formen des Optimismus

Felix Kruthaup

Mein ganzes Erwachsenenleben hindurch (immerhin schon über eine Dekade) schlage ich mich schon damit herum, über Optimismus und Pessimismus nachzudenken. Vom »Wesen« her – was auch immer das ist – bin ich, glaube ich, eher pessimistisch eingestellt. Dienstags auf dem Weg zur Lieblingskneipe habe ich immer das Gefühl, dass sie heute wahrscheinlich doch geschlossen hat. Vielleicht trickse ich mich damit aber auch nur selbst aus und bin insgeheim optimistisch, dass das »Beatz« doch geöffnet ist. Allerdings muss man sich heutzutage für die tägliche Dosis Pessimismus auch eh nicht auf unzuverlässige Öffnungszeiten verlassen: Die Welt im Großen bietet genügend bittere Pillen. Sicher müssen Sie nicht weit vor- oder zurückblättern, um von den multiplen Krisen zu lesen, die die Welt zurzeit in Atem halten: Rechtsrucke, ökologische und internationale Grenzen, Kriege.

Ich glaube, es ist wichtig, in der Diskussion um Optimismus zwischen unterschiedlichen Bedeutungen des Begriffs zu unterscheiden. Seinen Ursprung hat der »Optimismus« wohl in einem gesellschaftskritischen französischen Theaterstück aus dem Jahr 1788 über Menschen, die naiv glauben, in der bestmöglichen aller Welten zu leben: Dieser Optimismus trifft eine Aussage über die Gegenwart. Heutzutage hat sich der Begriff so gewandelt, dass er außerhalb philosophischer Debatten meistens in die Zukunft weist und deutlich positiv konnotiert ist. Vielleicht liegt darin schon eine Aussage über unser Zeitverständnis: Die Gegenwart ist nicht so richtig das Optimum des Möglichen, darauf können wir uns immerhin ganz gut einigen. Aber auch wenn man Optimismus näher am alltäglichen Sprachgebrauch als zuversichtlichen Blick in die Zukunft definiert, ist seine Bedeutung unscharf. Ist Optimismus der Glaube an eine bessere Zukunft oder der Glaube daran, dass eine bessere Zukunft möglich ist?

Die politischen Angebote der demokratischen Parteien der Gegenwart bedienen durch die Bank Ersteres. Mit ihnen soll es in Zukunft »weiter so«

gehen, wenn auch in unterschiedlichen Farben: vom grünen Weiter-so des entkoppelten Wachstums über das kulturell-rassistische Weiter-so geschlossener europäischer Außengrenzen bis hin zum fossilen Weiter-so der Technologieoffenheit. Diese Positionen sind zutiefst optimistisch. Sie behaupten in verschiedenen Schattierungen: Das wird schon! Bloß kein Stress. Einen zukunftsoffenen Optimismus, der sich nicht aus der Vergangenheit speist, sondern tatsächlich auf die Suche nach Veränderung begibt, muss man an anderen Orten suchen. Es entspricht nicht dem Maßstab unserer Aufgaben, stur weiter nach Problemen zu suchen, die einen bearbeitbaren Umfang haben, und sie nach bestem Wissen und Gewissen zu lösen. Dieser Modus führt zur altbekannten Flucht nach vorne: Wohnen wird teurer? Mehr und günstiger bauen (und im Zweifel sogar schlechter). Die Industrie verschmutzt zunehmend wahrnehmbar die Umwelt? Filtern, wo möglich, und auslagern, wo nötig. Es gibt Menschen, die mit dem erreichten gesellschaftlichen Wohlstand zufrieden sind? Sozialgelder streichen. Bestünde unsere Aufgabe nun tatsächlich darin, den Anteil von CO_2 in der Atmosphäre zu begrenzen, wären unsere Chancen vielleicht gar nicht mal so schlecht, in dieser Art weiterzumachen. Denn dieses Problem lässt sich fassen und bearbeiten. Aktuell werden erneuerbare Energien so günstig und Atomenergie so effizient, dass es vielleicht tatsächlich eines Tages möglich wird, CO_2 in großem Maßstab wieder aus der Luft zurückzuholen – wenn auch sicher nicht in der in Paris vereinbarten Geschwindigkeit. Aber ähnlich gravierende Probleme entstehen an vielen Ecken und Enden: Die Verfügbarkeit von Ressourcen – selbst von Sand! – schwindet, die Fläche für »ökologische Dienstleistungen«, Landwirtschaft und andere Nutzungen wird knapp, die Biodiversität schwindet schneller als jemals zuvor. Diese Liste ließe sich fortführen, interessierte Leserinnen und Leser seien auf die Studien der planetaren Grenzen von Johan Rockström[1] verwiesen. Damit scheidet die Idee eines Weiter-so im Sinne einer von Effizienzsteigerung getragenen Befriedigung persönlicher Bedürfnisse aus, auch wenn man sie durch gelegentliche Notfalleingriffe ergänzt. Es gilt, grundsätzlicher anzusetzen und eine radikal andere Art des Bezugs zueinander und zur Welt zu entwickeln.

Es existieren lediglich zwei optimistische Zukunftsentwürfe, die logisch konsistent auf diese Aufgabenstellung antworten. Da die Ursache unserer gegenwärtigen Situation in dem sich selbst laufend überholenden Wachstum liegt, überrascht es nicht, dass optimistische Vorschläge genau an dieser Stelle ansetzen: Auf der einen Seite wird die Idee einer Postwachstumsgesellschaft vertreten, auf der anderen Seite die Vorstellung eines sich weiter steigernden Wachstums bis hin zur Expansion auf andere Planeten, wie sie beispielsweise prominent von Elon Musk vertreten wird.[2] Ich glaube, es ist notwendig, sich ehrlich mit diesen beiden Alternativen auseinanderzusetzen. Sie sind die einzigen mir bekannten optimistischen Entwürfe einer offenen Zukunft. Die Idee einer extraterrestrischen Menschheit bietet immerhin eine Antwort auf die ökologischen und ökonomischen Probleme der vollen Welt, während das Weiter-so nur sein Bestes versucht, diese Probleme zu kaschieren. Ohne Frage bringt der Entwurf einer radikalen Expansion viele Unsicherheiten und Ungerechtigkeiten mit sich. Trotzdem basiert dieser Entwurf auf einer Zukunft, in der mithilfe künstlicher Intelligenz und anderer technischen Innovationen eine »bessere« Menschheit ermöglicht wird, im Kern auf den gleichen zwei Argumenten, die auch die meisten Wachstumskritiker*innen für sich veranschlagen: Beide Entwürfe nehmen die multiplen und globalen ökologischen Krisen ernst und vertreten einen zukunftsgerichteten Humanismus. Sie schöpfen ihren offenen Optimismus aus Vertrauen, Vertrauen, das sie Menschen entgegenbringen. Allerdings in unterschiedlicher Form: Während die radikale Expansionslogik auf die rationalen Fähigkeiten vertraut, technische Probleme zu lösen, setzt die Postwachstumslogik auf die sozialen Fähigkeiten der Menschen, gemeinsame Lösungen zu finden. Dabei treten die Postwachstumler*innen mit einem ziemlich großen Handicap an, denn die Existenz der milliardenschweren Expansionist*innen wie Musk und Bezos ist ja an sich schon der Beweis, dass sich eine echte globale Gemeinschaft zumindest schwierig gestaltet.

Andererseits liegt eine Ursache für unsere ökologischen Probleme in der Hybris der Ingenieurinnen und Ingenieure, die so gut darin sind, Probleme kleinzudenken, dass sie die Folgen und Nebenfolgen ihrer Pläne gar nicht mehr mit ihren Plänen in Verbindung bringen. Stattdessen erscheinen diese Folgen praktischerweise als neue Möglichkeiten, die eigene Schöpfungsgabe unter Beweis zu stellen. Aber dieser selbstverstärkende Mechanismus überholt sich zunehmend selbst. Die Geschwindigkeit, in der Folgen sichtbar werden, wächst parallel mit der Komplexität der Ansprüche; es bleibt kaum Zeit, noch wirklich neue Ideen zu entwickeln, deren Folgen erst mit Verzögerung entdeckt werden. Das vielleicht noch immer beste Beispiel dafür ist der Abgasskandal von VW, aber auch Tesla hatte nur ein paar gute Jahre, bevor die Knappheit der seltenen Erden und der Wasserverbrauch der Gigafactories problematisiert wurden.

Ich persönlich habe meine Entscheidung getroffen: Nach einem Architekturstudium in München mit ökologischem Schwerpunkt kann ich zumindest für die Bauwirtschaft guten Gewissens behaupten, dass hier der Kernwiderspruch zwischen Bauen und Natur nicht reflektiert wird: Ein Holzhaus ist nicht ökologischer als der Wald, den man fällen muss, um es zu bauen, auch wenn Life-Cycle-Assessments das Gegenteil behaupten. Aber anstatt jetzt alle Entscheidungen für Sie zu treffen, möchte ich Ihnen als Leser*in – quasi als ersten Schritt der Verantwortungsübernahme – die bereits gut vorgekaute Entscheidung zwischen Expansionismus und Wachstumskritik gerne selbst überlassen. Lassen Sie bitte nur die Finger vom Glauben, dass wir mit der Verhinderung eines Wahlsiegs der AfD oder Innovationen à la grüner Strom aus Müllverbrennungsanlagen schon irgendwas Positives erreicht hätten. Eine letzte Anmerkung noch, falls Sie sich nicht bereits auf dem Weg zur Tesla-Homepage befinden: Für die Arbeit an einer Gesellschaft, die ohne Wachstumsnarrativ nicht in Verteilungskämpfen versinkt, ist Kritik an persönlichem Verhalten nicht nur wenig hilfreich, sondern sogar schädlich. Ganz im Gegenteil gilt es, nicht die Verantwortung der Einzelnen, sondern unsere Fähigkeiten zum gemeinsamen Handeln hervorzuheben. Dass Sie sich trotz der provozierenden Überschrift für ein paar Minuten auf meine Gedanken eingelassen haben, ist doch schon mal ein gutes Zeichen. Dafür braucht es zukunftsoffene Optimist*innen, die akzeptieren, dass eine Kneipe auch mal geschlossen hat, aber dennoch hingehen. Könnte ja sein, dass eine gute gemeinsame Zeit doch möglich ist!

Wir haben ein Problem – die Lösung sind wir

Katharina van Bronswijk

Traditionell beschäftigt sich die Psychologie vor allem mit der Erforschung des Individuums, der Entstehung menschlichen Verhaltens, Denkens und Fühlens. So forscht die Umweltpsychologie zu den Wechselwirkungen zwischen dem Individuum und seiner Lebensumwelt. Dabei ist nicht nur die natürliche, sondern auch die menschlich gestaltete Umwelt und deren Interaktion mit der menschlichen Psyche Forschungsgegenstand. Da ist es nur konsequent, dass die Umweltpsychologie in der Erforschung von Umweltschutzverhalten den Fokus lange auf die Kette von den individuellen Umwelteinstellungen hin zum umweltfreundlichen Verhalten legte und klassische Verhaltensveränderungsmodelle wie in der Gesundheitspsychologie und in der Forschung zu Motivation modifizierte.

Ein Klassiker unter diesen Modellen ist die Theory of Planned Behaviour nach Icek Ajzen,[1] der zufolge menschliches Verhalten nicht nur aus dem Abspulen gelernter Verhaltensweisen besteht, sondern vorher Intentionen gebildet werden. Die Intention für ein bestimmtes Verhalten wiederum entsteht durch das Zusammenspiel von Einstellungen, subjektiven Normen und der wahrgenommenen Handlungskontrolle. Auf die Klimakrise übertragen, bedeutet das: In irgendeiner dieser Variablen könnte die Antwort auf die Frage stecken, warum wir nicht schon längst getan haben, wovon wir wissen, dass wir es tun müssten. Scheitert die Nachhaltigkeitstransformation an unserer Einstellung zur Klimakrise? Sehen wir als verhältnismäßig reiche Bevölkerung des Globalen Nordens mit unseren Möglichkeiten der Anpassung das Problem einfach nicht als drängend genug an?

Es gibt einige psychologische Theorien, die man zur Unterstützung genau dieser Aussage heranziehen könnte. Die Überschreitung planetarer Grenzen ist komplex, die Ursachen und Lösungen oft nicht direkt körperlich erfahrbar, sondern durch lange Kausalitätsketten miteinander verbunden und vor allem in wissenschaftlichen Theorien erklärbar. So entsteht psychologische Distanz[2] auf allen relevanten Dimensionen (räumlich, zeitlich, sozial, Wahrscheinlichkeit) – wir sind eben selten persönlich, hier und heute zu 100 Prozent sicher von der Klimakrise oder dem Artensterben spürbar betroffen. Und psychologische Distanz wiederum führt dazu, dass Menschen abstrakter über ein Thema nachdenken und auch weniger emotionalisiert sind.

Vielleicht stehen uns auch unsere individuellen Normen im Weg – die Vorstellungen davon, was wir für gut und richtig halten. Die meisten Menschen möchten, dass die Nachhaltigkeitstransformation gerecht abläuft – die Definition dessen, was gerecht oder fair ist, unterscheidet sich jedoch sehr. Und die Vorstellung von einem normalen Leben ist vor allem, dass man sich auf der Arbeit anstrengt und dann als Belohnung mit dem Gehalt machen kann, was man möchte. Dann empfindet man die Vorstellung, dass man das Geld aber nicht für Fleisch, Flugreisen oder gar einen Ferrari ausgeben soll, sicherlich als unfair.

Hier spielen auch soziale Normen eine wesentliche Rolle. Die Auffassung davon, was »normal« ist, ist in der Mehrheit der Gesellschaft vom Freundeskreis und von der Familie beeinflusst: was man als »normal« ansieht, welche Erwartungen man an das Leben hat, an sich selbst, an andere. Und aktuell ist der fossile Lebensstil noch die Standardeinstellung. Die alternativen Entwürfe, welche die planetaren Grenzen nicht überschreiten, haben daher aktuell noch den Rechtfertigungsdruck: Man muss sich erklären und wird hinterfragt, wenn man vegan lebt, nicht wenn man Fleisch ist. Man muss erklären, warum man sich eine Wärmepumpe einbaut oder warum man auf Flugreisen verzichtet, nicht das Gegenteil. Die Angst vor einem Gesichtsverlust oder einer Sonderlingsrolle kann hier eine Hürde zum Handeln sein.[3]

Zu guter Letzt fehlt nun zur Bildung von Intentionen noch die wahrgenommene (!) Handlungskontrolle. Traut man sich das notwendige Verhalten zu (»Selbstwirksamkeitserwartungen«[4])? Gibt es überhaupt die Möglichkeit für dieses Verhalten? Hier zeigt sich schon, dass ein wesentlicher Faktor eben nicht nur individuelle Einstellungen und Werte, Verhaltensintentionen, Motivation, individuelle Normen oder Gefühle sind – die Fähigkeit, das richtige Verhalten zu zeigen, hängt eben auch davon ab, ob es überhaupt Handlungsoptionen gibt. Besteht die Infrastruktur, die ich brauche, um die richtige Entscheidung zu treffen? Allein anhand der Theory of Planned Behaviour lässt sich erklären, warum Appelle und Aufklärungskampagnen allein nicht fruchten: Nur darauf zu warten, dass veränderte Einstellungen zur Klimakrise oder zum Artensterben zur Verhaltensveränderung führen, greift zu kurz. Zwei wesentliche Einflussfaktoren werden so nämlich außer Acht gelassen: dass Menschen als soziale Wesen durch die sozialen Normen – und damit ihre individuellen Vorstellungen von dem, was gut und richtig ist – beeinflusst werden und dass wir uns neue Verhaltensweisen zutrauen müssen. Dies beinhaltet aber auch die Notwendigkeit tatsächlicher Handlungsoptionen. De facto ist ein Leben innerhalb der planetaren Grenzen aktuell nicht zu schaffen. Dafür fehlt Infrastruktur, dafür fehlt Wissen, dafür fehlen Erfahrungen und Handlungskompetenzen. Dies zeigt deutlich, weswegen der Fokus auf das Individuum fehlgeleitet ist. Vielmehr ist die Nachhaltigkeitstransformation eine Aufgabe der ganzen Gesellschaft: Die Art zu wirtschaften, Zielvorgaben, ein kollektives Verständnis dessen, was erstrebenswert ist, Infrastruktur, das Warenangebot und so viel mehr muss sich verändern. Das schafft man nicht allein. Dazu braucht es Kollektive.

Einen ersten Entwurf aus der Umwelt- und Sozialpsychologie dazu, wie umweltfreundliches Verhalten, insbesondere auch Protestverhalten, im Zusammenspiel aus Individuum und Kollektiv entsteht, haben Immo Fritsche und Gerhard Reese (2018) vorgelegt.[5] Ihr Social Identity Model of Proenvironmental Action (SIMPEA) bezieht die kollektiven Identitätsanteile von Menschen mit ein. Gemäß den Ergebnissen zur Social Identity Theory[6] bilden Menschen ihren Selbstwert nämlich nicht nur auf Basis ihrer Wahrnehmung persönlicher Stärken oder Kompetenzen, sondern auch auf Basis sozialer Identitätsanteile – ihrer Gruppenzugehörigkeiten und in der Abgrenzung zu Fremdgruppen. Menschen denken sich nicht nur als ein Ich, sondern auch als Teil eines Wir. Und im Wir-Denken können Wirksamkeitserfahrungen, aber auch Ansprüche an das eigene Verhalten ganz anders ausfallen als als Individuum allein. Im Kollektiv können wir durch den Einfluss sozialer Normen sowohl weniger als auch stärker prosozial/umweltfreundlich/… handeln. Identifizieren sich Menschen nun als Teil eines umweltfreundlichen Kollektivs, dann übernehmen sie ein Stück weit die Normen und auch Ziele dieses Kollektivs, Wirksamkeitserwartungen wachsen über Selbstwirksamkeitserwartungen (»Das traue ich mir zu«) hinaus auf kollektive Wirksamkeitserwartungen (»Das traue ich uns zu«). Daraus lässt sich ableiten – und auch belegen –, dass die Identifikation mit Gruppen ein Schlüssel für die Nachhaltigkeitstransformation ist. Wenn Nachhaltigkeit bereits Ziel und Norm der Eigengruppe ist, dann kann darauf Bezug genommen werden (zum Beispiel in der Belegschaft nachhaltiger Unternehmen). Genauso kann Nachhaltigkeit und transformatives Handeln als neues Ziel und neue Norm von Gruppen etabliert werden (zum Beispiel in Städten oder Unternehmen, die eine Klimaschutzstrategie verabschieden).

In der Identifikation mit Kollektiven steckt meines Erachtens die Kraft, die Hoffnungslosigkeit und Überforderung zu überwinden, die das Individuum allein häufig lähmen. Dabei ist es jedoch wichtig, sich nicht in Verantwortungsdiffusion oder Verzögerungsdiskursen[7] zu verlieren. Für beides ist es notwendig, im Kollektiv klare Verantwortlichkeiten festzulegen, um zu verhindern, dass zu lange darauf gewartet wird, dass die anderen anfangen, etwas zu tun. Schließlich steckt also meiner Meinung nach die Kraft darin, die Einhaltung planetarer Grenzen und die Nachhaltigkeitstransformation als meine Aufgabe im Kollektiv zu verstehen. Und dies kann durch kollektive Wirksamkeitserfahrungen befördert werden. Wenn ich die Erfahrung mache, dass ich – gemeinsam mit anderen – etwas bewirken kann und diese das auch von mir erwarten, dann fühle ich mich verantwortlich und traue mir zu, meinen Teil zur Nachhaltigkeitstransformation beizutragen.

Als Bürgerinnen und Bürger einer Demokratie sind wir der Souverän dieses Landes, als Arbeitnehmer*innen, Arbeitgeber*innen, Produzent*innen und Konsument*innen sind wir die Wirtschaft, als Einwohner*innen Deutschlands sind wir auch die Gesellschaft. Als Teil dieser Kollektive haben wir alle Aufgaben, Wissen und Kompetenzen, die sowohl den Status quo aufrechterhalten als auch die Transformation voranbringen können. Wir sind die, auf die wir gewartet haben. Diese Transformation ist unsere Aufgabe, als Einzelne im Kollektiv.

Überraschend viel bewirken, wenn wir uns zusammentun

Darya Sotoodeh

Die Klimakrise ist jetzt. Ihre Folgen erleben wir bald. Mit diesem Wissen bin ich aufgewachsen. Wie viele von uns habe ich in der Schule gelernt, welchen Effekt Treibhausgase auf das Klima haben und wie wir, auch ich persönlich, sie einsparen können. Wenn wir nichts unternehmen, nimmt der Klimawandel Ausmaße an, die man sich nicht vorstellen will. Zu dieser Zeit war die Lage rund um die Klimakrise längst keine Neuigkeit mehr. 1972 verschaffte der Club of Rome mit seinem Bericht *Die Grenzen des Wachstums* der Dringlichkeit der Klimakrise eine breite Aufmerksamkeit. Seitdem warnen Wissenschaftlerinnen und Wissenschaftler weltweit regelmäßig vor den Folgen eines unbegrenzten Ressourcenverbrauchs, von Umweltverschmutzung und Treibhausgasemissionen. Die Ursache dafür, dass es seit Jahrzehnten nicht gelingt, den Klimawandel und seine Folgen einzudämmen, ist demnach nicht der Mangel an entsprechendem Wissen. Zumindest nicht bei denjenigen, die die entscheidenden Hebel in Bewegung setzen können. In Deutschland erkennt die Mehrzahl der Politikerinnen und Politiker die Klimakrise an – auch die Einführung mehr oder weniger effektiver Klimaschutzmaßnahmen wird immer häufiger versprochen. Die Klimakrise wird nicht mehr als Nischenthema behandelt, und Parteien müssen sich entsprechend positionieren. Das ist der jahrzehntelangen Arbeit von Klimaforscherinnen und Klimaforschern sowie der globalen Klimagerechtigkeitsbewegung zu verdanken, auf deren Grundlage wir als Fridays for Future 2018 aufbauen konnten. Seitdem weltweit regelmäßig junge Menschen zu Zehntausenden auf die Straße gingen, konnten unsere Forderungen nach konsequenter Klimapolitik und der Einhaltung der (damals noch machbaren) 1,5-Grad-Grenze nicht mehr ignoriert werden. Die Bundesregierung bekannte sich zu mehr Klimaschutz und brachte zum Beispiel ein entsprechendes Gesetz auf den Weg, das allerdings durch eine Verfassungsklage von Klimaschützer*innen nachgeschärft werden musste.

Das ursprüngliche Gesetz wurde als verfassungswidrig eingestuft und war nicht mit dem Pariser Klimaschutzabkommen konform.

Über acht Jahre nach dessen Abschluss steht fest, dass die 1,5-Grad-Grenze praktisch nicht mehr eingehalten werden kann. Mit der jetzigen Politik wird allerdings selbst die Beschränkung auf zwei Grad nicht funktionieren und der völkerrechtliche Vertrag von Paris damit gebrochen. Gleichzeitig sehen wir weltweit, wie die Konsequenzen der Klimakrise stetig eskalieren. Verstärkt und gehäuft auftretende Dürren, Fluten und Stürme forderten bereits Zehntausende Menschenleben. Die Flut im Ahrtal im Sommer 2021 brachte die Realität der Klimakatastrophe nach Deutschland. Auf anderen Kontinenten gehört das seit Jahrzehnten zur Realität. Die Fluten in Pakistan und Belutschistan im September 2022 sind eines der neueren Ereignisse, die auch in Europa Aufmerksamkeit erlangten. Auf globaler Ebene wird hier anhand der Klimakrise eine ungerechte Ausgangslage deutlich, die sich entlang der immer drastischeren Folgen verschärft: Staaten, die sich in der Vergangenheit in kolonialer Abhängigkeit befanden, sind überproportional häufig von den Folgen der Klimakrise betroffen, obwohl sie historisch weniger davon zu verantworten haben. Diese Menschen und Gebiete bezeichnen wir als MAPA *(most affected people and areas)*. Durch koloniale Kontinuitäten sind viele dieser Gebiete und die Mehrheit der dort lebenden Menschen finanziell und materiell nicht so gut gerüstet wie Länder des Globalen Nordens, um sich angemessen davor zu schützen (wenn auch hier immer wieder deutlich wird, dass der Katastrophenschutz ausgebaut werden muss). Die Klimakatastrophe kann also nicht nur als ein Problem betrachtet werden, das wir alle gleich zu verantworten haben und das uns alle gleichmäßig betrifft. Das bedeutet, dass Länder wie Deutschland, das historisch der sechstgrößte CO_2-Emittent und gesamtgesellschaftlich bis heute eines der wohlhabendsten Länder weltweit ist, viel besser in der Lage sind, Emissionen einzusparen. Und eben auch eine besondere Verantwortung tragen.

Das alles hält die Bundesregierung (nicht nur die aktuelle) nicht davon ab, Maßnahmen zu beschließen, die an sich schon überhaupt nicht ausreichen, damit Deutschland seinen Teil des Pariser Klimaschutzabkommens erfüllt. Der gesamte Staat müsste bis 2035 CO_2-neutral sein. Wissenschaftlerinnen und Wissenschaftler haben eine Reihe von Maßnahmen erarbeitet, die das ermöglichen. Diese betreffen alle politischen Sektoren, von Verkehrs- über Wohn- bis hin zu Energiepolitik. Bis 2035 müssten beispielsweise der Ausstieg aus allen fossilen Energieträgern und eine entsprechende Energiewende hin zu erneuerbaren Energien vollzogen werden. Das ist mit entsprechenden Investitionen vonseiten der Regierung möglich. Auch so, dass ärmere Menschen keiner zusätzlichen Belastung ausgesetzt wären. Denn wenn wir darüber sprechen, was uns als Gesellschaft davon abhält, Klimaschutz im notwendigen Umfang umzusetzen, müssen wir auch innerhalb der Ländergrenzen unterscheiden: Wer ist *wir*?

In Deutschland und international emittieren reiche Menschen prozentual überdurchschnittlich viel CO_2. Besonders die reichsten zehn Prozent haben in Deutschland nach wie vor wenig Anreize, ihren CO_2-Ausstoß zu reduzieren, da sie sich den Folgen leichter entziehen können. Am stärksten betroffen sind dagegen wieder Menschen mit weniger Geld und Mitteln, um sich zu schützen. Paradoxerweise werden Klimaschutzmaßnahmen trotzdem in erster Linie als Bedrohung eines nicht klar abzugrenzenden »Mittelstandes« und derjenigen wahrgenommen, die mit Existenzängsten zu kämpfen haben. Von verschiedenen, vor allem liberalen und konservativen Parteien und im medialen Diskurs werden regelmäßig Klima und soziale Gerechtigkeit gegenübergestellt. Klimaschutzmaßnahmen werden gegen soziale Maßnahmen verhandelt, es verfestigt sich das Bild vom Klimaschutz als »Luxusproblem«, dem man sich widmen kann, wenn dringendere Probleme gelöst worden sind. Uns als Aktivist*innen fällt dabei eine undankbare Rolle zu: Wir sind die Überbringer der schlechten Nachrichten, in dem wir immer wieder daran erinnern, dass die Klimakrise ebenfalls dringend ist. Dass wir beziehungsweise besonders die politisch Verantwortlichen die Krise nicht mehr weiter in die Zukunft verdrängen können. Und dass politische Krisen gemeinsam und nicht gegeneinander gelöst werden müssen. Die Reaktionen sind unterschiedlich. Oft wird uns entgegnet, unsere Forderungen seien unrealistisch und würden die alltäglichen Probleme der einfachen Bürger*innen nicht beachten. Auch wird uns übertriebene Panikmache vorgeworfen. Diese Vorwürfe fallen auf fruchtbaren Boden bei vielen Menschen, die im Alltag tatsächlich mit ständigen Geldsorgen und Existenzängsten konfrontiert sind. Oder bei denjenigen, die nicht anders mit der Vielzahl an unüberwindbar wirkenden Krisen umzugehen wissen.

Angesichts der Tatsache, dass wissenschaftliche Erkenntnisse und daraus abgeleitete Handlungsempfehlungen seit Jahrzehnten existieren, steht im Klimadiskurs nach wie vor die Frage im Raum: Warum passiert nicht genug? Die Ursache ist ein Wirtschaftssystem, das auf stetigem Wachstum basiert. Dem daraus entstandenen Wachstumszwang kann sich kein Unternehmen durch reine Eigenverantwortung entziehen. Es braucht politische Rahmenbedingungen. Das kann zum Beispiel ein CO_2-Preis sein, effektive Lieferkettengesetze oder zielgerichtete Subventionen, die die gesellschaftsökologische Transformation fördern. Der Industrie- und der Energiesektor sind für mehr als die Hälfte der jährlichen Emissionen in Deutschland verantwortlich.verantwortlich. Die gesetzlichen Beschränkungen sind bei Weitem nicht ausreichend, und mittels des Handels mit CO_2-Zertifikaten und anderen gesetzlichen Grauzonen betreiben viele Konzerne Greenwashing. Fossile Brennstoffe werden weiterhin durch den Staat subventioniert, beispielsweise durch die fehlende Kerosinsteuer. Global agierende Banken wie die Deutsche Bank investieren weltweit in die Erschließung neuer fossiler Energiequellen. Wirtschaftlich betrachtet, ist es logisch, dass Unternehmen nur so viel Klimaschutz leisten, wie sie müssen, beziehungsweise so viel, wie es sich ökonomisch rentiert. Diese Hebel muss die Regierung in Bewegung setzen. Dass sie das bisher nicht (ausreichend) tut, liegt an ihrer Prioritätensetzung. Auch hier wird wirtschaftliches Wachstum über Menschenleben gestellt. Infolgedessen wird mit Konzernen über Klimapolitik verhandelt – wie zum Beispiel in Lützerath, als RWE dem Kohleausstieg in Nordrhein-Westfalen erst zugestimmt hat, nachdem im Gegenzug Lützerath abgerissen werden durfte.

Sozialer Ausgleich dagegen wird im politischen Diskurs besonders dann betont, wenn konsequente Klimaschutzmaßnahmen gefordert werden. Wenn aber genau solche Maßnahmen gefordert werden, die einen klimafreundlichen *und* sozialen Beitrag leisten – zum Beispiel günstigerer Nahverkehr –, fehlt es an Geld. Es wird immer wieder dort gespart, wo Klima und Gerechtigkeit gefördert werden könnten. Gleichzeitig wird die fossile Industrie mit über 40 Milliarden Euro pro Jahr gefördert. Eine sozial gerechte Klimawende, die bestehende Ungerechtigkeiten sowohl lokal als auch global nicht verstärkt, sondern bekämpft, ist entscheidend, besonders in Zeiten, in denen nicht nur konservative Parteien, sondern vor allem rechtsextreme Kräfte Stimmung machen gegen soziale Maßnahmen wie Bus und Bahn für alle, eine gerechte Wohn- und Baupolitik und eine Energiewende, die bezahlbaren Strom für alle ermöglichen würde. Für die Menschen muss aber konkret spürbar sein, dass Klimaschutzmaßnahmen nicht zu ihrem persönlichen Nachteil gereichen. Mit entsprechenden Bildungsangeboten, beispielsweise in Lehrplänen, kann Klimaschutz zu etwas werden, das nicht automatisch mit Angst und Verdrängung konnotiert wird.

Der für mich beste Umgang mit der Klimakrise und den multiplen Krisen, mit denen wir in den letzten Jahren konfrontiert wurden, war das gemeinsame Organisieren und Protestieren. Mit Tausenden gemeinsam auf die Straße zu gehen, hat den kollektiven Frust unserer Generation über die politische Untätigkeit in ein ermutigendes Gefühl und Tatendrang verwandelt. Besonders bestärkend war die Erfahrung, dass wir überraschend viel bewirken, wenn wir uns zusammentun.

CO_2-Fetisch

Albert Denk

Die Lösung des Kohlenstoffdioxidproblems erfährt eine hohe Aufmerksamkeit, die einem Fetisch ähnlich einer religiös anmutenden Verehrung gleicht. Mit der Fokussierung werden aber die grundlegenden Problemstellungen einer zerstörerischen Lebensweise vernachlässigt, sodass jene Industrien davon profitieren, die gerade für den umweltschädlichen Überausstoß verantwortlich sind.

Gut gemeint ist meistens schlecht. Das trifft zumindest auf den Kampf gegen die Klimakrise zu. Die langjährige Aufdeckung von Missständen durch Journalismus, Wissenschaft und Zivilgesellschaft hat inzwischen zu einem umfangreichen politischen Handeln von den Vereinten Nationen bis in die Kommunen geführt. Die nahezu unisono klingende Antwort der meisten politischen Akteure lautet: CO_2 soll bekämpft werden. Dieser technokratische Ansatz folgt einer eurozentristischen Tradition. Statt Systeme holistisch zu betrachten, sollen lediglich Einzelteile verändert werden. Mit dieser Herangehensweise werden jedoch nur Symptome behandelt – grundlegende Wechselwirkungen bleiben dabei unbeachtet. Wie im Falle von Kohlenstoffdioxid verschlimmern sich die Problemlagen sogar. Dieses Verhalten ist als CO_2-Fetisch zu verstehen. Damit ist ein Prozess der Absolutierung gemeint, bei dem CO_2 als zentraler Problemgegenstand verehrt und der Lösung des CO_2-Problems eine übermäßige Hoffnung zugeschrieben wird. Es gibt auf dieser Welt kein nachhaltiges Auto, keine nachhaltige Straße und kein nachhaltiges Flugzeug. Trotzdem wird der Begriff »nachhaltig« zunehmend im Zusammenhang mit Autofahren und Fliegen beworben. Spätestens wenn etwas als »klimaneutral« verkauft wird, gilt es, stutzig zu werden. Denn hier findet nahezu ausschließlich Greenwashing statt. Mit dem Begriff kann gemeint sein, dass kaum Treibhausgase freigesetzt werden. Meist wird damit aber ein angeblicher Ausgleichsmechanismus beschrieben, bei dem die Umweltzerstörung durch ein Produkt mit vermeintlichen Einsparungen andernorts gegengerechnet wird. Dabei wird so getan, als ob der Ausgangspunkt für diese Gegenrechnung erst nach der gesamten Umweltzerstörung durch den Menschen läge. Dadurch werden etwa Wälder, die ohnehin schon bestehen oder bestanden hätten, als zusätzlicher Umweltschutz betrachtet. Aus diesem Hütchenspielertrick folgt die Legitimierung, weiter Umwelt zu zerstören. Bei diesem Verwirrspiel agieren Politik und Wissenschaft als Antreiber durch eine CO_2-Quantifizierung, die vor allem jene wohlhabenden Gesellschaften bevorteilt, die massiv CO_2 verursachen. Wie beim Glücksspiel lockt immer der Gewinn: Wenn erst mal das CO_2 reduziert sei, so die vermeintliche Logik, dann können die Menschen in den wohlhabenden Gesellschaften einfach ihre Lebensweise ohne größere Einschränkungen fortführen. Dann sei ein SUV in einer Stadt oder der jährliche Spanienurlaub doch irgendwie weiterhin möglich, auch wenn jegliches Gefühl eigentlich dagegensprechen müsste.

Die Fetischisierung von CO_2 trägt zur massenhaften Selbstberuhigung bei. Wenn ein Mensch in ein Auto oder ein Flugzeug steigt, dann braucht er keine komplizierte CO_2-Rechnung, um zu verstehen, dass diese Maschinen umweltzerstörend sind und unter Ausbeutungsverhältnissen hergestellt wurden. Das ist schon aufgrund jedes intuitiven Einschätzungsvermögens selbstverständlich. Der Verweis auf CO_2 hat dabei aber eben die Funktion einer Verschleierungstaktik. Denn damit wird suggeriert, es könnte doch irgendwie möglich sein, dass etwa Autos oder Flugzeuge gerecht hergestellt werden könnten und nutzbar seien. Mit dem Fokus auf CO_2 wird diese maximal unwahrscheinliche Möglichkeit denkbar. Das befreit die Konsument*innen enorm von ihrer Verantwortung. Wissenschaft schlägt Intuition und trägt ihren Teil dazu bei, Ausbeutung und Umweltzerstörung auszublenden. Beispielsweise braucht es bei Autos erhebliche Anstrengungen, das Konsumverhalten weiter zu legitimieren. Dies geschieht derzeit unter dem Begriff der sogenannten Antriebswende. Im Zuge des CO_2-Fetischs sollen keine Verbrennermotoren mehr röhren, sondern Autos elektrisch betrieben werden. Der Umwelt zuliebe soll ein massiver Konsumanschub stattfinden, der im politischen Idealfall die Autoflotte Deutschlands verdoppelt. Das freut vor allem die Autoindustrie und die Investor*innen. Neben dem wohl kalkulierten Rebound-Effekt, bei dem durch die Produktionsmenge an neuen Autos das eingesparte CO_2 wieder übertroffen wird, geht es längst nicht nur um die Emissionen. Das Leder für die Inneneinrichtung, das Lithium für die Batterien und Displays, das Gummi für die Reifen – es gibt unzählige Bestandteile im Produktionsprozess, die unmittelbar mit der Regenwaldabholzung, Wasserverknappung oder dem Verlust von Artenvielfalt zusammenhängen. Obwohl durch den CO_2-Fetisch der Klimaschutz angestrebt wird, folgen aus der Symptombekämpfung größere Schäden für das Klima. Durch die sogenannte Wende entsteht zudem ein größerer Bedarf am Ausbau und an der Instandhaltung von Straßen, die wiederum massiv umweltzerstörend sind. Hier kommt es zur Bodenversiegelung mit der Folge eines Verlusts der Artenvielfalt sowie dem menschlichen Eindringen in natürliche Rückzugsorte von Tieren und Pflanzen. Tausende Tonnen an Sand, Kies und Splitt werden für den Bau von einem Kilometer Autobahn benötigt.

Auch mit Blick auf das Beispiel Fliegen werden Widersprüche deutlich. Während Flughäfen als klimaneutral beworben werden, ist Fliegen eine der zentralen Ursachen für den menschengemachten Klimawandel. Nur etwa 20 Prozent der Weltbevölkerung ist jemals geflogen, und mit dem CO_2-Fetisch versucht diese Minderheit, das Recht zu begründen, dieses schädigende Verhalten weiter fortführen zu können. Einzelne Flugunternehmen treiben diese Lebenslüge auf die Spitze, wenn in Werbefilmen eine sogenannte Nachhaltigkeitsstrategie präsentiert wird. Darin wird vorgeführt, dass die Crew neuerdings leichtgewichtigere Schuhe trage und ein neuer Kabinenwagen Gewicht einspare. Alles diene natürlich dem Klimaschutz, denn wer sich auf CO_2 fokussiert, kann selbst eine Umweltzerstörung als Klimaschutz verdrehen. Diese Werbefilme werden den Fluggästen selbst gezeigt, denn es gilt, genau diese davon zu überzeugen, dass ihr zerstörerisches Verhalten doch in Ordnung wäre. Ungesagt bleibt in dieser Strategie, dass die Passagier*innen maximal einmal alle zehn Jahre einen ozeanüberschreitenden Flug unternehmen sollten. Denn ein solcher wäre eventuell nachhaltig möglich. Auslassungen sind Teil des CO_2-Fetischs. Ein Flughafen kann nur deshalb als klimaneutral betitelt werden, weil keine Flüge miteingerechnet werden. Die Idee der Klimaneutralität ist letztlich eine Beruhigungspille, mit der konstruktive Ansätze der politischen Regulierung vernebelt werden. Statt die Flugkilometeranzahl von Einzelpersonen einzuschränken, ermöglicht der klimaneutrale Flughafen ein Weiter-so der Umweltzerstörung.

Die Fetischisierung von CO_2 führt zu neuen Schäden. Dies wird besonders im Energiesektor sichtbar. Der religiös anmutende Glaube, Menschen könnten einfach die gesamte derzeit genutzte Energiemenge wahlweise durch erneuerbare Energien erzeugen, negiert deren umweltschädliche Rohstoffgewinnung. Der Abbau von etwa Lithium, Kobalt oder Nickel ist nicht nachhaltig. Aber genau diese Rohstoffe sind für erneuerbare Energien maßgeblich notwendig. Mit erneut enormen Anstrengungen aus Politik, Wirtschaft und Wissenschaft wird so getan, als wären die Erneuerbaren die neuen Heilsbringer. Das Ausmaß an Energienutzung sei damit nicht nur zu halten, sondern zu steigern (Stichwort Wirtschaftswachstum). Mit der Diskursverengung auf CO_2 werden beispielsweise die Vertreibung von Menschen an Minenstandorten, die Verunreinigung des Grundwassers und der Böden, die durch Minen erzeugte Wasserknappheit in ohnehin wasserknappen Regionen, das Ausnutzen fehlender Arbeits- und Gesundheitsschutzmaßnahmen sowie ein ungleiches Weltwirtschaftssystem angetrieben. Der in Deutschland angeblich nachhaltige Strom basiert auf Ausbeutung und Umweltzerstörung in anderen Weltregionen, auch wenn die Sonne oder der Wind direkt in Deutschland eingefangen werden. Die Diskursverengung funktioniert zudem über den Einsatz von Begriffen wie »Milderung« des Klimawandels oder der »Resilienz« von Gesellschaften. Eine Milderung suggeriert einen möglichen Ausgleich von Einzelstoffen innerhalb eines Nullsummenspiels. Die Klimasysteme der Erde sind aber deutlich komplexer und in ihren Wechselbeziehungen kaum verständlich. Außerdem ist die vermeintliche Neuerfindung der Milderung ein bereits bestehender, natürlicher Prozess der Ökosysteme. Ähnlich verhält es sich mit Blick auf das Konzept Resilienz, mit welchem soziale Unterschiede – und allen voran die Verursachung – verdeckt werden. Auf den UN-Konferenzen steht der Fokus auf einer Emissions- statt Konsumminderung. In nahezu allen politischen Dokumenten fehlt der entscheidende Problemgegenstand: der Überkonsum in den wohlhabenden Gesellschaften. Eine politische Regulierung dieses Konsums wird bisher nicht verfolgt, sodass mit dem Mittel des CO_2-Fetischs der Status quo erhalten wird.

Dieser CO_2-Fetisch nimmt bisweilen skurrile Züge an. Der Leiter der Internationalen Atomenergiebehörde (IAEA), Rafael Grossi, behauptet, dass das Klima nur mit Atomkraft zu schützen sei. Ganz ohne Kernphysikstudium ist dies als verquere Vorstellung zu enthüllen. Kein Uranabbau der Welt ist nachhaltig. Entlang des gesamten Produktionszyklus von Atomkraft findet Umweltzerstörung statt. In Deutschland soll beispielsweise tief in die

Erde eingedrungen, damit Natur entrechtet und der Atommüll dort verbuddelt werden. Die Gefahr dieses Mülls besteht für eine Million Jahre fort. Bereits seit dem Beginn der Betriebszeiten von Atomkraft ist ein Super-GAU pro Jahrzehnt die Regel statt eine Ausnahme. Das soll unausweichlicher Klimaschutz sein? Nur durch die Notwendigkeitskonstruktion, Atomkraft sei das alternativlose Mittel zur CO_2-Bekämpfung, ist überhaupt diese ausbeuterische Technologie zu rechtfertigen. Noch skurriler wird es, wenn die Verursachung von CO_2 als wertvoller Abfallstoff zur Generierung von neuem CO_2 motiviert. Die religionsgleiche CO_2-Huldigung hat zur Folge, dass eine eigene Abfallindustrie mit eigenen Technologien – wie der langfristigen Lagerung im Meeresboden – entsteht. Es scheint nur noch eine Frage der Zeit, bis eine privilegierte Person aus dem Globalen Norden verkündet, dass auch die Atombombe CO_2-technisch alternativlos notwendig sei. Deutschlands Politik fördert umfassend den menschengemachten Klimawandel. Mit Steuergeldern werden etwa das Dienstwagen- und Dieselsteuerprivileg, die Kerosinsteuerbefreiung sowie die Pendlerpauschale finanziert. Es fehlt an mehr Politik und Wissenschaft, die überlegt, wie weniger Autos auf weniger Straßen und weniger Flugzeuge in die Luft gebracht werden, dafür mehr Menschen mobil werden können. Laut Oxfam ist das reichste Prozent für so viele Treibhausgase wie die ärmeren zwei Drittel der Weltbevölkerung verantwortlich. Weil Ausbeutung enorm ungleich verteilt ist, fehlt es an einer grenzübergreifenden, globalen Regulierung. Wer für Umweltschutz ist, sollte sich weniger auf CO_2 fokussieren, stattdessen viel mehr auf die Regulierung der Menschen, die wesentlich die Grundlagen dieses Planeten zerstören. Die eng geführte Bekämpfung von CO_2 verstärkt hingegen sozialökologische Probleme.

Krise der Gerechtigkeit

Lea Rahman

Klimawandel als systemische Krise

Überschwemmungen und Hitzewellen auf dem afrikanischen Kontinent, extreme Hitze in Asien, ein Zyklon trifft auf die Küste von Bangladesch, ein massiver Erdrutsch in Papua-Neuguinea, schwere Stürme und Fluten im Süden der USA – das sind nur wenige der verheerenden Extremwetterereignisse des ersten Halbjahres 2024.[1] Extremwetterereignisse – das sind nach Definition der Weltorganisation für Meteorologie (WMO) zum Beispiel Hitzewellen, Kältewellen, heftige Niederschläge, Dürren, Tornados und Zyklone[2] – können dem Klimawandel in den einzelnen Fällen zwar nie wissenschaftlich eindeutig zugerechnet werden. Berechnet wird dagegen, wie sich die Häufigkeiten, Wahrscheinlichkeiten und Intensitäten der Ereignisse durch den Klimawandel verändern. Die Studienlage zeigt hier deutlich: Durch die menschlich verursachten Veränderungen des Klimas nahm das extreme Wetter zu.[3] Die Häufung der Unwetter 2024 ist daher kein Zufall, denn die Klimakrise ist längst Realität. Die 1,5-Grad-Grenze, die sich 2015 in Paris 195 Staaten für die Erwärmung der globalen Durchschnittstemperatur im Vergleich zum vorindustriellen Niveau gesetzt haben, wird vermutlich bereits in den nächsten Jahren erreicht.[4]

Der Klimawandel mag uns als Bruch, als einzigartige Krise im Verhältnis von Gesellschaft und Natur erscheinen, er ist jedoch nur eine von unzähligen ökologischen Krisen, die unsere aktuelle Art zu wirtschaften produziert hat. Neben Klimawandel zeigen Abholzung, Bodenerosion, Artensterben und Biodiversitätskrise, Überfischung und Vermüllung der Ozeane, dass das Verhältnis unserer Gesellschaft zu ihren ökologischen Grundlagen strukturell Krisen erzeugt. Der Klimawandel ist *eine* unter diesen vielen Krisen. Doch er ermöglicht auch einen Wendepunkt der Geschichte – wenn wir dazu bereit sind, die Notbremse zu ziehen, um Gesellschaft und Wirtschaft anders zu gestalten.

Die Klimakrise als Multiplikator von Ungerechtigkeiten

Die Zerstörung von Natur ist keine Einbahnstraße. Denn die Folgen wirken auf die Gesellschaft zurück – und verdeutlichen so bestehende Ungerechtigkeiten. So betreffen nach Studien in den USA giftige Abfälle und Umweltverschmutzungen Menschen, die von Rassismus betroffen sind, stärker als US-amerikanische *weiße* Menschen.[5] Das liegt neben der höheren Betroffenheit von Armut, die zu geringeren Kapazitäten für Anpassung und Bewältigung der Folgen von Verschmutzungen oder Klimaereignissen führt, auch daran, dass Ereignisse, die beispielsweise überwiegend Schwarze Menschen betreffen, aufgrund von Rassismus politisch wenig Aufmerksamkeit erhalten.[6] Ökonomische Ungleichheit und Diskriminierung verstärken sich also nicht nur gegenseitig, sondern wirken auch mit ökologischen Krisen zusammen. Ähnliche Muster sind global zu beobachten: Neben der grundlegenden Ungerechtigkeit, dass der Klimawandel von nur wenigen Ländern verursacht wurde und globale Auswirkungen hat,[7] sind die Verursacherstaaten durch die klimaschädliche Industrialisierung heute auch eher dazu in der Lage, die Folgen zu bewältigen. Um dieser Ungerechtigkeit entgegenzuwirken, ist die im Rahmen der internationalen Klimapolitik beschlossene Einrichtung eines globalen Fonds zur Bewältigung von Klimafolgen ein Fortschritt. Von einem fairen Ausgleich oder einer Kompensation kann jedoch nicht die Rede sein.[8] Auch mit Bezug auf Geschlechtergerechtigkeit verschärft der Klimawandel bestehende Diskriminierungen, denn er betrifft Frauen besonders stark und vergrößert schon existierende Benachteiligungen weiter. So ist beispielsweise die Wahrscheinlichkeit, bei einer Naturkatastrophe zu sterben, bei Frauen im Globalen Süden etwa 14-mal höher als bei Männern.[9] Beim Tsunami 2004 in Asien wurden 70 Prozent der Toten als weiblich identifiziert.[10] Gründe dafür sind einerseits sexistische Infrastruktur und andererseits Geschlechterrollen: Frauen werden später von Katastrophenwarnungen erreicht, sie können seltener schwimmen und tragen öfter Verantwortung für Angehörige.[11]

Transformation muss an der Produktion ansetzen

Das Zusammenfallen und die gegenseitige Verstärkung bestehender Ungleichheiten und Diskriminierungen mit der Klimakrise verdeutlichen, dass es nicht ausreicht, eine Transformation hin zu einer nachhaltigeren Gesellschaft eindimensional anzugehen: Die Vermeidung von Emissionen kann zwar das Ausmaß des Klimawandels in Grenzen halten, doch zeigen aktuelle Lösungen bereits, dass die Ursache der Krise dadurch nicht angegangen wird. Ein Beispiel dafür ist der Versuch, durch Elektromobilität den Individualverkehr, der nicht nur Emissionen, sondern auch Konflikte um Raum erzeugt, zu »retten«. Doch Elektromobilität ist ihrerseits auf erheblichen Ressourcenverbrauch angewiesen. Hervorzuheben ist dabei insbesondere der Verbrauch an Lithium für die Batterien. Der Rohstoff wird vor allem in Lateinamerika im sogenannten Lithium-Dreieck abgebaut. Dieser Abbau führt vor Ort zu Verschmutzungen und ökologischer Zerstörung. Global hängt der Rohstoffhandel eng mit wirtschaftlichen Ungleichheiten und Abhängigkeitsverhältnissen zusammen.[12] Auch Elektromobilität hält damit weiterhin global ungleiche Muster der Naturaneignung und -verschmutzung aufrecht – zum Zweck des Profits. Das globale kapitalistische Wirtschaftssystem, in dem Privatunternehmer*innen in ständiger Konkurrenz dazu gezwungen sind, Profit zu erwirtschaften und zu wachsen, erzeugt soziale und ökologische Krisen.[13] Denn private Profite rufen Ungleichheiten hervor und basieren auf der Aneignung von menschlicher Arbeitskraft und Natur. Solange es profitabel bleibt, Natur anzueignen oder zu verschmutzen, wird es Unternehmen geben, die diese Nische füllen. Es reicht daher nicht aus, wenn umweltbewusste Menschen ihren persönlichen Konsum nachhaltiger gestalten. Die Lösungen müssen an der Produktion ansetzen.

Die alte Welt liegt im Sterben

Für eine Transformation, die ökologisch und sozial ist, muss unsere Art zu wirtschaften fundamental überdacht werden. Wenn der Klimawandel eingedämmt werden soll, ohne zu gesellschaftlichen Verheerungen und weiteren ökologischen Krisen zu führen, muss Wirtschaft bedürfnisorientiert ausgerichtet sein. Die Zeit des endlosen Wachstums, der Profitorientierung und der Luxusproduktion zum Privatbesitz ist vorbei. Stattdessen wartet eine Welt, in der ökologisch gehandelt werden kann, ohne dass verzweifelt neue Märkte geschaffen werden müssen, deren Nachfrage erst mit Werbung und Trends geschaffen werden muss. Eine Welt, in der Arbeitszeit reduziert und umverteilt werden kann, ohne dass Unternehmen in die Krise geraten. Eine Welt, in der Armutsbekämpfung nicht profitabel sein muss. Wenn wir Demokratie nicht nur auf Parlamente, sondern auch auf Ziele unserer Wirtschaft, langfristige Investitionen und Entscheidungen in Betrieben beziehen, haben wir vielleicht eine Chance, in Richtung dieser Welt zu kommen.

Die subtile Revolution: Warum ein innerer Wandel die Welt verändert

Judith Döker

Unsere äußere menschengemachte Welt ist ein direktes Spiegelbild unserer inneren Welt. Die enorme Umweltverschmutzung und Umweltzerstörung, die Schere zwischen Arm und Reich, die allgegenwärtige Manipulation aufgrund von Macht- und Profitgier, die Kriege auf den Schlachtfeldern dieser Welt, aber auch die Kriege in unseren Büros, Familien und in uns selbst – all diese Phänomene geben Aufschluss darüber, wie es innerlich um uns Menschen bestellt ist. Gleichzeitig lässt all das Konstruktive, Liebevolle und Verbindende, was es ja auch in unserer Welt gibt, Rückschlüsse auf unser derzeitiges Bewusstsein zu.

Da ich mit meinen Überlegungen auf eine Metaebene gehen möchte, ergibt es wenig Sinn, mich dabei lediglich auf den Aspekt des Klimawandels zu konzentrieren. Deshalb möchte ich die Frage gerne weiter fassen: Warum verhalten wir Menschen uns lebensfeindlich? Oder anders ausgedrückt: Was hindert uns daran, uns lebensfreundlich zu verhalten? In der Theorie ist die Frage leicht zu beantworten: Es fehlt uns an Liebe und Mitgefühl – für uns selbst, für andere Menschen, für die Tiere, Pflanzen und den Planeten. Und das ist kein Wunder, denn wir werden von klein auf fit gemacht für ein System, das im Kern nicht lebensfreundlich ist. Dieses System, an dessen Spitze die multinationalen Konzerne und das globalisierte Finanzkapital stehen, ist auf Gewinnmaximierung und Konkurrenz aufgebaut und funktioniert damit nach dem Prinzip »Survival of the Fittest«. Es ist ein System, das darauf ausgerichtet ist, Gewinner*innen und Verlierer*innen zu produzieren und den Wert eines Menschen daran zu messen, wie gut er das zerstörerische Spiel von schneller, höher, weiter bedienen kann und will. Kein Wunder, dass dies zu Stress, Überforderung, Verletzung, Angst, Wut, Erschöpfung und in extremeren Fällen zu Hass und Vergeltung führt – und damit sehr weit weg von unserer wahren Natur.

In einer lebensfreundlichen Welt würden Kinder schon im Elternhaus und in der Schule lernen, wie sie ein Leben aus dem Herzen heraus führen und wie sie die Stimme ihres Herzens – die Intuition – überhaupt wahrnehmen können. Dies würde auf ganz natürliche Weise dazu führen, dass ein soziales, berufliches und ökologisches Umfeld entsteht, das auf ganz anderen Werten basiert, als es derzeit der Fall ist. Das Wohl der Allgemeinheit und des Planeten würde bei jeder Unternehmung an oberster Stelle stehen – und nicht das eigene. Es wäre fest im Bewusstsein eines jeden Menschen verankert, dass wir auf einer höheren Ebene alle miteinander verbunden sind – und das Leid des einen in Wahrheit das Leid aller bedeutet. Natürlich würde sich das Konsumverhalten in solch einer Gesellschaft drastisch verändern, weil ja nichts mehr konsumiert werden müsste, um eine innere Leere zu stillen oder um Überlegenheit zu demonstrieren. Wir Menschen wären in jeder Hinsicht gesünder und könnten aus uns selbst heraus eine tiefe Freude, Zufriedenheit und Liebe empfinden. Albert Einstein hat dies so wunderbar auf den Punkt gebracht, indem er sagte: »Der intuitive Geist ist ein göttliches Geschenk und der rationale Verstand ein treuer Diener. Wir haben eine Gesellschaft erschaffen, die den Diener ehrt und das Geschenk vergessen hat.«

Wie finden wir also zurück zu unserem intuitiven Geist und damit zu einer lebensfreundlichen Lebensweise? Eine gute Übung ist, sich jede Stunde einen Wecker zu stellen und sich zu fragen: Womit bin ich innerlich beschäftigt? Sind meine Gedanken und Gefühle liebevoll, friedlich und konstruktiv und damit lebensfreundlich, oder nicht? Ein anderes, sehr kraftvolles Instrument, um wieder in lebensfreundlichere Gewässer zu finden, ist die Meditation. Denn während der Meditation lassen wir den lauten, rationalen Verstand zur Ruhe kommen, damit wir die wesentlich subtilere Stimme unseres Herzens überhaupt wahrnehmen können. Die Königsdisziplin, die für einen tiefgreifenden Bewusstseinswandel vonnöten ist, besteht darin, dass wir uns nicht länger zum Spielball unserer äußeren Lebensumstände machen, sondern innerlich den Fokus fest auf das Lebensfreundliche gerichtet halten – egal, welcher Sturm gerade durch unser Leben oder auch den medialen Blätterwald fegt. Das bedarf einer Menge Übung, Disziplin und innerer Heilarbeit, denn wir Menschen sind stark darauf konditioniert, unser Befinden an äußeren Begebenheiten festzumachen. Das führt dazu, dass die meisten von uns nur dann Frieden, Harmonie und Freude spüren können, wenn die äußeren Lebensumstände dazu gerade Anlass geben. Und genau dieses Prinzip des Reagierens gilt es umzukehren. Das bedeutet, den inneren Frieden auch dann zu halten, wenn es im Außen stürmt und unschön zugeht. Selbstverständlich bedeutet dies nicht, jedes lebensfeindliche Verhalten anderer Menschen stillschweigend hinzunehmen. Aber ein Nein aus einer inneren Ruhe und Liebe heraus hat eine ganz andere Strahlkraft als ein Nein, das aus einer Empörung oder Verletzung in die Welt geschleudert wird.

Ein weiterer wichtiger Aspekt ist die Frage, wie sorgsam wir mit unserer Lebensenergie umgehen. Denn wie oft hegen wir inneren Widerstand, Wut oder Angst gegen Dinge oder Menschen, auf die wir gar keinen direkten Einfluss haben? Stattdessen wäre es sehr viel sinnvoller, unsere kostbare Kraft dafür zu nutzen, uns erst einmal innerlich auf das Lebensfreundliche auszurichten und aus diesem Bewusstsein heraus das eigene Lebensumfeld zu gestalten. Damit entziehen wir ganz automatisch peu à peu all den lebensfeindlichen Strömungen die Energie – und Neues wird entstehen. Wer jetzt den Einwand erhebt, dass es völlig unrealistisch sei, dass ein Großteil der Menschheit damit beginnen wird, sich innerlich auf das Lebensfreundliche auszurichten, für den oder die habe ich eine gute Nachricht. Es braucht gar nicht so viele, um den sogenannten Kipppunkt zu erreichen. Ungefähr fünf Prozent der Bevölkerung reichen aus, um eine Lawine ins Rollen zu bringen. Diese Bewusstseinssprünge sind wissenschaftlich nachweisbar. Wir sollten also nicht darauf warten, dass die Menschen, die derzeit an den Hebeln der Macht sitzen, sich für eine lebensfreundlichere Welt entscheiden. Jeder und jede Einzelne von uns ist genau jetzt gefragt, denn jede*r von uns könnte das Zünglein an der Waage sein.

Abschließen möchte ich mit einer kurzen Geschichte, die ich vor ein paar Jahren im indischen Kolkata, im ehemaligen Kalkutta, erlebt habe. Eine Begebenheit, die in einer zutiefst lebensfeindlichen Umgebung stattfand und zeigt, wozu wir Menschen fähig sind, wenn wir aus dem Herzen heraus handeln.

Wie jeden Morgen hievten Suraj und ein junger Mann, den alle nur »Boy« nannten, einen großen Bottich mit Reis und einen Bottich mit Dal in einen alten, ausrangierten Krankenwagen. Für mich war es der erste von insgesamt 28 Tagen, an denen ich die beiden Männer fotografisch begleitete, die den Ärmsten der Armen, die auf den Straßen Kolkatas leben, eine warme Mahlzeit bringen. Morgendlicher Nebel lag noch über der Stadt, und die sonst so verstopften Straßen waren leer. Bestimmt 20 Menschen warteten schon an der ersten Station auf uns. Jede*r von ihnen bekam eine Kelle Reis, eine halbe Kelle Dal und ein Glas Wasser. Dann ging es zügig weiter. Nächster Stopp war die Howrah Bridge. Ein paar Kühe bedienten sich gemächlich an einer Müllkippe. Unmittelbar daneben war eine Plane provisorisch an einer Mauer befestigt, die als Behausung diente. Dahinter lugte eine junge Frau hervor. Freudestrahlend kam sie auf uns zu und wechselte ein paar Worte auf Bengali mit den Männern. Mir gab sie durch eine Handbewegung zu verstehen, dass ich kurz warten solle. Sie verschwand hinter der Plane, griff ihr Baby und präsentierte mir den kleinen Jungen voller Stolz. Suraj und der Boy saßen schon im Auto und warteten auf mich. »Warum hat denn die Frau nichts zu essen bekommen?«, fragte ich besorgt.

»Sie sagte, dass sie heute kein Essen braucht«, antwortete Suraj und fügte mit einem milden Lächeln hinzu: »Du wirst staunen. Es gibt ein paar Leute hier auf unserer Route, die das Essen nur dann annehmen, wenn sie es auch wirklich brauchen. Ansonsten überlassen sie es denjenigen, für die der Teller Reis die einzige Mahlzeit am Tag ist.«

Und genau das wünsche ich mir: dass wir unser Herz jeden Tag ein Stückchen weiter öffnen, um eine lebensfreundliche Welt zu erschaffen, in der es allen gut geht – den Menschen, den Tieren, den Pflanzen und dem Planeten.

Lernen für die Zukunft in einer Gemeinschaft der Vielfalt

Robert Mews

Globale Krisen und die Auswirkungen auf Jugendliche

Jugendliche weltweit erleben alte und neue Krisen wie beispielsweise den Klimawandel, die Kriege in der Ukraine, Nahost und weltweit oder die Inflation. Die neuesten Katastrophen dieser Welt werden gefühlt im Sekundentakt auf dem Smartphone miterlebt. Die Auswirkungen der aktuellen Weltlage auf die Jugendlichen zeigen die verschiedensten Studien der letzten Jahre: erhöhtes Stressempfinden, Antriebslosigkeit, Erschöpfung, Hilflosigkeit und depressive Verstimmungen. Zusammengefasst ist die mentale Gesundheit der Jugendlichen massiv in Gefahr. Zu diesen globalen Krisen kommen für die Jugendlichen oftmals auch noch individuell benachteiligende Faktoren hinzu. In der Schule kommen die Jugendlichen zusammen. Die globalen Krisen und das, was sie in den Jugendlichen auslösen, warten nicht vor der Schultür. Bei Betrachtung all dieser Herausforderungen sollte Schule diese globalen Krisen thematisieren. Jedoch nicht in Form eines moralischen Zeigefingers, sondern realistisch und pragmatisch. Es geht vielmehr darum, sich differenziert und bewusst mit den Auswirkungen des Klimawandels und möglichen Handlungsoptionen auseinanderzusetzen.

Projektideen von Schülerinnen und Schülern

Die Schüler*innen der Neuen Oberschule Gröpelingen aus Bremen haben diese Möglichkeit. Was entsteht, wenn Jugendliche ihre Gedanken und Ideen zum Thema Klimawandel umsetzen, zeigen die folgenden Beispiele des Jahres 2023 einer neunten Klasse:
- selbst gebaute Windräder im Schulgarten, um Handys zu laden,
- eine eigenständig organisierte Kleidertauschbörse,
- veganes Kochen mit einem selbst erstellten Kochbuch,

- eine Petition für mehr Solaranlagen auf den Dächern öffentlicher Gebäude im Land Bremen, verbunden mit dem Sammeln von Unterschriften,
- eine selbst gebaute mobile Sitzmöglichkeit mit biodiversem Beet für einen Marktplatz im Stadtteil.

Das Motto dieser Bremer Oberschule: Lernen für die Zukunft in einer Gemeinschaft der Vielfalt. Man erkennt an den Titeln der Themen bereits, dass hier junge Menschen ihr Umfeld gestalten, manchmal unmittelbar, manchmal auch im erweiterten Sinne. Wie kann das an einer Schule gelingen? Wie kann eine Schule Lernsituationen ermöglichen, in denen solche Produkte entstehen können?

Zeitgemäße Bildung

Schulen als Orte, an denen die nächsten Generationen ausgebildet werden, sollten diese veränderte und komplexe Ausgangslage berücksichtigen. Das bedeutet, wenn gesamtgesellschaftlich über Transformationsprozesse diskutiert wird, darf deshalb auch das Bildungssystem nicht vergessen werden. Erlebnisse und Erfahrungen aus der Schulzeit begleiten uns sowohl im positiven als auch negativen Sinne oftmals ein Leben lang. Daher ist es für das Bildungssystem wichtig – auch im Zusammenhang mit dem Thema Klimawandel –, positive Erlebnisse zu schaffen, die das Denken und Handeln auch nach der Schule beeinflussen. Zeitgemäße Bildung fördert dementsprechend lebenslanges Lernen. Das entspricht auch der Anspruchshaltung der genannten Bremer Oberschule. Konkret und aktuell erscheint es mit Blick auf die gesellschaftlichen Herausforderungen sinnvoll, dass zeitgemäße Bildung kreatives Denken, partizipatives Handeln und kritisches Hinterfragen an möglichst authentischen Problemen fördert. Hierfür braucht es inhaltliche und organisatorische Strukturen für Schulen, sodass genau dies ermöglicht werden kann.

Bildung für nachhaltige Entwicklung

Die zu Beginn beschriebenen globalen Herausforderungen – der menschengemachte Klimawandel ist nur eine davon – können perspektivisch nur unter den Zielvorstellungen nachhaltiger Entwicklung und einem neuen Wachstumsverständnis gestaltet werden. Viele Schulen und im Bildungssystem unterstützende Akteure haben sich in diesem Kontext im Sinne von zeitgemäßer Bildung in den letzten Jahren auf den Weg gemacht, dieser eigentlich gar nicht mehr so neuen Realität Rechnung zu tragen. Unter dem Begriff der »Bildung für nachhaltige Entwicklung« (kurz: BNE) sind dabei unterrichtliche und außerunterrichtliche Angebote entstanden. Als Kernkompetenzen von BNE sind dabei im Orientierungsrahmen »Globales Lernen«, welcher in erster Version bereits 2007 von der Kultusministerkonferenz verabschiedet wurde, folgende drei wesentliche Bereiche definiert und anschließend differenzierter dargestellt: Erkennen, Bewerten und Handeln. Inhaltlich werden diese Kernkompetenzen mit den bekannten 17 Zielen für nachhaltige Entwicklung (Sustainable Development Goals, SDGs) erweitert und konkretisiert. BNE ist dabei kein neues Unterrichtskonzept oder eine neue Methode. Im Kern ist Bildung für eine nachhaltige Entwicklung eine Notwendigkeit, um junge Menschen auf die Herausforderungen der Zukunft vorzubereiten.

Wöchentlicher Projektunterricht an der Neuen Oberschule Gröpelingen

Die beschriebenen Projekte der Schülerinnen und Schüler zu Beginn dieses Beitrags sind nicht das Ergebnis einer spontanen Idee oder einer Stunde, die im Fachunterricht noch übrig war. Die Ergebnisse, die während der Präsentationsphase eindrücklich durch die Schüler*innen vorgestellt wurden, zeigen einen langen Weg, der seitens der Schule mit entsprechenden Ressourcen ausgestattet wurde. An der Neuen Oberschule Gröpelingen gibt es von der fünften bis zur zehnten Jahrgangsstufe an jedem Mittwochvormittag für drei Unterrichtsstunden Projektunterricht. Im Projektunterricht werden dabei die klassischen Fächergrenzen überwunden. Es gibt ein schuleigenes Projektcurriculum, im Zentrum dieser Unterrichtsform stehen dann das forschende sowie das selbstständige Lernen. Die Schüler*innen arbeiten interessengeleitet und produktorientiert, sodass ihre erarbeiteten Ergebnisse einen Gebrauchswert haben. Die Schule öffnet sich in dieser Projektzeit bewusst für das Schulumfeld und für außerschulische Partner. Am Ende eines

Projekts stehen dann Produktpräsentationen. Die didaktischen Prinzipien des Projektunterrichts an der Neuen Oberschule Gröpelingen beruhen auf John Dewey – dem Begründer des handlungs- und erfahrungsorientierten Projektlernens –, der deutlich machte, dass »ein Gramm Erfahrung besser als eine Tonne Theorie« sei. Lernen wird somit erst durch das konkrete Handeln nachhaltig. In den verschiedenen Jahrgängen arbeiten die Schülerinnen und Schüler an den unterschiedlichsten Projektthemen wie beispielsweise Klimazonen, Mehrsprachigkeit, Naturkatastrophen oder Kleidung.

Das Projekt »Meine Handlung zählt«

Als ein zentraler Baustein im neunten Jahrgang ist das Projekt »Meine Handlung zählt« verankert. Das Projekt stellt die persönlichen Möglichkeiten, beim Thema Klimawandel aktiv zu werden, ins Zentrum. An den ersten Mittwochvormittagen findet eine Impulsphase statt. Die Wirkung von Kohlenstoffdioxid als Treibhausgas wird dabei im Schullabor des Zentrums für marine Umweltwissenschaften der Universität Bremen (kurz: marum) experimentell untersucht und ausgewertet. Anschließend werden in einer kleinen Rallye die verschiedenen Handlungsfelder wie Konsum und Ressourcen, Ernährung oder Lebensraum kennengelernt und zum Reflektieren dieser Handlungsfelder eingeladen. Die Kooperation der Schule mit dem marum in dieser Phase sorgt für eine möglichst wissenschaftsbasierte Auseinandersetzung mit der Thematik. Anschließend können die Schülerinnen und Schüler sechs Projekttermine lang – wie schon der Titel des Projekts vermuten lässt – selbst konkret handeln und ausprobieren. Die Schüler*innen entwickeln verschiedenste Ideen zu den Handlungsfeldern und darüber hinaus. Letztlich entscheiden sie sich für ein eigenes Projekt, das möglichst einen Bezug zur eigenen Lebenswelt darstellt. Die Heterogenität der Jugendlichen in Bezug auf Vorwissen und Motivation ist enorm. Die Lernenden werden durch die Lehrkräfte individuell begleitet. Dabei ist es von zentraler Bedeutung, sie mit ihren Ideen, Bedenken und Wünschen ernst zu nehmen. Das Projekt endet mit einer öffentlichen Präsentation, zu der Schüler*innen, Eltern und externe Partner eingeladen werden. Zur Präsentation werden die entstandenen Produkte vorgestellt. Die Vielzahl der Themen und der persönliche Bezug der Schüler*innen zu ihrem gewählten Thema ist beeindruckend. Das eigentliche Lernen aber ist der Prozess: das Hadern mit der Fragestellung, das Verwerfen eines lieb gewonnenen Gedankens, da er doch nicht realisierbar ist, und auch das Dranbleiben, wenn es mal anstrengend wird. Beim Blick auf die Produkte und in den Gesprächen mit den stolzen Jugendlichen wird schnell klar, dass die Kernkompetenzen der Bildung für nachhaltige Entwicklung angebahnt wurden: Erkennen, Bewerten und schließlich Handeln. Und sind es nicht diese Schritte, die mit Blick auf die erwachsenen Entscheider*innen im Kontext der Maßnahmen zum Erreichen der Klimaziele wünschenswert wären?

Ausblick

Schulen und der Bildungsbereich im Allgemeinen spielen für den gesellschaftlichen Veränderungsprozess eine zentrale Rolle und haben entsprechend großes Potenzial. Es gibt bereits spannende Initiativen und Netzwerke zum Thema BNE, die zeitgemäße Formen des Lernens fördern und Schulen auf diesem Weg konkret unterstützen. Wünschenswert wäre, dass sich möglichst viele Lehrkräfte und Schulen auf den Weg machen, mutige Schritte zu gehen. Bildung für nachhaltige Entwicklung und damit auch die handelnde Auseinandersetzung mit dem Klimawandel bietet dabei sehr konkrete Anlässe, die Lernkultur an unseren Schulen zu überdenken. Wie so oft beginnt es auch hier bei einzelnen Akteuren: Eltern, Lehrkräften oder Schüler*innen, die sich Verbündete suchen und die bestehenden Freiräume und Möglichkeiten nutzen. Letztlich entsteht so dann auch die Veränderung im System. Diese Schritte zu gehen, ist zentral, denn nur wenn wir die nächste Generation befähigen, die Herausforderungen der Zukunft anzugehen, können wir gesellschaftlich Lösungen für diese finden. Die Beispiele der Schüler*innen der Neuen Oberschule Gröpelingen machen Mut, denn sie zeigen, wie viele Ideen und Engagement zu konkreten Maßnahmen gegen den Klimawandel in der nächsten Generation stecken. So kann ein Lernen und letztlich auch ein Leben für die Zukunft in einer Gemeinschaft der Vielfalt gelingen.

Klimaschutz und neoliberaler Kapitalismus sind ein Widerspruch in sich

Valerie Huber

Aus der Sicht eines jungen Menschen heute, der sich durch die Tatenlosigkeit und Apathie unserer Machthaber oft ohnmächtig, unverstanden, machtlos und immer wieder auch wütend fühlt: Wir reden uns den Mund fusselig, und die neoliberale westliche Politik und Wirtschaft ergreifen noch immer unzureichende Maßnahmen, um gegen den voranschreitenden Klimawandel und seine verheerenden Folgen anzukämpfen. Seit Jahrzehnten wissen wir über die Auswirkungen unserer umweltschädlichen Produktionsweisen Bescheid, doch die Stimmen der Expertinnen und Wissenschaftler werden weiterhin ignoriert – die Krise wird nicht ansatzweise ernst genommen. Dabei ist der Klimawandel auch in unseren Breitengraden längst angekommen: Die heimischen Gletscher sind nicht mehr zu retten, immer häufiger kommt es zu Überschwemmungen, und ein Hitzerekord jagt den nächsten. Seit Jahren scheitern Österreich und Europa kläglich daran, die Ziele des Pariser Klimaabkommens zu erfüllen. Als einziges Land Europas hat Österreich kein wirksames Klimaschutzgesetz – die gesamte Thematik wird selbst von unserem Bundeskanzler verharmlost und ins Lächerliche gezogen. Doch die wahren Verlierer*innen dieser Klimakrise und unseres Wirtschaftssystems sind – in erster Instanz – andere. Sie sitzen auf ihren ausgetrockneten Feldern im Globalen Süden und warten auf Regen – vergeblich. Während anderswo der Meeresspiegel steigt und ganze Inselgruppen überflutet und somit unbewohnbar macht, berauben extreme Dürren in anderen Erdteilen den Menschen ihrer Lebensgrundlage.

Einfach ausgedrückt: Die industrialisierten Länder expandieren und beuten unseren Planeten – vor allem den Globalen Süden – aus, um die größtmögliche Profitmaximierung zu erzielen und den Menschen im Globalen Norden ein Leben in materiellem Luxus zu ermöglichen. Auf wessen Kosten das geschieht, kümmert niemanden. So produzieren wir nicht nur billig im

Ausland, wir verlagern auch unsere Emissionen in diese Länder. Unser Müll wird nach Afrika geschifft und dort verbrannt, die Menschen dort tragen gravierende Gesundheitsschäden davon. Um nur ja nichts an unserer Produktionsweise ändern zu müssen, kaufen wir sogar ihre saubere Luft, um sie verschmutzen zu können (der sogenannte Zertifikatehandel). Fakt ist, dass Millionen von Afrikaner*innen in nur wenigen Jahren keine Lebensgrundlage in ihren eigenen Ländern mehr haben werden. Logischerweise wird ihnen keine andere Möglichkeit bleiben, als nach Europa zu fliehen, um überleben zu können. Wenn die Klimakrise nicht auf der Stelle ernst genommen und bekämpft wird, werden am Ende dieses Jahrhunderts in Afrika und Asien eine Milliarde Menschen an den Folgen von Dürren und Hunger sterben. In den kommenden Jahrzehnten wird die Heimat von zahlreichen Menschen im Meer versunken sein. Beispielsweise werden die Malediven komplett verschwunden sein, was momentan unvorstellbar zu sein scheint. Durch die Erwärmung der Meere dehnt sich das Wasser aus. Zusätzlich schmelzen Gletscher, und der Meeresspiegel steigt unaufhörlich. In absehbarer Zeit werden Millionen von Afrikaner*innen und Asiat*innen – sogenannte Wasserflüchtlinge – auf unseren Kontinent fliehen, weil ihnen in ihrer Heimat jegliche Lebensgrundlage genommen wurde.

Es ist fraglich, wie Europa reagieren wird, nachdem wir schon 2015/16 mit der »Flüchtlingskrise« maßlos überfordert waren, wenn plötzlich Millionen von Menschen eines ganzen Kontinents emigrieren müssen, weil ein Überleben dort – verursacht durch die reichen Industriestaaten – schlicht und einfach nicht mehr möglich ist. Was wird ein Europa tun, das heute schon mit der Situation an den EU-Außengrenzen überfordert ist? Eine EU, die heute bereits Tausende Flüchtlinge im Mittelmeer sehenden Auges ertrinken lässt? Es sollte also im Interesse aller europäischen Staaten sein, die Hilfe vor Ort drastisch auszubauen. Denn es sind die zunehmenden sozialen und ökonomischen Spannungen und die durch den Klimawandel, den ungerechten Ressourcenverbrauch und die jahrhundertelange Ausbeutung hervorgerufene Ungleichheit, die eine akute Bedrohung darstellen als die ökologischen Auswirkungen der Klimakrise selbst. Das heißt im Klartext, dass die Menschheit höchstwahrscheinlich nicht aufgrund schmelzender Gletscher, des steigenden Meeresspiegels, der unerträglichen Hitze und unvorstellbarer Dürren oder Naturkatastrophen aussterben wird, sondern schon zuvor, durch Völkerwanderungen und Kriege um natürliche Ressourcen. Selbst wenn wir im Kampf gegen den Klimawandel erfolgreich sein sollten, selbst wenn wir uns dazu durchringen könnten, ohne Rücksicht auf wirtschaftliche Interessen die richtigen Maßnahmen zu ergreifen, wird es eine sehr lange Zeit dauern, bis diese Maßnahmen greifen. Die sozialen und ökonomischen Ungleichgewichte würden bestehen bleiben, der Regen in Ostafrika würde nicht über Nacht zurückkehren, und die schnell wachsende afrikanische Bevölkerung würde noch zu lange von Klimakatastrophen bedroht sein. Daher reichen die Maßnahmen gegen den Klimawandel nicht aus. Es müssen gleichzeitig Maßnahmen gegen die globalen sozialen und ökonomischen Ungleichgewichte gesetzt werden. Der Zusammenhang ist evident. Es wäre an der Zeit, den Reichtum, der jahrhundertelang durch Ausbeutung geschaffen wurde, endlich zu teilen.

Unser Wirtschaftssystem, wie wir es aus den letzten Jahrzehnten (und in einer differenzierten, aber im Prinzip ähnlichen Form schon seit Jahrhunderten) kennen, basiert auf Ausdehnung, Maximierung und Ausbeutung. Hinter verschlossenen Türen herrschen miserable, menschenunwürdige Arbeitsbedingungen, und in den großen Fabriken kommt es zu Kinderarbeit und zur Ausbeutung der Angestellten. Große Unternehmen zahlen wenig bis keine Steuern und bedienen sich umweltschädlicher, unethischer Produktionsweisen – sind also wahre Klimasünder*innen. Nicht zu sprechen von den Kriegen um die natürlichen Ressourcen, wie etwa seltene Erden, Koltan und Lithium. Unternehmer wie Elon Musk und Jeff Bezos werden als Propheten und Tech-Rockstars gefeiert. Ist es nicht vollkommen evident, dass unter anderem solche Einzelpersonen die Klimakatastrophe maximal befeuern? Und anstatt ihre Emissionen auszugleichen oder zurückzuschrauben, schicken sie nebenbei noch ein paar Raketen ins Weltall. Auch schon egal, oder? Oder wissen sie ganz genau, wie es wirklich um unsere Erde steht, und wollen deshalb so krampfhaft Kolonien auf einem anderen Planeten entstehen lassen? Das Boot also erst überfüllen und dann das sinkende Schiff möglichst schnell verlassen?

Wieso werden diese Menschen nicht zur Verantwortung gezogen? Wenn wir genau hinsehen und unverblümt der Realität der Tatsachen ins Auge blicken, müssen wir erkennen, dass unsere wirtschaftliche Ausdehnung den absoluten Gegenpol zu Klimaschutz darstellt. Wenn die

Wirtschaft beziehungsweise die Regierungen der Welt ernsthaft am Aufhalten der Klimakrise interessiert wären, müssten sie einen sofortigen wirtschaftlichen »Degrowth«, also ein sich verringerndes Wirtschaftswachstum, vorantreiben. Alle aktuellen Krisen dieser Welt entstehen, weil Menschen Profit machen wollen. Die Gier ist die Wurzel des Problems. Armut? Krieg? Die Klimakatastrophe? Bankenkollaps und Inflation? Diese Probleme passieren nicht einfach, sie stoßen uns nicht zu, sie sind menschengemacht. Es ist an der Zeit, dass Volksvertreter*innen, die wahren Entscheidungsträger*innen und die Großkonzerne realisieren, dass wir alle im selben Boot sitzen. Sie sind aber kurzsichtig und sehen bloß den schnellen Profit. Der Klimawandel ist die größte Bedrohung, das größte, alles umfassende Problem unserer Zeit. Und wem ist er geschuldet? Unserer Unersättlichkeit.

Wir hätten zwar genug Ressourcen, um alle Menschen dieser Welt zu sättigen, doch nicht für jedermanns Gier. Der uneingedämmten Expansion stehen planetare Grenzen entgegen, was Konzerne wie Nestlé, Coca-Cola und H&M noch immer nicht anerkennen wollen. Ebenso wenig wie die Armut, den Hunger und das Sterben von Hunderten Millionen Menschen, bedingt durch den menschengemachten Klimawandel. Einer neuen Oxfam-Studie zufolge wären bloß sage und schreibe 2,9 Prozent (!) der jährlichen G7-Militärausgaben nötig, um den weltweiten Hunger zu beenden.[1] Wie kann es sein, dass es scheinbar immer genug Geld für Kriege und Bomben gibt, aber nicht für den Kampf gegen Hunger und Elend? Mit 33 Milliarden Euro, weniger als drei Prozent ihrer Militärausgaben, hätten die sieben Staaten die Macht und die Möglichkeit, den gesamten Hunger der Welt zu eliminieren. Seit Jahrzehnten hätten wir ebenfalls die Ressourcen und das Know-how, um dem Klimawandel entgegenzuwirken – doch wie beim Thema Hunger ist das Aufrüsten im Jahre 2024 wichtiger als der Kampf gegen die größte Krise, die uns Menschen jemals bevorstand. Die absolute Dinglichkeit ist immer noch nicht bei unseren Machthaber*innen und einem großen Teil der Bevölkerung angekommen. Aktivist*innen werden weiterhin ins Lächerliche gezogen, beschimpft oder sogar eingesperrt. Sie sind die Einzigen, die den Ernst der Lage wirklich verstehen und entsprechend handeln – für alle von uns. Sie werden als die wenigen in die Geschichtsbücher eingehen, die die Situation wahrlich erfasst haben und dann auch in Aktion getreten sind.

Aber wie gesagt, ist die Klimakrise auch eine soziale Frage, die eine – wie es der Club of Rome in seinem »Big Leap«-Szenario beschreibt – drastische Veränderung, einen umfassenden Systemwandel verlangt. Es liegt in den Händen unserer jungen Generation, nicht in die Falle der Korruption, der Lähmung und der Apathie zu verfallen, sondern gemeinsam aufzustehen, aktiv zu werden, zu kämpfen und nicht aufzugeben, bis sich eine sichtbare Veränderung abgezeichnet hat. Wir brauchen jetzt akute Veränderung, akute Maßnahmen auf Staaten-, EU- und UN-Ebene, um unsere immens klimaschädlichen Produktionsweisen, den Overtourism, den Verkehrssektor, die Fleisch-, Fisch- und Fast-Fashion-Industrie wie natürlich auch den Agrarsektor und vor allem die Gas- und Ölindustrie gewaltig einzudämmen und auf nachhaltige Lösungen umzusteigen. Doch auch jede und jeder von uns kann seinen oder ihren CO_2-Haushalt im Blick behalten und selbst verwalten. Wie würde der Planet heute aussehen, wenn wir alle unseren Fußabdruck gemeinsam minimieren würden? Wenn jede und jeder aktiv abwägen würde, worauf er oder sie verzichten kann und worauf nicht? Wenn wir es alle schaffen würden, unseren Verbrauch in einem gewissen vorgegebenen Rahmen zu halten, könnten wir einen nachhaltigen Impact haben und mehr oder weniger uneingeschränkt und ohne schlechtes Gewissen leben.

Leider funktioniert das in der Realität so nicht. Der Gedanke des freiwilligen Verzichts bleibt utopisch. Im öffentlichen Diskurs und in unseren gängigen Medien wird überwiegend die Meinung vertreten, dass der Klimawandel von unseren persönlichen Entscheidungen abhänge. Wenn wir alle freiwillig auf Überkonsum, Übermobilität, Übertourismus und nicht nachhaltig produzierte Lebensmittel und Kleidung verzichten würden, könnten wir den Klimawandel stoppen. Das ist so aber nicht ganz richtig. Was wir nämlich auch brauchen, sind staatlich gelenkte Maßnahmen, die dafür sorgen, dass die breite Allgemeinheit ein sozial gerechtes CO_2-Budget einhält, das die Erreichung der Klimaziele mit Sicherheit gewährleistet. Freiwilligkeit funktioniert dabei leider nicht, der Mensch ist zu träge, zu egoistisch und zu sehr auf seinen Profit bedacht. Ohne klar vorgegebene Reglementierungen, die einzuhalten sind, werden wir leider keine Verbesserung der Situation erreichen.

Um diese dringend notwendige Veränderung voranzutreiben, ist es heute umso wichtiger für die junge Generation, von ihrem Wahlrecht Gebrauch zu machen und Repräsentantinnen und Repräsentanten zu wählen, die ihre Werte und Zukunftsvisionen in den Parlamenten dieser Welt vertreten. Politik geht uns alle etwas an, denn Politik ist überall. Nur durch politischen und gesellschaftlichen Wandel könnten wir unser alteingesessenes, verstaubtes und umweltschädliches System revolutionieren. Es geht um Kipppunkte, um essenzielle Entscheidungen und Regulierungen in den Debatten um den Klimawandel, die Migration, Gleichberechtigung und soziale Gerechtigkeit, die jetzt (!) gehandhabt werden müssen.

»Wir leben in trivialen Zeiten. Darum zählen jede Stimme, jede Diskussion und jeder Appell an die Menschlichkeit und den Verstand.«[2]

Zur Zukunft der globalen Ökonomie

Daniel Deimling

Nach dem Abitur und einer Winzerlehre gelangte ich im Studium der Weinbetriebswirtschaft Anfang der 2000er-Jahre über verschlungene Pfade zur Kapitalismuskritik. Das Buch *Marx lesen!* von Robert Kurz brachte mich dazu, das letzte Semester meines Bachelorstudiums damit zu verbringen, *Das Kapital* von Marx zu lesen. Seither war und ist nichts mehr, wie es war. Man kann den Kapitalismus nach meiner Erfahrung erst gänzlich verstehen, wenn man Marx gelesen hat. Ich gehöre zur Gruppe der Wertkritiker – ich teile also die Marx'sche Analyse und Kritik des Kapitalismus, ohne alle politischen Implikationen zu teilen. Das Privateigentum an Produktionsmitteln und den Gegensatz von Kapital und Arbeit halte ich für das Grundproblem des Kapitalismus und die Ursache der multiplen Krise, mit der wir uns heute konfrontiert sehen. Meine Systemkritik mischt sich (da der Kapitalismus aller Voraussicht nach nicht in absehbarer Zeit zusammenbrechen wird) mit Ansätzen, die das Ziel haben, das bestehende System gerechter und ökologischer auszurichten, darunter die Postwachstumsökonomie, die solidarische Ökonomie und die integrative Wirtschaftsethik. Zwei Jahrzehnte Lektüre der Zeitschrift *Konkret* haben mich für den linken Antisemitismus sensibilisiert, weshalb meine Kapitalismuskritik ausdrücklich nicht auf eine wie auch immer geartete Kritik einer mächtigen Elite hinausläuft, sondern die Dynamik und Logik des Systems analysiert. Marx hat das Kapital nach meiner Lesart als metaphysische Entität begriffen, die Bourgeoisie und Proletariat gleichermaßen unter ihre Kontrolle bringt. Vor diesem Hintergrund sind die folgenden Ausführungen zu verstehen:

Die Klimaforschung sowie der Weltklimarat prophezeien auf Basis wissenschaftlicher Daten, dass die Erde bis Ende des Jahrhunderts für den Menschen weitgehend unbewohnbar wird. Die Wahrscheinlichkeit, dass wir das Zwei-Grad-Ziel einhalten, wurde bereits im Jahr 2017 auf nur noch fünf Prozent beziffert. Wahrscheinlichstes Szenario war damals eine Erderwärmung von 3,2 Grad. Im sechsten Sachstandsbericht des Intergovernmental Panel on Climate Change, der 2022 vorgestellt wurde, war erstmals zu lesen, dass wir das Zwei-Grad-Ziel nicht einhalten werden. Im schlimmsten Fall steuern wir bis 2100 auf eine Erderwärmung von 3,3 bis 5,7 Grad zu. Großräumige Zivilisationen sind dann nicht mehr möglich. In einer atemberaubenden Geschwindigkeit haben wir seit Beginn der Industrialisierung den Planeten geplündert und alles, was sich verbrennen ließ, aus dem Boden geholt und verfeuert (Öl, Kohle, Gas). Fast drei Viertel der Erdoberfläche sind vom Menschen bereits umgewandelt, bebaut, versiegelt, umgepflügt und verformt, weshalb in der Wissenschaft mittlerweile vom Anthropozän gesprochen wird. Nicht nur der Klimawandel, sondern auch der Verlust an fruchtbarem Boden, das Artensterben und die Überschreitung der planetaren Grenzen bedrohen die menschliche Lebensgrundlage. 2023 veröffentlichten die Vereinten Nationen einen Sachstandsbericht, der zu dem Ergebnis kommt, dass seit 2015 bei lediglich 15 Prozent der Sustainable Development Goals (SDGs) Fortschritte erzielt wurden. Bei den restlichen 85 Prozent gibt es keine Verbesserung, oder es wurden seit 2015 sogar Rückschritte verzeichnet.

Wir Deutschen bilden uns gerne ein, dass wir beim Thema Nachhaltigkeit eine Vorreiterrolle einnehmen. Ein Blick auf die Zahlen verschafft hier Klarheit: Wenn alle so lebten wie die Deutschen, bräuchten wir nach aktuellem Stand die Ressourcen von mehreren Erdbällen. Wir leben ganz und gar nicht nachhaltig, sondern auf Kosten der anderen. Laut Klimarahmenkonvention der Vereinten Nationen muss der Pro-Kopf-Verbrauch an CO_2-Äquivalenten weltweit unter 2,5 Tonnen pro Jahr und Person sinken. In Deutschland werden durchschnittlich pro Kopf und Jahr über zehn Tonnen CO_2-Äquivalente emittiert. Das heißt, dass der Konsum quer durch alle Bereiche um 75 Prozent sinken müsste, um innerhalb der planetaren Grenzen zu bleiben, wovon wir Lichtjahre entfernt sind. Wenn wir jetzt wenigstens sagen könnten, dass uns die epische Ressourcenverschwendung, bedingt durch unseren Hyperkonsum, glücklich gemacht hätte, wäre es ja noch verständlich, aber die Lebenszufriedenheit in den Industrieländern, auch in Deutschland, hat in den letzten Jahrzehnten abgenommen. Wir zerstören unsere Lebensgrundlage durch unsere Maßlosigkeit und werden unglücklich dabei. Ökonom*innen, die in Anbetracht dieser Tatsache für Postwachstum und Deindustrialisierung eintreten, wird reflexartig vorgehalten, dass beides zu drastischen Wohlstandsverlusten führe. Dieser Einschätzung liegt ein fundamentales Missverständnis zugrunde: das Missverständnis, dass die industrielle Massenproduktion ein effizientes Versorgungssystem sei. Das Gegenteil ist der Fall: Das heutige Industriesystem ist in hohem Maße ineffizient, verschwenderisch und ökonomisch unvernünftig. Die Massenproduktion bringt zwar mehr Waren hervor, aufgrund der minderwertigen Qualität und der kurzen Lebensdauer bedeutet dies jedoch nicht das Erlangen eines höheren Lebensstandards oder von mehr Zufriedenheit, wie Leopold Kohr bereits in den Siebzigerjahren feststellte. Während früher Schuhe so produziert wurden, dass sie ein Leben lang getragen werden konnten, werden heute milliardenfach billige Treter hergestellt, die nach zwei Jahren kaputt sind und weggeworfen werden. Jährlich werden über 20 Milliarden Paar Schuhe produziert. In den Industrieländern beträgt der jährliche Pro-Kopf-Verbrauch an Schuhen vier bis fünf Paare. Allein in Deutschland werden jedes Jahr über 380 Millionen Paar Schuhe weggeschmissen, das sind fast fünf Paar Schuhe pro Person.

Wir verschwenden im globalen Maßstab Ressourcen und Energie, um eine absurde Menge minderwertiger Produkte herzustellen, die nach kurzer Zeit im Müll landen. Diese Form der Industrie dient keineswegs dem Zweck, unsere Versorgung langfristig effizient sicherzustellen, sondern der Profitmaximierung der transnationalen Konzerne. 60 Prozent der Kleidungsstücke, die jedes Jahr weltweit produziert werden, werden von den Herstellern unverkauft und ungetragen vernichtet. Über die Hälfte der weltweiten Massenproduktion von Kleidung wird direkt für die Müllkippe produziert und nimmt noch nicht einmal mehr den Umweg über die Konsument*innen. Von den 40 Prozent, die den Weg zu dem oder der Konsument*in noch finden, werden 75 Prozent innerhalb der ersten zwei Jahre in den Müll geschmissen. Das bedeutet, dass zwei Jahre nach der Produktion gerade einmal noch zehn Prozent der weltweit produzierten Kleidung existiert. Dabei ist die Herstellung von Kleidung besonders ressourcen- und energieintensiv. Die Produktion eines Kilogramms Baumwollfasern verschlingt 25.000 Liter Wasser. Besonders problematisch daran ist, dass Baumwolle in Weltregionen angebaut wird, in denen Wasser ohnehin knapp ist, was zu verschärfter

Wassernot führt. Und das alles, um Produkte herzustellen, die auf den Müllhalden der Industriegesellschaft landen.

Das Umweltbundesamt kommt in einer Studie aus dem Jahre 2019 zu dem Ergebnis, dass die Lebensdauer der meisten Gebrauchsgüter in den letzten Jahrzehnten zurückgegangen ist (durch verschiedene Formen der geplanten Obsoleszenz). Die Industriegesellschaft nutzt ihr Know-how nicht, um die Gebrauchsgegenstände besser und langlebiger zu machen, sondern um sie zu verschlechtern. Der Begriff der »Wegwerfgesellschaft« ist keineswegs eine Übertreibung, sondern eine adäquate Zustandsbeschreibung. Ökonomie bedeutet Haushaltung, vernünftiges Haushalten bedeutet, sparsam mit den vorhandenen Ressourcen umzugehen und sie sinnvoll und rational einzusetzen. In Anbetracht der globalen Ressourcenverschwendung im Spätkapitalismus von einer »Ökonomie« zu sprechen, ist daher eine Anmaßung. »Dysökonomie« oder »Anökonomie« sind die passenderen Begriffe für das System, das wir geschaffen haben. Nur ein Pfadwechsel und eine Besinnung darauf, was Ökonomie im eigentlichen Wortsinne bedeutet, werden das Überleben der Menschheit sichern. Das übergeordnete Ziel dieses Pfadwechsels muss sein, die Befriedigung der gesellschaftlichen Bedürfnisse auf die ressourcenschonendste Weise zu organisieren. Ein solches System ist gekennzeichnet durch kleinteilige ökonomische Strukturen, regionale Wertschöpfungsketten und ein hohes Maß an lokaler Selbstversorgung. Hierzu bedarf es einer Deglobalisierung und Reregionalisierung der Wirtschaft. Regionale Resilienz, Suffizienz und Subsistenz stehen fortan im Fokus der gesellschaftlichen und ökonomischen Entwicklung. Kohle, Öl und Gas bleiben zukünftig zu großen Teilen im Boden. Die energieintensive, industrialisierte Landwirtschaft, die durch die Zerstörung von Ökosystemleistungen alleine in Deutschland jährlich 90 Milliarden Euro an externen Kosten verursacht, wird in einem groß angelegten Strukturwandelprogramm in kleinbäuerliche, solidarische Strukturen überführt, die durch ökologische Bewirtschaftung, den Verzicht auf synthetische Dünge- und chemische Pflanzenschutzmittel sowie artgerechte Tierhaltung geprägt sind.

Durch massive staatliche Investitionen wird ein dichtes Netz an öffentlichen Verkehrsmitteln im Nah- und Fernverkehr geschaffen, deren Nutzung fortan kostenfrei ist. Der motorisierte Individualverkehr wird Stück für

Stück abgeschafft. Grundsätzlich geht die Produktion, so wie Erich Fromm es gefordert hat, von Gütern für den individuellen Gebrauch über zur Produktion von Gütern für den öffentlichen Gebrauch. Da privater Reichtum, empirisch belegt, sowohl zu einem exorbitanten Ressourcenverbrauch als auch zu einem exorbitanten CO_2-Ausstoß führt, wird das Privatvermögen auf eine halbe Million Euro begrenzt. Grund und Boden werden inklusive des darauf stehenden Wohnraumes verstaatlicht, die vorigen Eigentümerinnen und Eigentümer werden angemessen entschädigt. Eine bestimmte Quadratmeterzahl pro Person ist fortan gratis, wer auf größerem Raum leben möchte, muss dafür bezahlen. Alle Unternehmen werden zu demokratisch organisierten Genossenschaften und gemeinnützigen Stiftungen umfirmiert, die eine überschaubare Größe haben. Es gibt kein Privateigentum an Produktionsmitteln mehr, sondern nur noch Kollektiveigentum (nicht gleichzusetzen mit Staatseigentum). Die gesellschaftlichen Folgekosten (auch: externe Kosten), die durch die unternehmerische Wertschöpfung entstehen, werden von den Unternehmen selbst getragen, wodurch eine ökologisch-soziale Ausrichtung zum Vorteil wird. Die Besteuerung von Arbeit weicht einer progressiven Besteuerung von Ressourcen und Energie mit dem Ziel, Input und Output der Unternehmen auf ein verträgliches Maß zu senken und den Einsatz menschlicher Arbeitskraft zu fördern.

Unternehmen mit hohem Ressourcen- und Energieverbrauch verschwinden nach und nach vom Markt, da sie aufgrund der progressiven Besteuerung nicht mehr konkurrenzfähig sind. Notwendige Güter werden in kleinen und mittleren Unternehmen unter erhöhtem Einsatz menschlicher Arbeitskraft und vermindertem Einsatz von Energie und Material so produziert, dass sie die Bedürfnisse möglichst dauerhaft befriedigen. Das Ziel der langfristigen Güterversorgung bei gleichzeitiger Ressourcenschonung gebietet es, dass Gebrauchsgüter in hoher Qualität maximal langlebig und reparaturfähig hergestellt werden. Die Wertschöpfung der Unternehmen verlagert sich dadurch Stück für Stück von der Neuproduktion auf produktbezogene Dienstleistungen wie Instandhaltung, Überarbeitung und Upcycling der Produkte. Die durchschnittliche Arbeitszeit sinkt, wie es sich bereits John Maynard Keynes und Oswald von Nell-Breuning vorgestellt haben, auf zehn bis 15 Stunden pro Woche. Die gemeinsame Wertschöpfung der Kollektivunternehmen wird so verteilt, dass jede und jeder von der eigenen Erwerbsarbeit auskömmlich leben kann. Die Gehaltsspreizung in den Unternehmen wird auf 1:5 begrenzt. Ein bedingungsloses Grundeinkommen kann eine Reduktion der Arbeitszeit auf wenige Stunden pro Woche sinnvoll ergänzen. Dieser Pfadwechsel hin zu einer Ökonomie, die ihren Namen verdient hat, ist sowohl kulturell als auch technisch wie auch finanziell umsetzbar. Die Realisierung scheitert an den mentalen Infrastrukturen, weil wir uns, um Marc Fisher zu paraphrasieren, immer noch eher das Ende der Welt als das Ende des Kapitalismus vorstellen können.

Militär, Krieg und Klima – eine unheilvolle Melange

Hermann Theisen

»Zu Risiken und Nebenwirkungen lesen Sie die Packungsbeilage und fragen Sie Ihren Arzt oder Apotheker« lesen wir in den Beipackzetteln unserer Medikamente und hören wir regelmäßig in (atemberaubender und fast nicht mehr zu verstehender Geschwindigkeit) in Werbespots von pharmazeutischen Unternehmen, um uns nicht vergessen zu lassen, dass jedes – und wirklich auch jedes – Medikament zu unerwünschten Nebenwirkungen führen kann. Der Beipackzettel enthält standardmäßig eine genaue Beschreibung des Arzneimittels und informiert Patient*innen über die sachgemäße Anwendung des Arzneimittels, aber eben auch über seine potenziellen Nebenwirkungen. Für das Militär und die Rüstungsindustrie sind solche Beipackzettel (leider) nicht vorgesehen, obwohl seine Nebenwirkungen – vor allem in Kriegen – für uns alle doch sehr beträchtlich sind, das gilt für die Herstellung von Waffen und insbesondere für kriegerische Auseinandersetzungen, die zwangsläufig desaströs dramatische Folgen für unser Klima haben.

Angesichts der aktuellen Kriege und globalen Konflikte sind die weltweiten Militärausgaben im vergangenen Jahr (wieder) auf ein Allzeithoch gestiegen. Sie stiegen 2023 nach Angaben des Stockholmer Friedensforschungsinstituts SIPRI auf 2.443 Billionen US-Dollar, was einem neuen Rekordwert entspricht. In der Rangliste landet Deutschland dabei auf Platz sieben. Weltweit investieren die Staaten so viel Geld in ihre Streitkräfte wie nie zuvor. Demgegenüber haben Wissenschaftler:innen des Fachjournals *Science* berechnet, dass aktuell 1,5 Billionen US-Dollar jährlich in den Klimaschutz fließen müssten, um die Vorgaben des Pariser Klimaabkommens zu erfüllen.

Nachfolgend eine Übersicht über die dysfunktionalen und damit nicht zu verantwortenden Auswirkungen von Militär, militärischen Auseinandersetzungen und Kriegen auf unser Klima – die Angaben stützen sich insbesondere auf Untersuchungen der IPPNW (Internationale Ärzte und Ärztinnen für die Verhütung des Atomkrieges und in sozialer Verantwortung, Berlin):[1]

Zerstörung der Umwelt

In jedem Krieg werden Menschen getötet und Lebensräume verwüstet. Militärübungen und Kriegseinsätze verschmutzen Gewässer, Böden, Luft, beanspruchen riesige Flächen und verursachen so erhebliche Langzeitfolgen. So hat die Zerstörung des Kachowka-Staudamms im Rahmen des Ukrainekriegs zu einer regionalen Umweltkatastrophe geführt, die auch die globale Ernährungssicherheit massiv bedroht hat. Die Anzahl der Waldbrände in der Ukraine hat sich 2022 im Vergleich zum Vorjahr um das 36-Fache erhöht. Mehr als 8.500 Schiffswracks liegen in den Tiefen der Ozeane, ein großer Teil versenkt im Zweiten Weltkrieg. Sie rosten und setzen so Millionen Tonnen Treibstoff, Rohöl und Schiffsdiesel frei. Unter den Spätfolgen der stark krebserregenden Chemiewaffe »Agent Orange« im Vietnamkrieg leiden noch heute viele Menschen. Selbst der Einsatz nur eines Bruchteils der vorhandenen atomaren Waffenarsenale würde nach Erkenntnissen von Wissenschaftlerinnen und Wissenschaftlern einen »atomaren Winter« und damit eine Umweltkatastrophe bisher unbekannten Ausmaßes auslösen, was eine globale Hungersnot zur Folge hätte. Unser Planet wäre damit für Menschen und viele Tiere auf unabsehbare Zeit nicht mehr bewohnbar.

Abhängigkeit von fossiler Energie

Der Betrieb von militärischen Stützpunkten, von Übungen und Kampfeinsätzen und die Logistik des Militärs basiert auf fossilen Energieträgern. Dementsprechend ist das US-Militär einer der größten institutionellen Einzelverbraucher fossiler Brennstoffe weltweit, 2016 verbrauchte es 350.000 Barrel Öl pro Tag. In den letzten Jahren geben nationale Militärs wie auch die NATO vermehrt an, ihren CO_2-»Stiefelabdruck« reduzieren zu wollen. Doch Sicherheitsstrategien und Bündnispapiere sind wenig überzeugend. Es bleibt »nationales Sicherheitsinteresse« (auch der Bundesregierung), den Zugang zu Rohstoffquellen und die Transportwege zu sichern. Rohstoffe und vor allem Energieressourcen sind ein wichtiger Auslöser, Katalysator und aufrechterhaltender Faktor von Kriegen – parallel zementieren sie unsere Abhängigkeit von Diktaturen und kriegsbefürwortenden staatlichen und nicht staatlichen Akteurinnen und Akteuren. Statt Aufrüstung und fossile Industrie sollten deshalb erneuerbare Energien und eine damit einhergehende sozialökologische Transformation den Vorrang haben.

Auswirkungen auf das Klima

Militär und Rüstung haben einen enormen CO_2-Stiefelabdruck. Allein das US-Verteidigungsministerium verzeichnete 2017 einen höheren Treibhausgasausstoß als Länder wie Dänemark oder Schweden. Ein russisches SU34-Kampfflugzeug stößt pro Flugstunde zwischen 30 und 32 Tonnen CO_2 aus. Die von der Bundeswehr eingesetzten Eurofighter verbrauchen 3.500 Kilogramm Treibstoff pro Flugstunde, was elf Tonnen CO_2-Äquivalenten entspricht. Das ist mehr als der jährliche CO_2-Fußabdruck eine*r Bundesbürger*in. Nach Berechnungen von Wissenschaftler*innen entstanden während der ersten zwölf Monate des Ukrainekrieges 119 Millionen Tonnen CO_2, das entspricht etwa dem, was Belgien im gleichen Zeitraum verursacht hat.

Unverantwortbare Kosten

Im Bundeshaushalt 2023 stehen etwa 50 Milliarden Euro für das Verteidigungsministerium zur Verfügung, womit Deutschland den größten Verteidigungsetat der EU hat. Weitere 100 Milliarden Euro wurden im Grundgesetz verankert, und wenn das Zwei-Prozent-Ziel der NATO (zwei Prozent des Bruttoinlandsprodukts sollen demnach für die Verteidigung ausgegeben werden) erfüllt wird, werden die Ausgaben noch weiter steigen. Geld, das an anderer – sozialer – Stelle fehlt. Die NATO-Rüstungsausgaben von 1,26 Billionen US-Dollar im Jahr 2023 würden für zwölf Jahre versprochener Klimafinanzierung für Länder mit geringen und mittleren Einkommen oder für vier Jahre Klimaschutz- und Klimaanpassungsmaßnahmen in den afrikanischen Ländern ausreichen.

Nicht mehr Sicherheit, sondern mehr Unsicherheit

Militär, Rüstungsindustrie und Krieg zerstören unsere Umwelt als Grundlage menschlicher Sicherheit und tragen ganz wesentlich zur Klimakatastrophe bei. Das beinhaltet in der Folge zwangsläufig massive Verstärker von Konfliktfaktoren: Extremwetterereignisse wie Dürren, Überschwemmungen, Stürme und Brände, welche zwangsläufig wiederum zu weiteren Konflikten führen und bestehende verschärfen, vor allem dort, wo Grundrechte von vornherein unzureichend gewährleistet sind. Zum Beispiel führte 2006 bis 2011 die schlimmste Dürre seit 500 Jahren in Syrien zu extremen Ernteausfällen, denen die syrische Regierung und die internationale Gemeinschaft völlig unzureichend entgegenwirkten, was weitere dortige Konflikte und Unruhen nach sich zog. Statt Klimaschutz, Klimaanpassung und die Reparation von Schäden und Verlusten voranzutreiben, verstärkt sich so aber auf unheilvolle Weise die Aufrüstungsspirale. Davon profitiert die Rüstungsindustrie immens, die auch Waffen in Länder liefert, die stark von der Klimakrise betroffen sind.

Militärs und Rüstungsindustrie sind verantwortungslos

Die Rolle von Militär, Rüstungsindustrie und militärischen Auseinandersetzungen für den Klimawandel werden sowohl von Regierungen als auch vom Weltklimarat systematisch ausgeblendet. Schon im Kyoto-Protokoll (1997) und im Pariser Klimaschutzabkommen (2015) blieb der CO_2-Stiefelabdruck des Militärs ausgespart. Wissenschaftliche und zivilgesellschaftliche Kritik werden durch das Fehlen von Daten systematisch behindert. Staaten und Rüstungskonzerne verweigern nach wie vor Transparenz und verschanzen sich hinter fehlenden Berichtspflichten und dem Schutz der nationalen Sicherheit. Die Erfassung und transparente Veröffentlichung des CO_2-Stiefelabdrucks militärischer Aktivitäten ist hingegen von zentraler Bedeutung für eine effektive Klimaschutzstrategie, denn: Nichts ist umwelt- und klimaschädlicher als ein Krieg.

Klimawandel als Kriegstreiber

Gleichzeitig gilt als unbestritten, dass der Klimawandel weitreichende Folgen für die Stabilität von Ländern (vor allem des Globalen Südens) hat, die nicht selten in kriegerische Auseinandersetzungen münden. Bereits 2019 veröffentlichte der US-amerikanische Politikwissenschaftler Michael T. Klare einen Text, in dem er der Frage nachgeht, inwieweit der Klimawandel als ein ganz entscheidender »Bedrohungsmultiplikator« gesehen werden muss.[2] Die Auswirkungen des Klimawandels und der Einfluss der Erderwärmung auf Ökosysteme und menschliche Lebensräume würden realitätsnah wahrgenommen, so Klare, jedoch werde der Zusammenhang zwischen bewaffneten Konflikten und von Migration in den vom Klimawandel am meisten betroffenen Regionen der Erde vollkommen unterschätzt. Das habe sich gerade auch im Syrienkonflikt gezeigt: Eine extreme Dürre hatte die syrische Landwirtschaft zwischen 2007 und 2008 besonders hart getroffen und Tausende verarmte Bauern in ohnehin überfüllte Städte getrieben. Dort erhielten sie kaum Unterstützung vom Assad-Regime und engagierten sich schlussendlich in regierungskritischen Protesten, nicht wenige von ihnen hätten in der Folge aus Syrien fliehen müssen.

Klimawandel ist militärisch nicht besiegbar

In der Studie zur »Strategie Verteidigung und Klima des Bundesverteidigungsministeriums«[3] betrachtet Bundesverteidigungsminister Boris Pistorius den Klimawandel als »zentrale Herausforderung für die Menschheit«, die unsere Welt tiefgreifend verändere. In der Studie heißt es: »Die Auswirkungen des Klimawandels – wie zunehmende Temperaturextreme, das Schmelzen von Eisflächen und Auftauen von Permafrostböden, der Anstieg des Meeresspiegels, Desertifikation oder die zunehmende Häufigkeit und Intensität von Extremwetterereignissen – verändern die Lebensgrundlagen von Menschen auf der ganzen Welt und werden sie an verschiedensten Orten weltweit auch bedrohen. Als Katalysator von Risiken und Konflikten wird der Klimawandel potenziell bestehende Konfliktlagen verschärfen und soziale Unruhen, Instabilität und damit einhergehende Migrationsströme verstärken. Er hat zudem geopolitische Implikationen, wie die Öffnung neuer Schifffahrts- und Handelswege in der Arktis, den zunehmenden Wettbewerb um Ressourcen oder den durch die Energiewende perspektivisch steigenden Bedarf an seltenen Erden und alternativen Rohstoffen. Die aufgezeigten Folgen des Klimawandels drohen zunehmend den Nährboden für zukünftige Konflikte und geopolitische Spannungen zu bilden und zu Machtverschiebungen, neuen Konkurrenzverhältnissen und Sicherheitsrisiken zu führen. Sie entfalten damit eine sicherheitspolitische Relevanz und müssen querschnittlich in Analyse, Bewertung und Management von Konflikten einfließen.« – »Wir müssen uns deshalb auf den Klimawandel einstellen und seine Auswirkungen strategisch antizipieren«, so Pistorius.[4]

Die spannende Frage ist nun, wie jene strategische Antizipation aussehen soll. Wenn Antizipationsfähigkeit in Bezug auf den Klimawandel vom Bundesverteidigungsministerium so verstanden wird (wie es leider zu vermuten ist), dass ein Schutz vor den genannten geopolitischen Unbilden – mit all seinen dysfunktionalen Implikationen – vor allem in militärstrategischen Kategorien zu denken (und zu lösen) sein soll, so würden dabei zwei ganz wesentliche Faktoren übersehen werden: zum einen unsere eigene nationale Verantwortung für die klimapolitische Lage unserer Zeit und zum anderen, dass die Vorstellung, große Kriege seien überhaupt noch führbar, einem Denken aus längst vergangenen Zeiten angehört. Das zeigen beispielhaft die aktuellen Kriegsverläufe in der Ukraine und in Israel, um nur zwei Beispiele zu nennen. Denn sie offenbaren eines der großen Rätsel unserer Zeit, wonach es im Ringen um Krieg und Frieden (noch immer) nur die Wahl zwischen Sieg oder Niederlage zu geben scheint, anstatt dass nachgespürt und darüber gestritten wird, welche Optionen zwischen diesen beiden Extrempositionen verfügbar sind. Denn ganz egal, wann und wie die Kriege in der Ukraine und im Nahen Osten auch beendet sein werden: Es wird keine Siegerinnen und Sieger geben. Denn beide Kriege sind mit dem Blick auf ihre bereits eingetretenen und die noch zu erwartenden katastrophalen Kriegsfolgen für sämtliche Kriegsparteien bereits jetzt unabwendbar verloren – militärisch sind beide Kriege nicht zu gewinnen, und zivilisatorisch sind sie schon längst verloren.

Eine nicht militärisch gedachte Antizipationsfähigkeit in Bezug auf den Klimawandel würde indes wahrnehmen und anerkennen müssen, dass die größte globale Bedrohung unserer Zeit der fortschreitende Klimawandel ist und diese epochale Herausforderung nur gemeinsam und zivilgesellschaftlich gelöst werden kann – in weltumspannender Zusammenarbeit. Und eben auch mit Partnern, die wir bisher noch ausschließlich als geopolitische Feinde betrachten – eine tragfähige und dauerhafte Lösung der Herausforderungen des Klimawandels wird ohne sie nicht möglich sein, ob wir das wollen oder nicht.

Ob das wohl alles auf den anfangs erwähnten Beipackzettel passt? Schön wär's schon!

Ein bisschen Grün ist nicht genug

Doreen Brumme

Grün war für mich anfangs nur eine Farbe. Die vorherrschende in meiner Welt – eine Kleinstadt auf dem platten Land mit Wiesen, Feldern und Wäldern drum herum. Mit Bäumen am Straßenrand. Mit Gärten vor und hinter den Häusern. Vorne Blüten, hinten Beete zur Selbstversorgung. Mit Kakteen und Blattpflanzen auf meinem Fensterbrett. Grün war für mich anfangs nur eine Farbe. Eine von vielen. In meinem Farbkasten. Ich brachte sie auf Papier und Leinwand und lernte ihre Nuancen nach und nach kennen und schätzen. Grün war für mich anfangs nur eine Farbe. Immer da. Immer genug. Immer natürlich. Sicher. Selbstverständlich. Nie politisch. Mit 18 wusste ich, dass das Grün in meiner Welt keine Selbstverständlichkeit war. Ich wusste vom Sterben des Waldes. Vom Schwinden unzähliger Arten. Von Umweltverschmutzung, Erderhitzung und Klimawandel – und meinem Anteil daran. Mit dem Umzug aus der kleinen in die große Stadt rückte mein Horizont in weite Ferne. Meist verdeckt von hohen Mauern, Stein auf Stein. Dazwischen: alles zugepflastert. In der Großstadt gilt: Platzverweis für Grün! Nur wohlgeordnet, nicht mehr wild. Das Grün in meiner Welt nahm ab – meine Sehnsucht danach zu. Ich erkannte beim Leben meines Lebens immer mehr, wie ebendieses läuft und was seinen Lauf bestimmt. Grün war uns zu lange selbstverständlich. Wegen dieser Fehlannahme fehlt es inzwischen allerorten. Nichts, was ich hinnehmen kann. Ich will Grün nicht als Ausnahme, sondern als Regel. Für mich. Für dich. Für sie und ihn. Für uns alle. Und so ist Grün für mich nicht mehr nur eine Farbe. Ich machte es mir zu Ziel und Weg. Damit wurde es mein Sinn, meine Aufgabe. Meine Politik. Mein Herz schlägt grün, mein Verstand denkt grün, meine Hand schreibt grün.

 Meine Entscheidung für Grün ist keine von null auf hundert gewesen, keine von Farblos auf Tannengrün, keine von Linie auf Kreis. Nicht gestern noch umweltunbewusst und heute schon bewusst. Nicht eben noch rücksichtslos verschwenderisch und nun nachhaltig wertschätzend. Ich lebe vielmehr viele Grüntöne. Die ganze Palette. Mit jedem Schritt ins Grüne grüner. Denn wie jede und jeder bei einer Entscheidung, die in eine Verhaltensänderung mündet, kämpfe ich. Gegen Gewohnheiten. Sich davon zu lösen, fällt schwer. Mal mehr, mal weniger. Wie das so ist. Über Jahre routiniert. Vom Bewusstsein ins Unterbewusstsein gerutscht. Dort verankert, um Entscheidungen und damit Denkenergie zu sparen. Automatisiert angewandt. So effizient! Das Umschalten von Autopilot auf volles Bewusstsein ist eine Selbstermächtigung, die es braucht, um mein Leben zu vergrünen. Das ist harte Arbeit, die härteste überhaupt. Denn es ist Arbeit an mir. Daran, meinem Willen grünes Licht zu geben. Für grünere Gewohnheiten. Immer wieder gilt es dazu, Eingefahrenes zu erkennen, zu hinterfragen, zu bewerten, zu ändern. In ein und derselben Umgebung, inmitten ein und derselben Menschen – das erschwert das Ganze ungemein. Was mir dabei hilft? Meine Vision. Mein Bild von einer grüneren Welt. Ich mittendrin. Als eine Quelle des Grüns. Das Ziel »Ich will Grün« vor Augen wirkt stärker als ein »Ich will nicht ohne«. Positiv statt negativ. Mein Gehirn fährt darauf ab. Und so finde ich Tag für Tag grünen Ersatz für Alltägliches.

Auf meinem Bioblog berichte ich von meinen Schritten ins Grüne. Von kleinen und großen: Wasser aus der Leitung statt Flaschenwasser aus dem Supermarkt. Stoffservietten statt Servietten aus Papier. Lappen statt Küchenrolle. Gehäkelte Abschminkpads statt Wattepads. Wasser statt Klopapier. Recyceltes Papier statt frischen Fasern. Unverpacktes statt Plastikmüll. Regional statt importiert. Veganes statt toter Tiere. Frisch Selbstgemachtes statt Vorgekochtes. Secondhand statt Neukauf. Grüner Strom statt Kohle-, Müll- und Atomstrom. Nicht fliegen, sondern fahren – mit Tretroller, Bus und Bahn statt Auto. Nicht alles lässt sich mit grünen Alternativen ersetzen. Dann bleibt nur der Abschied. Doch der Verzicht auf dieses und jenes zugunsten von Grün ist kein Rückschritt. Die grüne Zukunft bringt viel Neues. Und eines ist mir inzwischen Gewissheit: Weniger ist mehr. Sich selbst zu beschränken, funktioniert nachhaltig allerdings nur, wenn die grüne Überzeugung da ist. Sie ist der Treibstoff, der mich ans Ziel bringt. Weniger reicht. Mir. Und dir. Ihr. Ihm. Uns. Es ist genug für alle da. Auch ein Großteil meiner Texte, die ich für Geld schreibe, dreht sich inzwischen ums Vergrünen der Welt. Selbst gewähltes Schicksal. Geht. Mein Wille, die Welt grün zu schreiben, findet dank grüner Auftraggeber*innen seinen

Weg. Doch die grüne Informationswelle, die ich mit meiner privaten wie beruflichen Schreiberei stärke, bewirkt kaum Veränderung. Infos und Vorbild allein reichen nicht, um die Menschen um mich herum mitzureißen in Richtung Grün. Mein Vorleben allein motiviert nicht alle. Ignoranz und Arroganz sind gut genährt und stark in uns gewachsen. Die Lücke zwischen Wissen und Machen klafft nach wie vor. Es fehlt vielen an einer Brücke ins Grüne. Erst mit ihr keimt Motivation auf. Und erst mit der grünen Motivation aus dem innersten Inneren heraus lässt sich grüneres Verhalten planen und umsetzen – und dank Wiederholung in Routinen wandeln. Von jeder und jedem. Dranbleiben am grünen Lifestyle ist die große Herausforderung. Mit Geduld. Beharrlichkeit. Und Mut. Das Verändern ist unbequem. Es verunsichert zunächst. Doch mit jedem Schritt grünwärts legen wir mehr Unsicherheit ab.

Als #motherof4 lebe ich vier Kindern Grün vor. Ich gewähre ihnen den Blick aufs Grün in ihrer Welt – ohne rosa Brille. Ich lasse sie sehen. Ihre vielen Warums beantworte ich mit meinen Darums. Ich erkläre ihnen jeden Farbton, jede Verfärbung, jede Verschmutzung. Ich sehe ihre Neugier, ihr Staunen und ihr Wundern beim Erkunden ihrer Welt. Ich sehe auch ihren Schmerz. Ihre Fassungslosigkeit. Ihre Trauer. Ihre Wut. Ich spüre ihr Unverständnis, ihre Verzweiflung, ihre Ohnmacht. Manche Darums verstehe ich selbst nicht, befürworten kann ich sie schon gar nicht. Ich fühle mit, wenn die Angst vor einem Morgen ohne Grün meine Kinder packt und sie heute in ein Grau in Grau zerrt. Ich behalte sie im Auge, wenn sie ins Leere versinken. Ich bin da. Mit Liebe. Obwohl ich weiß, dass sich damit nicht alles bereinigen lässt. Ich bin da. Mit meinem Glauben an die Vernunft des Menschen. Ein Glaube, an dem ich festhalte – trotz meines Durchblicks. Ein Glaube, den ich nähre – trotz des wachsenden Mangels an Grün. Ich bin da. Ich halte mein Fünkchen Hoffnung am Leuchten und spende meinen Kindern an grünem Leitstrahl, was mir möglich ist. Grüne Werte, grüne Überzeugungen, grüne Beispiele. Die volle Kanne Grün. Ich überschütte sie damit. Bewusst. Bedacht. Begründet. Jeder Spritzer Grün zählt. Das ist alltägliches Mühen.

Größte Mühe macht es mir, gegen die sich breit und breiter machende Haltung anzutreten, dass alles immer verfügbar sein muss – und das, ohne dass wir uns groß darum bemühen müssen. Es ist genau diese Haltung, die unsere Gesellschaft in die Knie zwingt. Keine und keiner braucht, was wir glauben, besitzen zu müssen. Wohlstand braucht neue Inhalte: grüne Füllwörter wie Frieden. Freundschaft. Solidarität. Gleichberechtigung. Gesundheit, Nachhaltigkeit. Dieser Alles-muss-immer-verfügbar-sein-Haltung entgegenzutreten, strengt an. Die Konsumwelle, die sie auslöst, ist stark. Sie braucht stärkere Brecher. Jede und jeder kann die Welle brechen. Je eher, desto besser.

Wichtig fürs Standhalten ist zu verstehen, dass dieser Bruch nicht das Ende der Welt bedeutet. Für keine und keinen von uns. Aber: Es ist mit Sicherheit das Ende einer Welt, die Konsum über alles stellt. Das Ende einer Welt, die die Natur rücksichtslos ausbeutet. Das Ende einer Welt, in der wir machen und tun, als wären wir nicht Teil von ihr. Der Bruch mit dieser verheerenden und letztlich selbstzerstörerischen Haltung ist unerlässlich, wenn wir alle überleben wollen. Und das ist von größter Wichtigkeit: Wir sind alle gleich. Jeder und jedem steht ein Platz im Grünen zu. Das Verstehen dessen bringt Verständnis füreinander, ganz gleich, wer wir sind. Aus diesem Verständnis heraus erwachsen Mitgefühl und Verantwortung füreinander. Eine Umverteilung des Wohlstands wird unumgänglich. Diese als gerechtfertigt zu akzeptieren, ist ein Muss. Abstriche hinzunehmen, ebenso. Für jede und jeden. Niemand darf sich mehr wohlfühlen, wenn dieses Wohlgefühl zulasten des Wohlgefühls einer oder eines anderen geht. Grün ist durch und durch politisch. Zweifelsohne. Es ist die Zukunft der Menschheit auf diesem Planeten und der Weg dahin. Grüne Politik muss den Weg weisen, ebnen und säumen – und jeder und jedem zugänglich und gangbar machen. Mit Geboten. Mit Verboten. Die grüne Welt braucht Regeln. Grüne Regeln, die alle Lebewesen auf der Erde gleichermaßen schützen.

Keine Frage – meine vier Kinder in eine grüne Welt hineinwachsen zu lassen, ist meine wichtigste Aufgabe. Ich gebe ihnen damit eine grüne Vision mit, die sie sich zu eigen machen können. Ich wirke grün. Ich färbe ab. Meinen Kindern habe ich beigebracht, dass sie nicht allein auf der Welt sind und jedes Tun und Lassen in einen Kontext eingebunden ist und wirkt. Sie wirken. Auf andere. Ihnen wird Grün zur Selbstverständlichkeit. Die grüne Saat keimt. Ich sehe, dass sich meine Kinder grün verhalten. Automatisiert. Routiniert. Gewohnt. Mit einer Leichtigkeit, um die ich sie beneide. In ihrer Konsequenz, grün zu leben, überholen sie mich längst. Das erfüllt mich mit Zuversicht. Ich bereue meine Entscheidung fürs Grün nicht. Ich stehe voll auf Grün. Unsere Welt braucht Grün ohne Ende. Denn: Ein bisschen Grün ist nicht genug.

Aus der Orientierungslosigkeit zur Lust auf morgen

Cordula Weimann

Seit 2019 sind die Menschen zunehmend verunsichert und orientierungslos: Erst die Fridays-for-Future-Bewegung, dann Corona, Ukraine, die Gaspreiskrise, Inflation, zunehmende Katastrophen und Wetterextreme – und das alles flankiert von Fake News und Halbwahrheiten. Was früher noch galt, ist heute nicht mehr richtig. Alles muss sich ändern – irgendwie: Doch wohin denn? Wie soll eine Gesellschaft sich auf den Weg in Richtung Zukunft machen, wenn es keine Visionärinnen und Visionäre (zum Beispiel Politiker*innen) gibt, die motivierende Ziele vorgeben und diese sichtbar, erlebbar und fühlbar machen? Die Lust auf morgen machen, statt von Verzicht und zusätzlichen Belastungen zu sprechen und im Weiter-so zu handeln?

Die Bewegung Omas for Future wurde 2019 gegründet, um Menschen, insbesondere Frauen 50 plus, aus ihrer Ohnmacht und Orientierungslosigkeit zu holen. Sie informiert darüber, dass wir als Bürgerinnen und Bürger durch Verhaltensänderungen neben Politik und Wirtschaft ein entscheidender Hebel in der Klimawende sein können. Diese Selbstwirksamkeitserkenntnis fördert nicht nur die eigene Gesundheit und Zufriedenheit, sondern ermöglicht auch die Entfaltung eigener Potenziale und stärkt das Selbstvertrauen. Des Weiteren nehmen wir die Menschen in Bildern, Worten und Visionen mit in die Zukunft. Wir machen Mut und Lust auf morgen.

Denn wir haben alle technischen und wissenschaftlichen Voraussetzungen für eine gelingende Zukunft – wir müssen Zukunft wollen:

Wir sind seit rund 40 Jahren technisch mehr und mehr in der Lage, CO_2-neutral zu leben. Erstmals in der Geschichte der Menschheit. Diese Entwicklung ist ein Riesensprung in Richtung Zukunft.

Wir wissen seit 2019, wie eine Ernährung funktioniert, die auch noch zehn Milliarden Menschen gesund satt machen kann und gleichzeitig die Erde gesunden lässt, aktuell werden aber nicht einmal acht Milliarden Menschen satt, und unsere Erde wird zerstört (Artensterben und Treibhausgase).

Mit einer konsequenten Kreislaufwirtschaft ist die weltweite Ressourcenverknappung zu bewältigen, und auch ökologische Alternativen zum umweltschädlichen Einsatz von Kunststoff (Mikroplastik) sind inzwischen vorhanden.

Darüber hinaus kann Zukunft nur gelingen, wenn wir uns von drei Irrwegen verabschieden, die seit den 1960er-Jahren das Handeln bestimmen – es geht darum, unsere Denkweise radikal zu ändern:

Irrweg 1: Konsum macht glücklich: Die Glücks- und Hirnforschung zeigt, dass Konsumsucht, Wegwerfgesellschaft und der Zwang zu ständigem Wachstum uns unzufrieden und krank machen. Haben wir jedoch ein Dach über dem Kopf und genug zu essen, sind es andere Dinge, die uns wirklich glücklich machen: gelingende Beziehungen, ein sinnerfülltes Leben jenseits des eigenen Egos und die Möglichkeit, unsere Potenziale zu entfalten.

Irrweg 2: Die Welt funktioniert linear: Seit Albert Einstein wissen wir, dass alles mit allem verbunden ist und sich gegenseitig beeinflusst. Dennoch sind noch 100 Jahre später Denken und Handeln in Politik und Wirtschaft linear. Richtig ist: Was ich der Natur zufüge, das füge ich mir zu. Wer von Naturschutz spricht, meint meist die Natur außerhalb von uns. Doch wir selbst sind auch Natur, jeder von uns. Zukunft kann nur gelingen, wenn wir im Einklang mit der Natur leben, auch unserer eigenen.

Irrweg 3: Politik ist Sache weniger Männer: Es braucht nicht nur eine aktive und direkte Demokratie, die wirklich den Willen der Bürgerinnen und Bürger abbildet. Es braucht vor allem auch die Frauen 50 plus. Obwohl wir mehr als ein Viertel der Wahlberechtigten stellen, sind wir in den Entscheidungsebenen in Politik, Wirtschaft und Gesellschaft so gut wie nicht vertreten. Es braucht für den anstehenden Wandel unsere Lebenskompetenz, unsere emotionale Kraft, unser Fühlen und unser Alltagswissen. Denn es geht darum, den Menschen in den Mittelpunkt unserer Zielausrichtung zu stellen statt Profit und ewiges Wirtschaftswachstum.

Wenn wir es wollen, dann liegt vor uns noch immer eine grünere, gesündere, lebenswertere und menschengerechtere Zukunft. Es geht eben nicht um Verzicht. Denn das können wir gewinnen:

- gesunde Ernährung und gesunder Lebensstil,
- ökologische Landwirtschaft im Sinne der Planetary Health Diet,

- dauerhaft Energie mit hohem Selbstversorgeranteil durch erneuerbare Energien,
- lebenswertere Städte mit gesundem Klima, gesunder Luft und mehr urbaner Raumqualität, die das Zusammenleben fördern,
- ein sehr gut ausgebauter ÖPNV,
- eine gerechtere Einkommens- und Vermögensverteilung,
- Zufriedenheit und Gesundheit durch ein Leben mit mehr Gemeinschaft,
- Menschen, die das Gemeinwohl aktiv mitgestalten, indem sie sich auf lokaler Ebene in Kooperationen, Vereinen, Nachbarschaft, in Familien und am Arbeitsplatz füreinander einsetzen,
- sinnvolle Arbeit und Entwicklung der eigenen schöpferischen Potenziale,
- eine lebendige Demokratie, die durch Bürgerräte, Volksentscheide und andere Formen direkter Demokratie gestärkt wird.

Diese Zukunft bedeutet neben einem aktiven Miteinander, der Eigenermächtigung und der Wirksamkeit in Gemeinschaften vor allem auch ein Leben im Einklang mit der Natur. Viele unserer europäischen Nachbarinnen und Nachbarn sind uns auf diesem Weg einige Schritte voraus. Das zeigt sich nicht nur in wirtschaftlichen Daten, sondern auch in zufriedeneren Menschen. Deutlich zu sehen ist das im weltweiten Happiness Report 2024. Deutschland ist dort hinter unsere Nachbarn auf Platz 24 zurückgefallen. Daher braucht es nun wesentliche Schritte:

Politik muss uns endlich die Wahrheit sagen: Aktuell wird die Wahrheit gebogen und unsere verabschiedeten Klimaziele dem Profit und Wirtschaftswachstum geopfert. Als einer von mehreren Bereichen sei beispielhaft nun nicht die Energiepolitik oder unser Verkehrssystem genannt, sondern unser Gesundheitssystem, weil es jeden Bürger und jede Bürgerin unmittelbar betrifft. Denn wir werden krank an unserem Wohlstandslebensstil und sterben daran. Berichten der Europäischen Union zufolge gilt dies für 90 Prozent der Todesfälle in Europa – besonders in Deutschland. 70 Prozent der vorzeitigen Todesfälle in Europa wären durch Prävention – also durch Änderung der Ernährung und des Lebensstils – vermeidbar. Die Wahrheit wäre in diesem Beispiel, uns ehrlich und konstruktiv über die Folgen unserer Ernährung für unsere Gesundheit aufzuklären, aktive Mobilität mit allen Möglichkeiten zu fördern und Preise so zu regulieren, dass die ökologischen und gesundheitlichen Auswirkungen eines Produktes sich im Preis widerspiegeln. Damit wären ungesunde Lebensmittel teurer als gesunde. Wahrheit spart dann Transportwege und Energie, schont unsere Umwelt und macht die Menschen gesünder. Dieses Beispiel zeigt, dass Politik, die wirklich das Wohl des Menschen in den Mittelpunkt stellt, automatisch zu Umwelt- und Klimaschutz führt.

Mut auf morgen – positive und zielklare Kommunikation: Damit wir uns alle auf einen nachhaltigen Zukunftskurs einstellen können, braucht es klare Ziele: Da wollen wir hin! Und so wollen wir das schaffen! Wenn in der Wirtschaft ein Produkt durch ein anderes ersetzt werden soll, spricht das Unternehmen nie davon, dass der Kunde oder die Kundin nun auf das alte verzichten muss. Nein – er oder sie hat das Glück, etwas viel Besseres zu erhalten. Und dafür lohnt es sich, mehr zu zahlen und mehr zu arbeiten. Beim Heizkostengesetz, schon vor dem Erscheinen von allen Parteien destruktiv zerfleischt, hätte ein erfolgreicher Wirtschaftskonzern seine Werbung wie folgt formuliert: »70 Prozent geschenkt (abhängig von Ihrem Einkommen) – denn Geiz ist geil! Und ab sofort heizen Sie nahezu kostenlos.« Die Werbung nutzt in der Regel völlig natürliche und legitime Bedürfnisse eines Menschen wie den Wunsch nach Anerkennung, Zugehörigkeit, Liebe und Leichtigkeit und koppelt diese, oft zusammen mit animierenden Bildern in einer intakten Natur, an Produkte, die diese Bedürfnisse gar nicht erfüllen. Die uns aber genau bei diesen Wünschen abholen, deren Erfüllung sie für uns aber (scheinbar) fühlbar machen und so zum Kauf anregen. Die oben vorgestellte Zukunft erfüllt hingegen tatsächlich unsere Bedürfnisse. Das ist keine Mogelpackung, wie die Produktwerbung sie häufig anbietet.

Diese Zukunft muss für uns alle in den Straßen, Medien, öffentlichen Räumen etc. positiv und motivierend sichtbar, fühlbar und erlebbar gemacht werden. Die Coronapandemie hat gezeigt, wie eine Gesellschaft in kurzer Zeit informiert und positiv motiviert werden kann, wenn die Politik es will. Stattdessen wird unsere Zukunft vor allem von Bedenkenträgern, Wahrheitsverdreherinnen, Weiter-so-Denkern, Verzichtpredigerinnen und Angstmachern definiert. Sie wird im täglichen Parteienkampf zerredet und kaputtdiskutiert. 1990 haben die Entschlossenheit und die parteiübergreifenden, zukunftsgerichteten Entscheidungen des Bundestages Deutschland den Weg geebnet, nicht nur zum Vordenker und Weltmarktführer in den erneuerbaren Energien zu werden, sondern auch zum weltweiten Vorbild für eine gelingende Zukunft. Wir standen vor 35 Jahren in Deutschland an der Schwelle zu der besten Zukunft, die wir je hätten haben können, bis dieser Kurs ab 2005 ausgebremst wurde. Wir brauchen wieder Politikerinnen und Politiker, die sich gemeinsam und parteiübergreifend auf unsere Zukunft ausrichten und die mit klaren Zielen und Visionen Mut auf morgen machen. Dies würde vor allem unsere Demokratie deutlich stabilisieren und uns die Mitte der Gesellschaft zurückbringen.

Es braucht die Stimme und Kraft der Frauen: Für eine gelingende Zukunft braucht es darüber hinaus ein breites Erstarken der Frauen 50 plus, die mit ihrem Wissen und ihrer Lebenskompetenz, ihrem Fühlen und ihrer emotionalen Kraft endlich auf Augenhöhe und laut ihren Altersgenossen in den Entscheidungspositionen in Politik, Wirtschaft und Gesellschaft entgegentreten. Damit wir unsere Zukunft am Menschen ausrichten und nicht am Profit und Wirtschaftswachstum. Die Zukunft ist da. Wir müssen sie nur wollen.

Gesellschaftsökologische Transformationsschritte positiv konnotieren

Volker Teichert / Oliver Foltin

> »Jedes Zehntel Grad globaler Erwärmung führt zu immer größeren Schäden und Verlusten, aber wer diese spürt und wie, hängt nur zu einem ganz geringen Teil vom Wetter und Klima ab.«
>
> *Friederike Otto (2024)*

Der Klimawandel verschwindet mehr und mehr von der Tagesordnung. War er noch vor einigen Jahren das Thema, welches gesellschaftlich und politisch zu lösen sei, ist es mittlerweile nur noch ein Thema unter vielen. Wichtigste politische Probleme sind die Zuwanderung, der Ukrainekrieg, die wirtschaftlichen Verhältnisse und die soziale Ungerechtigkeit, erst danach folgen Umweltschutz und Klimawandel. Das Verdrängen des Themas kann nicht unbedingt auf entscheidende Verbesserungen unserer klimapolitischen Situation zurückgeführt werden. Denn diese hat sich ja eher verschlechtert, was sich an den jährlichen »Jahrhunderthochwassern«, den steigenden Wassertemperaturen der Meere, dem Abschmelzen der Polkappen und der Gletscher, den immer früher einsetzenden Wirbelstürmen und dem Verfehlen des im Pariser Klimaabkommen formulierten 1,5-Grad-Ziels ablesen lässt. Die Bereitschaft, sich für den Klimaschutz weiter einzusetzen, hat in der Bevölkerung sukzessiv abgenommen. Erst vor Kurzem waren in einer repräsentativen Umfrage mehr als zwei Drittel der Befragten nicht bereit, für mehr Klimaschutz auf einen Teil ihres persönlichen Wohlstands zu verzichten.[1] Zwar wird der Klimawandel nach wie vor als Krisenphänomen wahrgenommen, das die künftigen Generationen in erheblichem Ausmaß treffen wird, aber die jetzige Generation möchte im Hier und Jetzt leben und sich nicht mit den Folgen ihres eigenen Handelns auseinandersetzen. Im Jahr 2021 sind allein in den Bereichen Straßenverkehr, Strom- und Wärmeerzeugung Kosten durch Treibhausgas- und

Luftschadstoffemissionen in Höhe von 241,5 Milliarden Euro entstanden. Und diese Kosten werden – wenn nichts getan wird – weiter anwachsen. Klimakosten entstehen also bereits durch den Verbrauch an Energie und unsere Mobilität. Nicht eingerechnet sind in diesen Zahlen die vielfältigen Kosten an Gebäuden und Infrastruktur, die sich durch klimabedingte Stürme, Hochwasser und Hitze ergeben. Diese Schäden führen in der volkswirtschaftlichen Gesamtrechnung nämlich zu einem positiven Wachstum des Bruttoinlandsprodukts. Würde man diese Schäden allerdings negativ saldieren, würden sich daraus Wohlfahrtsverluste ergeben. Auch wenn es banal klingt, aber sofern es uns nicht gelingt, den Klimawandel zu verlangsamen – von Aufhalten wollen wir an dieser Stelle gar nicht ausgehen –, werden die klimabedingten Probleme weiter anwachsen und der Planet Erde an vielen Stellen nicht mehr bewohnbar sein. All dies wird für die Länder des Südens zu steigenden Umweltbelastungen wie Zerstörungen durch Hurrikans, Überflutungen, Dürren oder den Untergang ganzer Regionen (siehe Kiribati) führen. Aber auch in den Industrieländern wird sich der Druck verschärfen: Ablesbar ist dies etwa am Erdüberlastungstag, der in den letzten 25 Jahren immer weiter nach vorne verlegt wurde. Im Jahr 2000 wurde der Tag für den 22. September berechnet, 2024 war die Erdüberlastung bereits am 1. August erreicht. Der globale Erdüberlastungstag beschreibt den Tag, an dem die nachhaltig nutzbaren Ressourcen eines Jahres verbraucht sind, und verdeutlicht die ökologischen Grenzen des Planeten. Die CO2-Emissionen machen den größten Anteil der Überlastung aus.

Die Einhaltung der Pariser Klimaziele schätzen wir bereits zum jetzigen Zeitpunkt als nicht mehr realistisch ein, sofern sich nicht grundsätzlich viele unserer Verhaltensweisen ändern. Entscheidend sind ein gesamtgesellschaftlicher Wandel und ein geändertes Konsumverhalten. Die jetzige Wirtschaftsgesellschaft kommt aus einer Tradition grenzenloser Bedürfnisse angesichts unbegrenzter Ressourcen. Diese Gewohnheit macht es alles andere als einfach, auf Suffizienz zu setzen und gegen den Strom des »everything goes« zu schwimmen. Wird doch Suffizienz immer noch weitgehend mit Verzicht assoziiert. Der Planet Erde und der Anspruch eines guten Lebens für alle Menschen setzt unserem Konsum gleichwohl Grenzen. Es braucht demnach eine große Transformation, ein »Weniger, anders, besser«, um den Übergang von der expansiven zur »reduktiven Moderne« zu schaffen. Doch was, wenn bei aller Einsicht der »Bauch« nicht mitspielt? Dann wird Suffizienz, eine »Kultur und Ökonomie des Genug« zum verordneten Verzicht, zum Zwang und zur Mühe – und die Anfälligkeit für Rückschläge steigt. Wo genau liegen die Chancen, sich auf den Weg zu einer sozialökologischen Transformation zu machen?

Die sozialökologische Transformation hilft, sich ein Stück weit von den Verführungen der kapitalistischen Warenwelt zu befreien, indem versucht wird, andere Formen des Wirtschaftens wie etwa Carsharing, Tauschringe, Repair-Cafés oder Gemeinschaftsgärten aufzubauen. Grundlage für die sozialökologische Transformation ist eine gerechtere Verteilung des globalen Wohlstands durch faires Handeln. Denn bei allem, was wir tun und konsumieren, müssen wir der Tatsache ins Auge schauen, dass unser Wohlstand auf der Ausbeutung von Natur und der Länder des Globalen Südens beruht.[2]

Der energetische Wandel ist zu forcieren, das heißt der Ausbau der erneuerbaren Energien muss vorrangiges Ziel einer sozialökologischen Transformation sein. 2023 lag nach Angaben des Statistischen Bundesamtes (2024) der Anteil der erneuerbaren Energien beim Strom bei 51,8 Prozent im Vergleich zu 6,1 Prozent um die Jahrtausendwende. Der Anteil erneuerbarer Energieträger beim Wärme- und Kälteverbrauch betrug im Jahr 2023 lediglich 18,8 Prozent im Vergleich zu 4,4 Prozent (2000). Noch düsterer sieht es im Verkehrssektor aus: Er weist den geringsten Anteil an erneuerbaren Energien auf, nämlich nur 7,3 Prozent (2000: 0,5 Prozent). In den kommenden Jahren ist somit ein deutlich höheres Tempo beim Ausbau der erneuerbaren Energien notwendig.

Produkte müssen länger genutzt werden, um Ressourcen zu sparen. Viele unserer Produkte werden aber so hergestellt, dass sie nur eine begrenzte Lebensdauer (»Obsoleszenz«) haben und wir gezwungen sind, nach einer bestimmten Zeit ein neues Produkt zu erwerben. Ebenso werden ständig neue Innovationszyklen eingebaut und den Verbraucherinnen und Verbrauchern vermittelt, sie müssten dieses neuartige Produkt unbedingt besitzen. Auch lassen sich viele unserer Produkte nicht mehr reparieren, sodass wir sie »entsorgen« müssen.

Auch unsere Ernährung muss einer sozialökologischen Transformation unterworfen werden. Der Klimafußabdruck unserer Ernährung in Deutschland liegt bei rund 1,9 Tonnen pro Person und könnte um rund 270 Kilogramm CO2-Äquivalente reduziert werden, wenn wir vermeidbare Nahrungsmittelverluste in Höhe von rund 18 Millionen Tonnen pro Jahr abstellen würden. Insgesamt ergeben sich daraus fast 22 Millionen Tonnen Treibhausgasemissionen, was in etwa einem Drittel der landwirtschaftlichen Treibhausgasemissionen unseres Landes entspricht.[3] Notwendig wäre zudem trotz aller Globalisierungstendenzen die Stärkung der regionalen Landwirtschaft. Denn viele Nahrungsmittel, die wir billig einkaufen, sind unter unwürdigen Arbeitsbedingungen geerntet und über lange Transportwege nach Deutschland geliefert worden. Ein »Weniger, besser und anders« würde für uns Verbraucherinnen und Verbraucher bedeuten, nicht zu jeder Jahreszeit alle Obst- und Gemüsesorten einzukaufen und vor allem auf biologisch-dynamische Produkte zu setzen.

Daneben ist ein massiver Umbau unserer Mobilität vonnöten, denn der Verkehrssektor ist das Sorgenkind all unserer Bemühungen beim Klimaschutz. Um hier zu Erfolgen zu kommen, müssten einerseits der Verkehr mit Bussen, Straßenbahnen, S- und U-Bahnen, der Rad- und Bahnverkehr nicht nur in den Metropolen, sondern auch in den ländlichen Regionen ausgebaut und attraktiver gemacht werden. Des Weiteren ist der Individualverkehr zu begrenzen, indem die Innenstädte verkehrsberuhigt werden. Hier böten sich auch steuerliche Maßnahmen an, wie etwa eine stärkere Besteuerung klimaunverträglicher Fahrzeuge. Außerdem ist bei allen Lobeshymnen auf die E-Mobilität nicht zu übersehen, dass auch mit ihr die Zerstörung und Zerschneidung von Landschaften weitergeht. Wir müssen also die Zahl der privaten Fahrzeuge in den kommenden Jahrzehnten reduzieren. Das Umweltbundesamt spricht von einer Halbierung bis 2050.

Mit der Ratifizierung des Übereinkommens der Weltklimakonferenz von Paris im Dezember 2015 hat sich auch Deutschland das nun völkerrechtlich verbindliche Ziel, die globale Erderwärmung auf deutlich unter zwei Grad Celsius zu beschränken, zu eigen gemacht. Dafür braucht es die Einsicht und ein entsprechendes Handeln: Klimaschutz muss als politische Querschnittsaufgabe verstanden werden. In der Politik auf Bundesebene können wir dies in Ansätzen beim Bundesministerium für Wirtschaft und Klimaschutz erkennen, allerdings fehlt es an einer systematischen Verknüpfung und Integration mit anderen Ministerien wie etwa dem Landwirtschafts-, dem Sozial- oder dem Verkehrsministerium. Am Beispiel des

Verkehrssektors, der in einem nicht geringen Maße für den Klimawandel mitverantwortlich ist, zeigen sich zahlreiche Hindernisse und Hemmnisse. Nach wie vor werden geschätzt ein Fünftel der in Deutschland ausgestoßenen Treibhausgasemissionen durch die Mobilität verursacht. Während sich die Treibhausgasemissionen in anderen Sektoren seit 1990 stetig rückläufig entwickelt haben, ist dies im Verkehrsbereich nicht gelungen. Dessen Ausstoß hat sich kaum verringert. Das ist erstaunlich angesichts der Tatsache, dass Deutschland bis 2045 nach dem Klimaschutzgesetz treibhausgasneutral werden muss. Das bedeutet in Konsequenz für den Verkehrsbereich eine vollständige Reduktion der Treibhausgasemissionen. Davon ist man aktuell noch weit entfernt, weil auch der Ausbau der öffentlichen Mobilität an vielen Stellen nicht vorankommt. Momentan sind wir nicht ein Land der Mobilität, sondern der Immobilität durch Staus auf den Autobahnen, unpünktliche Züge und verspätete Flüge. Hinzu kommen defizitäre Straßen, Autobahnen, Brücken und Bahnstrecken. All das sind Versäumnisse vergangener Jahre und Jahrzehnte, die nunmehr kulminieren und zu verständlichem Ärger in der Bevölkerung führen.

Was sind die Hindernisse auf dem Weg zu einer sozialökologischen Transformation? Es sind sicherlich bestimmte Ängste bei uns allen vorhanden, in was für einer Gesellschaft wir nach einer Transformation leben werden. Hier fehlt uns die positive Vorstellung, ein Narrativ über das Neue, das Unbekannte und das vielleicht Widersprüchliche einer Veränderung. Veränderungen werden fast immer nur negativ konnotiert. Aber eines ist klar: Wir haben auf der einen Seite die Möglichkeit, den Kopf in den Sand zu stecken und alles so zu belassen, wie es ist, oder zum anderen Schritt für Schritt eine Veränderung unseres Handelns herbeizuführen. Diese Schritte müssen allerdings gut kommuniziert und allen Teilen der Bevölkerung verständlich gemacht werden. Eine Möglichkeit zur besseren Kommunikation könnten Bürgerräte sein, in denen Bürgerinnen und Bürger ihre Vorstellungen zu unterschiedlichsten Themen einbringen. Außerdem müssen auch die positiven Aspekte einer Transformation aufgezeigt werden, denn »emotional wehren wir uns dagegen und empfinden alles, was vom kolonialfossilen Narrativ abweicht, als Verzicht«.[4]

Wie bereits aufgezeigt, müssen die gesellschaftsökologischen Transformationsschritte wesentlich besser als bisher kommuniziert und positiv beschrieben werden, um die Potenziale einer Transformation auszuschöpfen. Welcher Nutzen und Gewinn resultieren aus der Transformation? Was hat der und die Einzelne beziehungsweise die Gesellschaft als Ganzes von einer Transformation? Welche Auswirkungen hat die Transformation auf das Leben Einzelner beziehungsweise die Gesellschaft?

Um die Bevölkerung auf dem Weg mitzunehmen, müssen wir die sozialökologische Transformation sozial gerecht gestalten. Gerade in ländlichen Regionen, in denen sich Ungleichheiten durch schlechte öffentliche Verkehrsanbindung, leere Häuser und verwaiste Geschäfte, Bevölkerungsrückgang, ältere, oftmals schlecht isolierte Häuser kulminieren, dürften sich mögliche »Kosten« im Rahmen der Transformation vervielfachen. Dadurch wächst die Unzufriedenheit, und es kommt zu Widerständen. Vor allem in den einkommensschwächeren Haushalten haben viele die Sorge, die zusätzlichen Kosten für die Transformation nicht mehr tragen zu können. Deshalb muss es uns gelingen, die Lasten und Kosten der Transformation unter den Bevölkerungsgruppen gerecht zu verteilen. Die Ausgestaltung einer sozial gerechten Transformation ist entscheidend, um soziale Barrieren zu überwinden und gesellschaftliche Konflikte gering zu halten. Ansonsten kommt es zu einer Negierung jeglicher Veränderungsprozesse.

Es braucht darüber hinaus eine verbesserte soziale Teilhabe: Die Bürgerinnen und Bürger sollten bereits frühzeitig an Entscheidungen über die Ausgestaltung von Transformationsschritten beteiligt werden. Eine Politik im Sinne des Gebäudeenergiegesetzes führt genau zum gegenteiligen Nutzen. Bietet man der Bevölkerung keine Gelegenheiten, Veränderungsprozesse mitzugestalten, erhöht sich sowohl die Nichtakzeptanz als auch das Misstrauen in das politische System. Dies trifft in hohem Maße verstärkt – aber keinesfalls ausschließlich – für die Bevölkerung in den ostdeutschen Bundesländern zu.[5] Durch mehr Einbindungs- und Teilhabemöglichkeiten kann auch das Dilemma der Verantwortungsvermeidung durchbrochen werden.[6]

Der Verzichtslogik und dem Verlust der gewohnten, als positiv wahrgenommenen Lebensformen kann Politik nur dann begegnen, wenn sie den Nutzen und die Sinnhaftigkeit des sozialökologischen Wandels herausstellt. Anders formuliert: »Die sozialökologischen Nachteile der fossilen Lebensweise brauchen eine komplementäre Erzählung von den Vorteilen der klimaneutralen Gesellschaft.«[7] Wir müssen eine positive Geschichte der Transformation schreiben, indem die sozialen und ökologischen Vorteile thematisiert werden. Ansätze dafür gäbe es zuhauf, nur müssen sie politisch auch den einzelnen sozialen Milieus vermittelt werden.

Das alles macht deutlich, dass »richtige« Kommunikation über die sozialökologische Transformation von entscheidender Bedeutung ist. Vorbehalte und Ängste in der Bevölkerung entstehen vor allem dann, wenn es an Konzepten zur Bewältigung der Probleme fehlt und eine Veränderung von Strukturen kurzfristig (»von jetzt auf gleich«) und scheinbar ohne Rücksicht auf die sozialen Anforderungen des Alltags erfolgen soll. Um Informationsdefizite zu beseitigen und Verunsicherungen zu vermeiden, müssen Nutzen, Gewinn und Sinnhaftigkeit der sozialökologischen Transformationsschritte verständlich erklärt, Zweck und Zielsetzungen vermittelt und sowohl Effekte als auch Erfolge aufgezeigt werden.

Was wir wollen

Letzte Generation: Lars Werner / Raphael Thelen

Wir befinden uns am Ende unserer Zeit. Wir empfinden uns als Menschen in einer Zeit am Ende einer Ära. Die Industrialisierung führte zur »großen Beschleunigung«. Wie wir dann mit unserem Wirtschaftssystem die Menschheit an den Rand der Vernichtung gebracht haben, ging dann auch wirklich schnell. 150 Jahre lang »schneller, höher, weiter« im Vergleich zu Zehntausenden Jahren vorheriger Zivilisationen und Entwicklung. Dabei gab es immer schon unvorstellbare menschliche Grausamkeiten. Es wurden die schlimmsten Verbrechen begangen, Zivilisationen sind untergegangen, etwas Neues konnte entstehen. Doch das ist der Unterschied zur heutigen Situation: Es konnte weitergehen, und wir hatten als Menschen zumindest die Chance, es besser zu machen. Heute stehen wir am Rand der unwiederbringlichen Vernichtung der Lebensgrundlagen, die wir Menschen brauchen, um auf diesem Planeten leben zu können.

Durch das Verbrennen von Kohle, Öl und Gas, durch Naturzerstörung und Verschmutzung haben wir derart in das Ökosystem des Planeten eingegriffen, wie es noch nie zuvor Menschen getan haben. Das Verbrechen, das wir gerade begehen, ist daher ein noch nie zuvor dagewesenes. Es richtet sich gegen alle Menschen, gegen jene, die jetzt leben, gegen alle zukünftigen Generationen und auch gegen die Generationen, die vor uns da waren, denn wir zerstören, was sie aufgebaut haben. Menschen, die nach bestem Wissen und Gewissen geschuftet, Kinder bekommen, sie großgezogen haben, damit es eben weitergehen kann, die Kinder es mal besser haben.

Wir stehen daher jetzt, am Ende unserer Zeit, am Scheideweg. Entweder wir beenden dieses zerstörerische Kapitel der Menschheit ganz bewusst und gestalten gemeinsam eine Welt, in der es weitergehen kann, oder wir bleiben in unserer aktuellen Ohnmacht verhaftet und werden als Zivilisation in den nächsten Jahrzehnten grausam zugrunde gehen. Weil Menschen nicht mehr ernährt werden können, weil Ressourcen- und Landkriege ausbrechen werden, weil diese Krisen immer häufiger und heftiger werden, bis am Ende nichts mehr übrig ist.

Entweder wir machen das jetzt »by design«, oder es kommt eben »by disaster«.

Diese physikalische Realität, diese Wahrheit zu akzeptieren und wahrhaftig wahrzunehmen, ist die erste große Herausforderung. Wahrhaftig heißt: keine bloßen Lippenbekenntnisse, wie wir sie von den globalen Verantwortungsträger*innen kennen, sondern auf eine Art und Weise, die dann ganz natürlich handlungsleitend ist und zur notwendigen Veränderung führt. Sich aus dieser gesamtgesellschaftlichen Verleugnung zu lösen, ist schwer. Etwas, das es besonders schwierig macht, ist, die Erkenntnis zuzulassen, dass diejenigen, die eigentlich die Verantwortung tragen, die die Macht hätten, Dinge zu verändern, denen wir vertrauen und zu denen wir vielleicht sogar aufschauen, sich wohl genauso hilflos und ohnmächtig fühlen wie wir alle oder auch einfach verleugnen wie wir alle. Kurz gesagt: Die Erkenntnis greift, dass niemand kommen wird, um uns zu retten.

Dieser Prozess wird noch weiter dadurch erschwert, dass die ganze Zeit so getan und offen kommuniziert wird, als hätte man die Sache im Blick und unter Kontrolle, als würden wir gerettet. Dass sogar mit internationalen Abkommen, wie mit dem berühmten aus Paris von 2015, suggeriert wird, man gehe das Problem jetzt an, dass es einen Durchbruch gegeben habe. Dieses Abkommen war und ist Teil des politischen Theaters, welches leider kein Teil der Lösung, sondern ein Teil des Problems ist. Ein weiteres Hindernis ist, dass wir vermeintlich Wissenden im Globalen Norden selbst von diesem Weltverbrechen profitieren. In der Gegenwart und durch das, was unsere Familien uns hinterlassen haben. Wir stecken selbst tief mit drin, ob wir wollen oder nicht, wir sind Teil davon, haben deshalb Schuldgefühle. Dieser Umstand stürzt viele Menschen in intensive Krisen.

Diese äußern sich so vielfältig destruktiv, wie sie zahlreich sind. Für manche ist es vielleicht einfacher, gegen Ausländer und Ausländerinnen oder »die da oben« zu hetzen, für andere vielleicht, sich selbst am nächsten zu sein – koste es an Menschlichkeit, was es wolle. Einige, und da können wir uns selbst leider auch nicht immer gänzlich von freimachen, suhlen sich im vermeintlichen besseren und nachhaltigeren Verhalten und übersehen dabei, dass wir damit voll der Propaganda der fossilen Industrie auf den Leim gehen. An dieser Stelle ist es dann doch möglich, über Schuldige zu sprechen. Der Ölkonzern ExxonMobil fertigte schon in den Achtzigerjahren Studien über die Konsequenzen seiner Geschäftstätigkeit an. Ein Gutachten stellte fest, dass das Verbrennen fossiler Brennstoffe »katastrophale Konsequenzen für einen Großteil der Weltbevölkerung« haben werde. Trotzdem machte der Konzern weiter. Mehr noch: Die CEOs und ihre Lobbys begannen, diese Wahrheit zu attackieren, belogen die Öffentlichkeit, zerstörten den Diskurs. Sie erstellten falsche Studien, schüchterten Wissenschaftler*innen ein, drängten Politiker*innen aus dem Amt. Sie taten das, um ihre Profite zu sichern, in dem Wissen, dass sie unsere Lebensgrundlagen zerstören.

Was abstrakt klingt, erleben wir mittlerweile jeden Tag. Die Folgen sind tödlich, für die Opfer von Überschwemmungen im Ahrtal, in Bayern und in Sachsen, die in ihren Kellern vom Wasser überrascht werden und ertrinken. Für all die Opfer von Hitzewellen, die auf der Arbeit oder alleine in ihrem Zuhause zusammenbrechen, orientierungslos, bewusstlos, tot. Für all die Menschen im Globalen Süden, wo Flutwellen Städte ins Meer spülen, die Ernten ganzer Länder verdorren, Orte unter Feuerwalzen verschwinden. Wo unzählige Eltern erleben müssen, wie ihre Kinder Tag für Tag schwächer werden und dann ihre Augen nicht mehr aufmachen, verhungert in einer Welt, die völligen Überfluss kennt.

Wir Menschen im Globalen Norden müssen den schwierigen Schritt gehen, die Krise anzuerkennen, sie wirklich an uns heranzulassen und dann den Kampf gegen die fossilen Konzerne aufzunehmen. Das wird nicht einfach. 2019 waren 1,4 Millionen Menschen mit Fridays for Future auf der Straße. Zur selben Zeit verabschiedete die Bundesregierung das sogenannte Klimapaket, das jedoch keinen Klimaschutz beinhaltete. 2023 Lützerath – selbst die Grünen argumentierten in dieser Zeit mit unkorrekten Zahlen, um die Zerstörung des Dorfes und die Verbrennung der Kohle zu rechtfertigen. Die alljährlichen Klimakonferenzen – die vergangene fand in den Vereinigten Arabischen Emiraten statt, die nächste in Aserbaidschan, beide sind Ölstaaten.

Unsere Regierung hat das Paris-Abkommen unterzeichnet, ein Klimagesetz erlassen und ist laut Artikel 20a GG daran gebunden, unsere Lebensgrundlagen zu schützen. Selbst das Bundesverfassungsgericht hat schon entsprechend geurteilt. Aber all das führt nicht zu mehr Klimaschutz. Unsere Regierung handelt nicht. Warum? Auch weil die Gegenseite sehr mächtig ist. Die Erlöse, die Öl und Gas seit vielen Jahrzehnten einbringen, hat der Energie- und Umweltökonom Aviel Verbruggen von der Universität Antwerpen errechnet. Er kam zu dem Ergebnis, dass die Summe, die seit 1970 mit Öl und Gas pro Jahr im Durchschnitt verdient wurde, inflationsbereinigt etwa drei Milliarden Dollar pro Tag ausmacht. Noch einmal als Merksatz: Die Öl- und Gasbranche hat seit 1970 etwa drei Milliarden Dollar pro Tag Gewinn – nicht Umsatz! – gemacht. Jeden Tag, sieben Tage die Woche, seit über 50 Jahren.

Das ist unvorstellbar viel Geld. Da liegt die Lösung der Klimakrise. Menschen, die sich zusammenschließen, haben die unvorstellbarsten Sachen vollbracht. Gandhi und seine Satyagraha haben geholfen, das britische Empire zu besiegen. Martin Luther King Jr. beeinflusste die Rassentrennung in den USA entscheidend. Die Berliner Mauer galt als ewig, niemand konnte sich ihr Ende vorstellen – bis ein Versprecher ein paar 2.000 Menschen auf die Straße gebracht hat, vereint, entschlossen und friedlich. Die fossile Aristokratie hat sich unser System untertan gemacht. Doch das müssen wir nicht akzeptieren. Darin liegt auch nicht nur das Versprechen, unsere Lebensgrundlagen zu retten, sondern auch die Möglichkeit, als Gesellschaft wahren Fortschritt zu erleben. Einen Fortschritt, der sich nicht darin erschöpft, dass es jedes Jahr ein neues Smartphonemodell gibt. Einen Fortschritt, der sich nicht in Zahlen und Grafiken darstellen lässt. Einen Fortschritt, der bloß die Einfallslosigkeit unserer Zeit kaschiert. Nein, ein Fortschritt, der wahren Aufbruch bedeutet.

Wir werden der Zerstörung nur Einhalt gebieten, wenn wir unsere Gesellschaft und unsere Wirtschaft demokratisieren. Warum lassen wir es zu, dass die Wertschöpfung seit Jahrzehnten von oben abgeschöpft wird? Warum lassen wir es zu, dass Milliardärinnen und Milliardäre offen darüber reden, dass sie sich Bunker auf Neuseeland bauen für den Tag des globalen Zusammenbruchs, während schon heute zig Millionen Menschen hungern? Warum lassen wir es zu, dass Elon Musk den Mars besiedeln will, während er gleichzeitig unsere Erde zerstört? Aufhalten werden wir das nur, wenn wir gemeinsam handeln. Wenn wir einander als gleich anerkennen. Wenn wir anfangen zu träumen. Denn eine Welt ist möglich, in der wir die Lebensgrundlagen schonen und trotzdem alle genug haben. In der wir andere Werte in den Mittelpunkt stellen als Materialismus. In der wir uns nicht an Profiten und dem BIP orientieren, sondern an unseren Bedürfnissen: ein sicheres Zuhause, gesunde Beziehungen und sinnstiftende Tätigkeiten. Das Geld, das die fossilen Konzerne mit der Zerstörung unseres Planeten eingenommen haben, das liegt ja noch irgendwo. Mit diesem Geld ließe sich der Wandel auch bezahlen.

Wenn wir es denn so wollen.

Politik muss handeln und der Wirtschaft auf Augenhöhe begegnen

Julian Fertl

Es schockiert und frustriert zugleich, dass seit der Veröffentlichung von *Die Grenzen des Wachstums* vor über 50 Jahren immer noch kein ernsthafter Umschwung zu erkennen ist. Ganz zu schweigen davon, dass die Physik bereits vor Beginn des 20. Jahrhunderts erkannte, dass eine zunehmende CO_2-Konzentration in der Atmosphäre zu einer Erwärmung führt. Schockierend ist, dass egoistische und gewinnorientierte Interessen trotz besseren Wissens flächendeckend und vor allem uneingeschränkt dominieren. Frust kommt auf, weil das Streben nach Wachstum in den Unternehmen und die Konzentration von immer mehr Geld unter relativ wenigen Privatpersonen, Konzernbossen und Börsenmanagerinnen eine scheinbar unüberwindbare Dynamik erreicht hat, die Menschen blind macht. Interessen wie Gemeinwohlökonomie, Naturschutz, die Bewahrung unserer Lebensgrundlagen und letztendlich unsere eigene Gesundheit scheinen unpopulär zu sein. Klar, unser Lebensstil ist bequem. Wir erwarten, dass jederzeit Strom und sauberes Leitungswasser fließen. Manche Menschen können sich alles leisten, egal, ob es benötigt wird oder nicht. Konzerne schulden ihren Aktionär*innen wachsende Zahlen, sie überschwemmen die Märkte mit neuen Produkten. Und wir sind süchtig nach den aktuellsten Modellen, dem größten 8K-Fernseher und den immer neuesten Trends. Wir kaufen, um nicht abgehängt zu werden. Dafür arbeiten viele bis zum Rande der Erschöpfung. Nichts wird hinterfragt. Die Folge sind unter anderem massenhaft Burn-outs und eine gefühlte Angebotsexplosion von Lifestyle- und Gesundheitscoachings. Danach machen wir weiter wie bisher.

In dieser gewaltigen Konsumspirale haben wir offenbar verlernt zu fragen, was wir zum Leben und für ein bisschen Glück wirklich benötigen. Braucht es ein teures und PS-starkes Auto, um den Mitmenschen Erfolg zu demonstrieren? Habe ich dann etwas erreicht? Reicht es nicht, wenn ein Auto praktisch und zuverlässig ist und mich die nächsten 20 Jahre von A nach B befördert? In kaum einem Land scheint das Auto ein solch individuelles Prestigeobjekt zu sein wie in Deutschland. Das verleiht den hiesigen Konzernen Macht und enormen Einfluss auf die Politik. Nicht umsonst gibt es weiterhin kein Tempolimit auf Deutschlands Autobahnen, ein trauriges Alleinstellungsmerkmal in Europa. Global gesehen, kann man die Länder ohne Tempolimit an einer Hand abzählen.

Trotzdem schien die Euphorie 2015 nach der Ratifizierung des Pariser Übereinkommens durch seinerzeit 195 Staaten groß. Ein breiter Konsens sollte zügige Schritte gegen die globale Erwärmung einleiten. Diese Aufbruchstimmung ist regelrecht verpufft. Die vereinbarten Ziele wirken wie bloße Lippenbekenntnisse, und die Zweifel sind groß, dass die Begrenzung des Temperaturanstiegs auf deutlich unter 1,5 Grad erreicht werden kann. Ganz im Gegenteil steuern wir aktuell auf eine globale Erwärmung von knapp drei Grad zu. Auch wenn verschiedene Länder wie Schweden, Dänemark, Marokko oder Costa Rica mit Mut und Raffinesse ihre Wirtschaft und Lebensweise bemerkenswert schnell umstellen, fehlt es auf globaler Ebene an koordiniertem Interesse, vor allem bei den reichen Nationen, die gleichzeitig die größten Emittenten sind. Obwohl laut Umfragen hierzulande viele Menschen mehr Umweltschutz befürworten, scheint der eigene Lebensstandard aber heilig zu sein. Lieber bleibt am Ende doch alles so, denn »das haben wir schon immer so gemacht«. Menschen, die das Weiterso nicht akzeptieren, werden für ihren gewaltfreien Protest von einigen politischen Stimmen mit RAF-Terrorist*innen verglichen und auf der Straße teilweise von Mitmenschen attackiert. Einige Medienhäuser, die schon seit Jahrzenten jeden Funken Seriosität vermissen lassen, vollführen eine wahre Hetzjagd auf die Aktivist*innen, schüren Hass und spalten die Gesellschaft. Gleichzeitig missachtet die Bundesregierung Artikel 20a des Grundgesetzes und gefährdet damit das Leben zukünftiger Generationen. Denn eines ist auch klar: Obwohl jeder Mensch bisherige Konsumgewohnheiten hinterfragen sollte, sind die großen CO_2-Einsparungspotenziale unweigerlich mit Entscheidungen von Politik und Wirtschaft verknüpft. Wenn es zwickt, werden aber kurzerhand Gesetze geändert. Mit dem neuen Klimaschutzgesetz vom Juli 2024 werden die Klimaziele nur noch in ihrer Gesamtheit betrachtet. Damit werden die Ministerien Bau und Verkehr, die ihre jeweiligen sektoralen Klimaziele krachend verfehlt hätten, in buchstäblich letzter Sekunde auf beschämende Weise aus der Verantwortung gezogen.

Die Politik muss endlich zielstrebig handeln und der Wirtschaft auf Augenhöhe begegnen. Der Erhalt des Planeten sowie das Wohl der Allgemeinheit genießen höchste Priorität und nicht die Wiederwahl in der nächsten Legislaturperiode und damit verbundene Klientelpolitik. Dabei ist es wichtig, sich nicht von Unternehmen mit der Verlagerung von Investitionen ins Ausland oder dem Wegfall von Arbeitsplätzen erpressen zu lassen. »There are no jobs on a dead planet« – eine gern verwendete Parole für Schilder bei Demonstrationen, die abgedroschen klingt, aber den Nagel auf den Kopf trifft. Außerdem werden im Zuge einer wirtschaftlichen Transformation genügend neue Arbeitsfelder entstehen, zum Beispiel im Bereich der Kreislaufwirtschaft sowie in den Landesämtern und Kommunen. Auch in der Landwirtschaft, die einer Rückbesinnung bedarf und wieder regional gedacht sowie mit regenerativen Methoden betrieben werden muss, werden neue Arbeitsplätze entstehen. Dort werden auch sehr hohe Investitionen nötig, wenn Nahrungsmittelproduktion und Umweltschutz als Synergie funktionieren sollen, ohne die Böden weiterhin mit Pestiziden zu vergiften und damit dauerhaft auszulaugen.

Das nötige Geld für sofortige Klimaschutzmaßnahmen ist vorhanden, es müssen sofort alle klimaschädlichen Subventionen gestoppt werden. Es erscheint aberwitzig, dass Dienstwagenprivileg, Dieselprivileg, steuerfreies Kerosin oder die Mehrwertsteuerbefreiung für internationale Flüge immer noch viele Milliarden Euro verschlingen. Außerdem sollten Unternehmen und reiche Menschen umgehend deutlich höher besteuert und gleichzeitig Steuerflucht wirksam bekämpft werden. Denn wann immer Geld im Haushalt für drängende Probleme fehlte, Kürzungen erfolgten meistens zulasten der Gesellschaft nach dem alten Muster: Gewinne werden privatisiert, Verluste sozialisiert (siehe Bankenrettung 2008). Die Spenden mancher Unternehmen und Superreichen täuschen zudem über eine Tatsache hinweg: Großzügigkeit ist keine Gerechtigkeit. Die Bildung großer Vermögen ist zumeist mit fragwürdigen Lieferketten, der Zerstörung der Umwelt, der Ausbeutung der Belegschaft und/oder einer Überbeanspruchung von Ressourcen verbunden und führt mitunter häufig zu einem unfairen Wettbewerb. Gleichzeitig wird staatliche Infrastruktur beinahe kostenfrei genutzt. Was hilft es, wenn im Nachgang gönnerhaft kompensiert und hier und dort ein Baum gepflanzt wird? Jedoch ist die Dringlichkeit einer Umwandlung hin zu einem weniger ressourcenintensiven Wirtschaften den meisten Unternehmen scheinbar nicht richtig bewusst, oder sie wird ignoriert. Zumindest wenn man von plumpen Greenwashing-Methoden und falschen Werbeversprechen wie CO_2-neutralen Produkten einmal absieht. Es scheint weiter nur um Wachstumszahlen zu gehen. Warum sonst bauen Audi, BMW, VW und Co. nun massenhaft schwere Elektro-SUVs, deren Batterien oft mehr als eine halbe Tonne wiegen? Elektromobilität ist für die Wirtschaft schlicht ein neuer Absatzmarkt. Es geht nicht um den strukturellen Wandel und das Einsparen von Ressourcen. Und genau das ist ein großes Problem. Solange das Geschäftsgebaren von Unternehmen zulasten der Umwelt und der Allgemeinheit geht – das trifft auch auf große Elektrofahrzeuge zu –, müssen die Unternehmen mit einer kräftigen CO_2-Bepreisung bedacht werden.

Generell sollte auch klar sein, dass nicht jedes Problem mit Innovation und effizienten Produktionstechniken gelöst werden kann. Wir werden nicht darum herumkommen, auf vertraute Lebensstandards, auf Luxus und alte Gewohnheiten zu verzichten. Dazu zählen insbesondere Mobilität, Konsum und Wohnen. Der Staat hat die Aufgabe, dafür die Rahmenbedingungen zu schaffen. Sei es zum Beispiel ein entsprechendes Angebot im ÖPNV, vor allem in ländlichen Gebieten, oder eine faire Besteuerung von tierischen Produkten, die die wahren Produktionskosten abbildet und Tier und Umwelt schützt. Freilich stehen wir vor großen Herausforderungen, aber der drastische Umbruch birgt auch schöne Szenarien. Ist es nicht herrlich, saubere Luft zu atmen und an heißen Tagen die kühlende Wirkung eines Waldes auf der Haut zu spüren? Wären verkehrsfreie Innenstädte nicht wunderbar für einen entschleunigenden und lärmbefreiten Stadtbummel geeignet? Und wie schön wäre es, wenn auch in Städten die Flüsse sauber und damit jederzeit zum Baden geeignet wären?

Eine grünere Zukunft würde uns und unserer Gesundheit viel geben. Gleichzeitig fehlt die Fantasie, wie der eingangs beschriebene Wachstums- und Konsumwahnsinn gestoppt werden kann. Obwohl sich diverse kluge Menschen für einen Wandel einsetzen, scheint Umweltschutz weiter ein Nischenphänomen darzustellen, während sich weiter das Streben nach persönlichem Vorteil und die kurzsichtige Aussicht auf Macht und Geld durchsetzen. Für den Moment bleiben daher nur Galgenhumor und das Wissen, dass uns sowohl unsere Taten wie auch unsere Versäumnisse – genauso wie mehrere 100 Millionen Klimaflüchtlinge – früher als später einholen werden. Nichts ist gerechter, als die Konsequenzen für den eigenen Verantwortungsbereich tragen zu müssen. Und wenn in 50 bis 100 Jahren Teile des Planeten nicht mehr bewohnbar sind, dann ist es so weit. Beschämend nur, dass es dann unsere Kinder ausbaden müssen, im wahrsten Sinne des Wortes.

Nehmen wir unsere Zukunft in die Hand!

Students for Future Mainz: Timon Esser / Marie Lisanne Froehlich / Sebastian Vollmer

Fünf Jahre ist es nun her, dass die Schülerin Greta Thunberg bekannt wurde durch ihren wöchentlichen »Skolstrejk för Klimatet«, dass die Fridays-for-Future-Bewegung entstand und nach Deutschland herüberschwappte. Im Sommer 2019 gründete sich auch die Mainzer Hochschulgruppe der Students for Future. Es folgte eine Welle an Demonstrationen in Deutschland und weltweit, in der Menschen auf der Straße für die Einhaltung der Pariser Klimaziele und für Klimagerechtigkeit einstanden. Die Welle ebbte zwischendurch etwas ab, doch die Forderungen verloren sich nie ganz, und der unermüdliche Einsatz vieler – überwiegend junger – Menschen bleibt seit fünf Jahren bestehen, der Kampf für eine (klima)gerechtere Welt, für Klimaschutz, der auch Menschenschutz bedeutet, und der Kampf dafür, dass Politiker*innen, Unternehmen und die Gesellschaft endlich ernsthaft Verantwortung übernehmen, geht weiter. Die Fakten sind schon lange bekannt, und hätte man bereits in den Achtzigerjahren damit begonnen, einen Pfad Richtung Klimaneutralität einzuschlagen, dann wäre der Weg, den wir nun beschreiten müssen, nicht so steinig. Doch die Erzählungen, die Möglichkeiten eines fossilen »Immer größer, immer mehr« überlagerten erste Klimaschutzbemühungen und leiteten eine Generation, die vom Wirtschaftswunder geprägt wurde.

Gerade versagen wir in vielerlei Hinsicht, was politische, wirtschaftliche, aber auch individuell-gesellschaftliche Gründe hat, und doch gilt: Jedes Zehntel Grad Erderwärmung zählt! Wir müssen weiterhin alles geben, um die Ziele (Begrenzung der Erderwärmung auf 1,5 Grad, maximal zwei Grad) zu erreichen, auch wenn die Marken bereits temporär überschritten wurden. Das ist möglich, doch es sind drastische Maßnahmen notwendig. Es kann nicht mehr nur auf individuelle und freiwillige Verhaltensänderungen gesetzt werden. Vielmehr ist ein systemisches und möglichst international koordiniertes, aber doch national ambitioniertes Vorgehen zwingend notwendig. Der Staat und auch Unternehmen müssen Verantwortung übernehmen. Und gleichzeitig müssen die notwendigen Entscheidungen von Mehrheiten getragen werden.

Energiegewinnung und Gebäudemodernisierung müssen transformiert, die Verkehrswende vorangetrieben, Finanzmärkte und Wirtschaft müssen neu gedacht werden. CO_2 sollte ernsthaft bepreist sein. Die Liste an gesellschaftsökologischen Transformationsschritten, die wir fordern, ist lang. In größerem Rahmen gedacht, sollten beispielsweise Steuern mehr Lenkungswirkung haben, indem nachhaltige Produkte subventioniert, vegane Lebensmittel als Grundnahrungsmittel eingestuft und klimaschädliche Produkte nicht mehr steuerlich bevorteilt werden. Zusätzlich müssen Kreislaufwirtschaften weiter in den Vordergrund rücken. Bildung für nachhaltige Entwicklung muss deutlich stärker in den Bildungssystemen verankert werden. Eine erweiterte gesetzliche Garantie von elektronischen Geräten kann der geplanten Obsoleszenz entgegenwirken und so den übermäßigen Konsum von Gütern einschränken. Die Idee des ewigen Wachstums ist zu hinterfragen, denn die Ressourcen unseres Planeten sind endlich. Immerhin ist neben dem Ausbau und der verstärkten Nutzung erneuerbarer Energien auch ein deutlicher Energieverzicht nötig, um Reboundeffekte zu vermeiden.

Dies sind nur einige wenige Beispiele. Doch auch auf kommunaler Ebene, insbesondere mit Fokus auf die Städteentwicklung, setzen wir uns für mehr Nachhaltigkeit, Klimaschutz und Klimaanpassungsmaßnahmen ein. So stehen wir für eine faire und zukunftsgerichtete Neuverteilung und Priorisierung der Stadtflächen und Verkehrswege. Das bedeutet einerseits einen Fokus auf den ÖPNV-Ausbau, aber auch den Vorrang von Rad- und Fußverkehr gegenüber motorisiertem Individualverkehr. Darum setzen wir uns für die autofreie Gestaltung von Innenstädten ein mit mehr Konzentration auf Park-and-Ride-Angebote an den Rändern von Städten. Um der Gefahr von Überschwemmungen entgegenzuwirken, muss das Konzept der Schwammstädte essenzieller Bestandteil der Stadtplanung werden. Dazu kann man zum Beispiel Fassaden begrünen und Stadtflächen entsiegeln, das schützt nicht nur vor Überschwemmung, sondern kühlt die Innenstädte in heißen Sommermonaten deutlich ab. Kommunen könnten Projekte mit gemeinsamer Nutzerschaft, wie Carsharing-Angebote, offene Werkstätten oder Parklets, fördern. Außerdem kämpfen wir für ein ganzheitliches Konzept einer nachhaltigen Campusgestaltung und glauben, dass Universitäten hier Vorreiterrollen einnehmen sollten.

Dies führt zu einer der beiden zentralen Fragen, die wir uns immer wieder stellen:

Die Fakten sind klar, die Möglichkeiten gigantisch, warum passiert denn dann so wenig? Liegt es an der Politik, ist das Geld zu knapp oder fehlt uns einfach der Mut? Der Ansatz, den Klimawandel durch Eigenverantwortung zu bekämpfen, hat dazu geführt, dass Klimaschutzmaßnahmen insbesondere mit Verzicht in Verbindung gebracht werden. Dadurch haben viele Menschen das Gefühl, dass ihnen ein Teil ihres Wohlstandes genommen wird, wodurch Entscheidungen für starke Klimaschutzmaßnahmen oft unpopulär sind, insbesondere wenn ein ernsthafter sozialer Ausgleich fehlt. Vor allem bedienen sich Parteien des Populismus und üben Kritik an jedem Vorschlag, anstatt eigene Gegenvorschläge einzubringen. Klar sollte jedoch jedem und jeder sein: Je mehr wir die nötigen Maßnahmen aufschieben, desto drastischer müssen wir handeln, um überhaupt noch etwas zu bewirken. Die Schäden für unsere Umwelt sowie für unsere Wirtschaft übersteigen jedenfalls bei Weitem die bisherigen Investitionen. Fehlt uns also Einsicht oder Priorität? Wie schaffen wir es, die Politik endlich zum Handeln zu bringen? Oder liegt es doch mehr an der Gesellschaft und an der fehlenden Unterstützung einer Klimaschutzpolitik, teilweise sogar dem fehlenden Interesse an Politik im Allgemeinen, ja sogar an unserer Demokratie?

Denn zwangsläufig müssen sich die Menschen informieren, um die Lage fundiert einschätzen zu können. Beim Klimawandel passt häufig die wahrgenommene nicht zur tatsächlichen Relevanz. Klimaschutz bedeutet Sicherheit, wird aber als Verzicht wahrgenommen, als Verzicht auf Privilegien. Die Auswirkungen des Klimawandels, sowohl finanziell als auch auf den Lebensraum, werden nicht in ihrer Dramatik erfasst, was vielleicht auch an der Komplexität der Sache liegt. Viele Menschen geben zwar an, dass sie Klimaschutz wichtig finden, doch die nötige Konsequenz wäre, selbst Verantwortung zu übernehmen, sich kollektiv zusammenzuschließen und Klimaschutz einzufordern. Das heißt nicht unbedingt, dass man sich auf die Straße stellt, um zu demonstrieren, es reicht schon der Dringlichkeit von Klimaschutzmaßnahmen mehr Gewicht an der Wahlurne zuzugestehen. Doch offensichtlich sind viele Menschen zu träge, glauben nicht, dass sie etwas beeinflussen können, oder sagen – leider teilweise zu Recht –, dass individuelle Verhaltensänderungen den Klimawandel nicht aufhalten werden. Das Problem erscheint so groß und komplex, dass man sich davon distanzieren möchte. Aber der Punkt ist doch, dass wir kollektiv Verantwortung übernehmen müssen, wenn wir uns und unseren Planeten schützen wollen. Unser eigener aktivistischer Einsatz gibt uns Kraft und Hoffnung, aber dennoch ist die Ambivalenz zwischen der allgemeinen Anerkennung der katastrophalen Folgen des Klimawandels und der fehlenden Mehrheit, den Klimaschutz in Politik und Gesellschaft zu priorisieren, immer wieder frustrierend. Angesichts der gesamtgesellschaftlichen Lage scheint es gerade schwerer denn je, für mehr Klimaschutz zu begeistern und Politiker*innen zum Handeln zu bringen. Außerdem wollen wir unsere Kapazitäten auch nutzen, um die Basis unserer Gesellschaft und aller klimapolitischer Maßnahmen, nämlich unsere Demokratie, zu schützen.

Die zweite zentrale Frage, die wir uns daher regelmäßig stellen, ist, wie wir es schaffen, außerhalb unserer »Bubble« Klimaschutz populär zu machen und Menschen für unsere Visionen zu begeistern. Wie können wir Menschen erreichen, die sich nicht bereits für Klimaschutz einsetzen, und sie zur Verantwortungsübernahme ermutigen? Zum einen ist – wie schon erwähnt – Bildung essenziell. Daher sind wir einerseits in Kontakt mit dem Bildungsministerium, um Bildung nachhaltiger Entwicklung in den Schulcurricula sowie in den curricularen Standards für die Lehramtsausbildung fest zu verankern. Wir versuchen eine Gegenmacht zu sein, die darauf drängt, mit Mut die Politik zukunftsweisend zu gestalten. Andererseits planen wir selbst Bildungsveranstaltungen, wie die jährliche Public Climate School oder vor einigen Jahren die ClimateCON. Unter anderem aus den Kreisen der Students for Future Mainz heraus ist so auch das Zukunftsmodul entstanden, das die universitäre Lehre durch ein interdisziplinäres Bildungsangebot zu Nachhaltigkeit und den SDGs ergänzt.

Wir wollen daran mitwirken, ein positiveres Bild von Klimaschutz zu vermitteln, um die Bereitschaft der Bevölkerung für entsprechende Maßnahmen zu erhöhen. Das gelingt vor allem durch lokale Projekte, die zeigen, dass Klimaschutz vor allem Gewinn von Lebensqualität bedeutet. Wir wollen einen Wertewandel anstoßen, mit dem der Fokus stärker auf soziale Aspekte wie Freiheit, Freizeit oder Gerechtigkeit rückt, anstatt auf materielle Dinge ausgerichtet zu sein. Im Juni 2024 haben wir deshalb ein Nachhaltigkeitsfestival mitten in der Mainzer Innenstadt veranstaltet – drei Tage lang Musik, Workshops, Diskussionen, kreative Mitmachangebote, Vorträge, Küche für alle aus geretteten Lebensmitteln und viel mehr –, um einen Ort zu schaffen, an dem wir in unserer Stadt gemeinsam eine nachhaltige Zukunft erdenken und feiern. Und wir glauben, dass es wirkt: Auch dank der vielen Mainzer Initiativen, die sich unermüdlich für eine zukunftsweisende nachhaltige Stadtentwicklung einsetzen, ist die politische Lage hier so, dass progressive Visionen bevorzugt gewählt werden. Nun braucht es vor allem die finanziellen Mittel und die konsequenten großen Transformationsschritte aus der Politik. Eingefordert werden sie hier jedenfalls bereits kollektiv.

Stellen Sie sich vor, Sie treten an einem Sommertag auf die Straße, doch statt von drückender Großstadthitze erschlagen zu werden, tanzen die Sonnenstrahlen durch die Kronen der Bäume. Es ist angenehm warm, aber nicht zu heiß, und es donnern auch keine Autos über die Straßen, sondern Sie hören höchstens das Zwitschern der Vögel, eine Fahrradklingel oder spielende Kinder, die gefahrlos zwischen den Bänken und Beeten herumtollen. Wo vorher Autos parkten, ist jetzt genug Platz für gemeinschaftliche Urban-Gardening-Projekte. In den Garagen lagern die Spielgeräte der Kinder, oder es befinden sich darin Werkstätten für die Anwohnerinnen und Anwohner. Man trifft sich gerne vor der Tür, um zu plaudern, zu essen und zu feiern. Klingt das nicht gut? Es ist jedenfalls nicht zu schön, um wahr zu sein. Wir feiern unser fünfjähriges Bestehen – und dass wir feiern, heißt, dass wir immer noch kämpfen, hoffen und weiterhin Verantwortung übernehmen wollen, in einer Welt, in der die Nachrichten sich von einer großen Krise zur nächsten hangeln. Denn es ist unsere Zukunft, die auf dem Spiel steht. Und es ist unser aller Verantwortung, die Gestaltung dieser Zukunft selbst in die Hand zu nehmen und kreativ zu werden, um gemeinsam in eine lebenswerte und nachhaltige Zukunft zu schreiten.

Der Sinn des Lebens?

Michaela Koschak

Was geht Ihnen durch den Kopf, wenn Sie eine stille Minute haben – denken Sie über den Sinn des Lebens nach? Ich bin mir sicher, die wenigsten stehen morgens auf und beschäftigen sich genau mit diesem Thema: Was macht mich glücklich, wie sieht ein erfülltes Leben für mich aus? Wenn wir mal ehrlich sind, fressen uns die Alltagssorgen häufig auf, und über das Große und Ganze machen wir uns eher selten Gedanken. Zudem haben wir gefühlt immer weniger Zeit, so geht es zumindest mir. Je älter ich werde, desto schneller scheint das Leben seinen Lauf zu nehmen – es gibt so viel zu tun. Zudem prasseln durch diverse soziale Medien Massen an Informationen, teils leider auch viele Fake News und Probleme in heutigen Zeiten auf uns ein, so oft geht es nur noch um Klickzahlen und immer größere Sensationen. Da zu filtern und für sich zu sortieren, was richtig und wichtig ist, wird immer schwieriger. Stabil zu bleiben und immer seinen geplanten Lebensweg geradlinig zu gehen, ist nicht leicht. Gefühlt nehmen die Krisen im Kleinen wie im Großen immer mehr zu: die Coronapandemie, der Ukrainekrieg, die Energiekrise, die Klimakrise, alles wird teurer, die Politik driftet in eine beängstigende Richtung, und jeder und jede von uns hat im Alltag so einige Krisenherde zu beackern. Wenn man dann noch die Nachrichten einschaltet, gibt es fast nur negativen Input – noch optimistisch in die Zukunft zu schauen, fällt vielen von uns sicherlich schwer.

Aber warum leben wir, was ist der Sinn des Lebens? Eigentlich möchte doch jede*r ein für sich erfülltes, glückliches Dasein, Freude am Leben haben, in Liebe und Harmonie existieren. Insgeheim wünscht sich das, glaube ich, jede*r. An der Umsetzung hapert es jedoch bei vielen mächtig, aber das ist in der komplexen, komplizierten Welt, in der wir leben, nur verständlich. Im Großen wie im Kleinen muss viel passieren, aber wissen Sie was: Ich glaube fest daran, dass wir das hinbekommen können, und theoretisch ist es gar nicht so schwer. Auf den nächsten Seiten möchte ich Sie an die Hand nehmen und Ihnen Ideen und Vorschläge mitgeben, die recht leicht umzusetzen sind und die Sie überzeugen können, ohne auf Genuss und Lebenslust verzichten zu müssen.

Haben Sie Lust auf dieses Experiment? Ich würde mich sehr freuen, wenn Sie mitmachen. Ich bin Diplom-Meteorologin und beschäftige mich seit über 20 Jahren mit dem Wetter und dem Klima. Die Atmosphäre ist ein chaotisches System: Bereits der Flügelschlag eines Schmetterlings in Australien kann theoretisch einen Hurrikan auf dem Atlantik auslösen. Wie kann das sein? Stellen Sie sich vor, Sie verpassen Ihren Bus um eine Minute. Sie nehmen den nächsten, der jedoch in einen Stau gerät, und so verpassen Sie Ihren Flug und kommen zu spät zu Ihrem Bewerbungsgespräch – der Traumjob rückt in weite Ferne. Ähnliche Kettenreaktionen gibt es auch in der Atmosphäre. Ein kleiner Luftwirbel, ausgelöst durch die Bewegung eines Schmetterlingsflügels, kann eine größere Luftbewegung verursachen, die sich zu einem tropischen Wirbelsturm verstärkt.

Diese chaotischen Prozesse gibt es seit jeher, doch in den letzten Jahren sind sie intensiver geworden, bedingt durch die stetig steigende Konzentration von Treibhausgasen in der Atmosphäre in den letzten 150 Jahren. Dadurch wird es immer wärmer. Warme Luft kann mehr Feuchtigkeit aufnehmen als kalte, was zu extremeren Wetterereignissen führt.

Wir alle spüren die Veränderungen mittlerweile am eigenen Leib, vor der Haustür: Die Sommer sind anders geworden, es gibt kaum noch normale Regenschauer, entweder es ist über Wochen hinweg knochentrocken, oder es kommt zu Sturzfluten, auch Schnee im Winter ist eine Seltenheit geworden – diese Veränderungen fallen in den letzten Jahren sehr vielen Menschen auf. Wer sich nun noch intensiver mit Wetter und Klima beschäftigt, bekommt tiefe Sorgenfalten. Pole und Gletscher schmelzen in Rekordgeschwindigkeit, der Meeresspiegel steigt, und viele weitere bedrohliche Entwicklungen für unseren Planeten sind im Gange. Der Grund für all das liegt bei uns Menschen: Wir pusten zu viele Treibhausgase in die Atmosphäre, verbrauchen mehr Ressourcen, als vorhanden sind, und behandeln die Natur so, als könnten wir Regenwälder und Korallenriffe jederzeit neu bei Amazon bestellen.

Unsere Großeltern wussten es nicht besser. Sie brauchten nach dem Krieg Holz zum Bauen, so entstanden Monokulturen. Kohle, Erdöl und Erdgas wurden gefördert und brachten Energie, die für die Industrialisierung von großer Bedeutung war und ist. Mit wenigen Einschnitten wurde das Leben in den letzten Jahrzehnten immer besser, und die Wirtschaft boomte. Davon profitieren wir jetzt in den Industrieländern. Uns geht es gut, es ist von allem ausreichend vorhanden. Unsere Gesellschaft ist geprägt von Wachstum. Die Globalisierung hat sich durchgesetzt, sie hat ihre Vorteile, aber auch viele Nachteile, und in vielen Bereichen schadet sie unserem Planeten. Und um es mal auf den Punkt zu bringen: Wir leben in den Industrieländern verschwenderisch, im Überfluss und auf Kosten anderer. Unsere Generation weiß das alles, und die Wissenschaft warnt schon seit Jahrzehnten, dass es so nicht weitergehen kann. Aber irgendwie sind wir blind, schaffen es als Gesellschaft nicht, uns zu ändern. Vom Prinzip »höher, schneller, weiter« zum Prinzip »bewusster, geerdeter und achtsamer« gelangen – das sollte unser Ziel sein, wenn wir unseren Kindern und Enkelkindern eine lebenswerte Welt hinterlassen wollen. Es liegt an uns, ob wir weiterhin in einer Welt des Überflusses und der Zerstörung leben wollen oder ob wir den Mut haben, Verantwortung zu übernehmen und eine lebenswerte Zukunft für uns und kommende Generationen zu gestalten.

Aber wie kommen wir dahin? Eigentlich ist es nicht so schwer. Wenn wir uns etwas zurücknehmen, weniger konsumieren und nicht im Überfluss leben, tun wir nicht nur dem Planeten, sondern auch unserer Seele, unserem Körper und unserem Geist etwas Gutes. Etwas weniger von allem, dafür bewusster leben, mit mehr Zeit und Muße, das macht uns glücklicher – das ist bewiesen. Zum Beispiel mehr Bewegung oder eine pflanzenbasierte Ernährung, das wäre gesünder und fühlt sich besser an. Ernährung ist ein wirklich großer Hebel im Klimaschutz. Würden wir alle weniger Fleisch und Fisch essen, könnten wir viel bewirken, und damit meine ich nicht, dass alle Veganer und Veganerinnen werden müssen. Wir bräuchten weniger landwirtschaftliche Nutzflächen, da weniger Weideflächen nötig wäre und Flächen nicht für Futtermittel gebraucht würden. Diese Flächen könnten wir in Wälder und wiedervernässte Moore umwandeln. So würde unsere Lebenswelt nicht nur angenehmer durch mehr Grün sein, auch für die Biodiversität könnten wir so viel tun. Wir Menschen sind nicht allein auf diesem Planeten. Viele Pflanzen und Tiere gab es schon lange vor uns, das Artensterben ist ein großes Thema. Wissenschaftler und Wissenschaftlerinnen sprechen von 150 Arten, die täglich aussterben. Aber wir brauchen die Flora und Fauna und leben gemeinsam mit ihnen auf diesem Planeten. Ist Ihnen klar, dass es ohne Bienen viele Obst- und Gemüsearten nicht mehr gäbe? Zudem können uns Wälder, Moore und Seegras helfen, unsere Klimaziele zu erreichen. Wir Menschen brauchen Ziele und Leitplanken, vor allem beim abstrakten Thema Klimawandel – für diese Richtlinien ist die Politik verantwortlich, die mehr im Sinne der Gemeinschaft Entscheidungen fällen sollte. In vielen anderen Ländern funktioniert das gut, in Deutschland hinken wir da ziemlich hinterher.

Kohlendioxid ist nun einmal nicht gelblich grün und riecht nach faulen Eiern. Wenn dem so wäre, würden wir (da bin ich mir sicher) deutlich effektiveren Klimaschutz betreiben. Aber CO_2 ist geruchsneutral und durchsichtig und in einer gewissen Konzentration in unserer Atmosphäre auch wichtig. Ansonsten würden wir statt 15 Grad Celsius eine Durchschnittstemperatur von -18 Grad Celsius auf der Erde haben. Außerdem brauchen wir CO_2 für die Photosynthese. Die Menge macht es, und darauf sollten wir uns konzentrieren. Der Natur Raum und Luft geben, sodass sie sich erholen und uns helfen kann, diese Erkenntnis sollten wir bei all unserem Handeln immer im Hinterkopf haben. Außerdem finde ich, dass die Balance aus Suffizienz und Technologie ein sehr spannender Ansatz ist. Richtig angewandt, könnte das ein wichtiges Puzzleteil in unserer Transformation in eine klimaneutrale Welt sein. Deshalb ist meine Devise, extrem viel in Bildung und Forschung zu investieren. Bildung ist die Voraussetzung für Veränderung. Nur wer versteht, wie es um unseren Planeten und uns Menschen steht, wird etwas ändern. Entwicklungshilfe ist ein riesiger Hebel, denn Hilfe vor Ort, kein Bevölkerungswachstum mehr und die Verbesserung des eigenen Lebensstandards bei möglichst vielen Menschen könnten uns helfen, die Klimakrise global in den Griff zu bekommen. Mehr Gerechtigkeit, wieder mehr Gemeinschaftssinn – das sind Lösungsansätze. Außerdem spielen Vorbilder eine wichtige Rolle, um sich zu ändern. Eigentlich gibt es davon genug. Wenn wir etwas genauer hinschauen, wimmelt es nur so von Leuchttürmen. Wir sollten sie sichtbarer machen und hochleben lassen – das ist die Aufgabe der Medien. »Nachahmung ist die beste Form der Anerkennung«, sagte schon Oscar Wilde, und auch das ist ein großartiger Lösungsansatz.

Unsere Gesellschaft entwickelt sich zu mehr Einsamkeit und Egoismus, aber das schadet uns. Wieder mehr zusammenrücken, als Team, als Gemeinschaft agieren, Aufgaben verteilen und zusammen etwas erreichen – so können wir es schaffen. Es macht auch mehr Spaß, etwas gemeinsam zu tun, man fühlt sich gesehen und bekommt Anerkennung, was jede*r von uns braucht. Auch das Feiern unserer Erfolge ist wichtig, wieder mehr lachen und das Leben im Kleinen, im Alltag genießen – irgendwie haben wir das in den aktuell so krisenbeladenen Zeiten wohl verlernt. Bewusst morgens aufstehen, sich machbare Ziele setzen und sich freuen, wenn man sie erreicht hat – so schaffen wir das.

Veränderung bedeutet Mut, und wenn man bereits Probleme hat, wollen die wenigsten Veränderung und Aufbruch. Aber es wird nie den perfekten Moment geben, und die Zeit rennt: Wir sind mit unserem heutigen Handeln auf dem 2,7-Grad-Pfad, was Extremwetter zur Folge hätte, die extrem viel Menschenleben und Geld kosten und die Lebensgrundlage von sehr vielen Menschen zerstören würden. Wir müssen *jetzt* handeln und aktiv werden, und das macht Spaß, besonders als Gemeinschaft. Wussten Sie, dass schon zehn Prozent »Aktive« ausreichen, um etwas zu bewegen? Ein Experiment von Ranga Yogeshwar und Frank Schätzing hat das gezeigt: In einem Raum wurde eine Uhr auf den Boden gemalt. 200 Menschen sollten sich im Raum frei bewegen, zehn Prozent von ihnen wurden instruiert, sich nach fünf Minuten zur 12-Uhr-Position zu bewegen. Nach 15 Minuten waren alle 200 Menschen bei der Uhrzeit 12 Uhr. Das zeigt, dass wir Herdenmenschen sind und nur wenige Aktive brauchen, um alle zu inspirieren. Wenn wir das bei der Nachhaltigkeit hinbekommen, haben wir die Transformation zu einer klimaneutralen Welt geschafft.

Träumen Sie gern? Also ich liebe es: in eine wunderbare Welt abtauchen und mal für ein paar Momente das Chaos um einen herum einfach vergessen – für mich schaffen das Bücher und Filme. Ich glaube, auch dieses Träumen könnte vielleicht ein Lösungsansatz sein: Wir sollten uns häufiger eine klimaneutrale Welt vorstellen, unsere Zukunft malen, auf die wir da hinarbeiten. Stellen Sie sich mal vor: Ein selbstfahrendes Auto holt Sie zu Hause ab und fährt Sie zur Bahn. Sie können im Zug arbeiten, weil es WLAN gibt, der Zug kommt pünktlich. In unseren Städten ist es grün und nicht mehr so laut, es gibt weniger Müll. Die Landschaft strotzt vor Gesundheit und Grün. Wir ernähren uns gesund und bewegen uns in der Natur, haben weniger Stress, wieder mehr Zeit, uns anzulächeln, das Leben zu genießen.

Was halten Sie davon? Ist es nicht an der Zeit, dass wir uns alle gemeinsam auf diesen Weg machen, hin zu einer Welt, in der wir im Einklang mit der Natur leben, in der wir uns gegenseitig unterstützen und respektieren und in der wir die Schönheit und Vielfalt unseres Planeten bewahren? Der Sinn des Lebens liegt doch eigentlich darin, das Leben zu feiern, die Schönheit der Welt zu erkennen und gemeinsam für eine bessere Zukunft zu kämpfen. Es liegt an uns, diese Verantwortung zu übernehmen und den Wandel zu gestalten. Aber nur gemeinsam können wir es schaffen, unseren Planeten zu retten und ein erfülltes, glückliches Leben für uns alle und die nächsten Generationen zu gestalten.

So ist es möglich, vom Prinzip Hoffnung zum Prinzip Verantwortungsübernahme überzugehen. Lassen Sie es uns bewusst machen, dass wir die Gestalter und Gestalterinnen unserer Zukunft sind und dass wir die Verantwortung haben, unseren Planeten und uns selbst zu schützen. Es geht nicht darum, auf alles zu verzichten und in Askese zu leben, sondern darum, bewusster zu konsumieren, nachhaltiger zu handeln und im Einklang mit der Natur zu leben. Es ist eine Frage des Umdenkens und des Handelns im Kleinen wie im Großen. Haben Sie Lust bekommen? Ich würde mich freuen. Wenn ich Sie ein bisschen angesteckt habe, erzählen Sie es möglichst vielen. Wir sind nämlich viele (acht Milliarden Menschen) und können einiges bewirken, und auch diese Erkenntnis macht Mut. Ich frage meine Kinder abends immer: »Was hat dich heute besonders glücklich gemacht?« oder »Was war heute deine gute Tat des Tages?« Sich das Leben bewusst machen und »für etwas brennen« sind meine beiden letzten kleinen Geheimrezepte, die ich Ihnen heute ins Ohr flüstern möchte. Danke für Ihre Zeit, danke für Ihr Lesen meiner Gedanken. Das Leben ergibt Sinn!

Was ist Klimaschutz? Gedanken und Betrachtungen eines positiven Pessimisten zu Fragen der Mobilität und der thermischen Verwertung

Dieter Ilg

Als viel mehr Menschen noch Grund besaßen und Gemüse, Salat und Kräuter selbst anbauten – Hybriden aus dem Weg gehend, selbstvermehrende und samenfeste Sorten nutzend –, landeten Küchenabfälle noch auf dem eigenen Kompost und auf dem kurzen Weg als Dünger letztendlich wieder im Garten oder auf dem Acker. Eine Kreislaufwirtschaft, die Kleinstrukturen am Laufen hielt. Heutzutage, vornehmlich in den größeren Städten und Schlafburgen Deutschlands, entsorgt die Mehrheit ihre Mahlzeitreste über braune Tonnen und dergleichen. Vieles davon landet in der thermischen Verwertung. Mittlerweile ist Ackerland so teuer, dass Bauern und Bäuerinnen den agrarischen Beruf an den Nagel hängen. In der Neuzeit gibt es zum Beispiel einen US-Amerikaner, der die meisten landwirtschaftliche Flächen in den USA besitzt. Ob Microsoft, Pharmafirmen, NGOs oder Breakthrough Energy, der Mann investiert auch gerne in industrielle Fleischersatzprodukte, Laborfleisch etc. –die Macht über Lebensmittelversorgung im Fokus. Wenn man nun viel landwirtschaftliche Fläche besitzt, entzieht sich diese in der Regel der kleinwirtschaftlichen, extensiven Landwirtschaft. Letzteres ist aber die klimakompatibelste und gesundheitsrelevanteste Form der Nahrungsmittelherstellung. So kommt das eine zum anderen. Biodynamik statt Glyphosat.

Eine Art thermische Verwertung geschah lange Zeit auch im Motor meines fünftürigen Opel Kadett Caravan 1,6i (1989–2011) inklusive geregeltem G-Kat. Die Karosserie schluckte locker drei Kontrabässe. Sogar mein Fahrrad passte im Ganzen durch die hintere Ladetür – ohne Abnahme des Vorderreifens. Bepackt mit Kontrabass, Verstärker, Schlagzeug, Koffern und drei Personen begleitete mich dieses Auto auf diversen Tourneen. Meine berufliche Zukunft stand somit auf sicheren Füßen. Schon damals war mir der sorgfältige Gebrauch teurer Flüssigkeiten wichtig, also mit so wenig Treibstoff auskommen wie möglich, um mich von A nach B zu bewegen. Und wenn schon ein Automobil, dann ein leichteres, ohne Schnickschnack. 100 Stundenkilometer auf der Autobahn waren in den 1990ern durchaus noch üblich. Aktuell ist die typisch deutsche sogenannte Richtgeschwindigkeit von 130 Stundenkilometer für viele Verhaltensauffällige ein Mindestwert. Einschub: Meine Wege in der Stadt erfolgen bei mir grundsätzlich zu Fuß oder mit dem Fahrrad und nur dann mit dem Kfz, wenn ich beruflich unterwegs bin. Selbstverständlich nutze ich seit Urzeiten die Eisenbahn. Ich kann auch das Gefühl des Fliegens mit künstlichen Vögeln genießen, fliege aus privater Natur jedoch nicht und reduziere berufliche Flüge auf das Minimum. Aus Umweltschutzgründen, Pragmatismus, Heimatliebe und dergleichen. Mein Kadett, mein Lieferwagen, je nach Jahreszeit, Fahrweise und passendem Reifendruck etc. pp., schluckte der Motor seine 4,7–5,5 Liter Super. Genial für damalige Verhältnisse. Nach diversen Reparaturen und 450.000 gefahrenen Kilometern nahm mich der Kfz-Mechaniker zur Seite und meinte, dass die nächste größere Investition nicht mehr sinnvoll wäre. Ich hatte Trennungsschmerzen – aber es half nichts –, und so entschied ich mich nach dem Verschrotten für die ausschließliche Nutzung von Mietwagen, was ich insbesondere für Einwegmieten bereits jahrelang gewohnt war. Mein Mietfahrzeug der Wahl ist seit Längerem ein VW Passat Variant, Automatik, Diesel. Da passt zwar kein ganzes Fahrrad mehr hinein, aber es gibt enorm viel Platz für Kontrabass, Verstärker, Schlagzeug, Koffer und zwei Personen. Dieses Kfz wiegt um einiges mehr als der Kadett, die ganze Elektronik etc. pp. tut auch ihr Übriges. Nun sind es 4,5–5,5 Liter Diesel im Verbrauch und fast immer die neueste Emissionsnorm. Etwas Adäquates (hinsichtlich Verbrauch) als Benziner konnte ich nicht ausfindig machen, und Langstrecken mit E-Autos sind meines Erachtens nicht sinnvoll. Mein Schreiben an den Hersteller VW sowie das Management des Mietwagenunternehmens mit der Bitte um einen Hybridmotorisierungsmix von E-Motor (Kurzstrecke) + Diesel (Langstrecke) blieb unbeantwortet. Logisch. Und obwohl die Deutsche Bahn fahrlässigerweise und strukturimmanent immer unzuverlässiger wurde und wird, liebe ich Bahnfahrten – mit Kontrabass.

Dort, wo es sinnvoll ist, nehme ich also das Kfz, zum Beispiel bei Streckensperrungen, unzulänglichen Fahrtzeiten, zu vielen Umstiegen etc., immer abhängig auch von Gepäck, Strecke und ökonomisch-ökologischen Überlegungen. Neben meiner zumeist defensiven Fahrweise und der Nutzung des Tempomats (tagsüber oft 123 Stundenkilometer und nachts 111 Stundenkilometer, je nach Verkehrslage) zur Vermeidung von Geschwindigkeitsüberschreitungen genieße ich den Nutzen einer funktionierenden Klimaanlage.

Und da fängt wieder das Gewissen an, mehr wissen zu wollen. Klima. Ach herrje. Was nützen emissionsbezogen (von der Herstellung bis zur Entsorgung) all die dicken E-Autos (Stichwort Kobaltabbau) oder hybriden SUVs, die mich mit Karacho auf der Autobahn linksspurversessen überholen? Auch ihr Reifenabrieb sorgt für 50 Prozent des in die Umwelt abgegebenen Mikroplastiks, und ihr Abnutzungsfaktor ist sicher wesentlich höher als mein wertkonservatives Rechtsspurrecht. Übrigens: In meiner sogenannten Freizeit ist eines von großer Bedeutung: Immobilität. Am liebsten sitze ich auf einer Bank oder in Gaststätte im Schwarzwald, auf einer Terrasse in Südtirol oder in einer Höhle – auch »Wohnung« genannt – und beobachte das Leben. Das einzige klimatechnisch Relevante sind dann mein Einatmen von Sauerstoff und mein Ausatmen von CO_2 (den Wald zum Wachsen bringend) nebst meiner Körperwärmestrahlung von ca. 37 Grad Celsius, respektive der thermischen Verwertung von Lebensmitteln.

Apropos CO_2: Vor einigen Monaten las ich im *Greenpeace-Magazin* die Aufforderung an jede*n, noch mehr CO_2 einzusparen als sowieso. Grund: die momentan stattfindenden Kriege und die dadurch höheren Emissionen etc. Mir blieb die Spucke weg. Meine Hirnanhangsdrüse zwirbelte. Ich empfinde diese Äußerung als sarkastisch und ohne ein Gramm Ratio. Nun, gefracktes Flüssigerdgas (LNG) aus den USA ist um ein Vielfaches schädlicher und teurer als klassisches russisches Pipelinegas sowie etwa dreimal so umweltschädlich wie Kohle. Gleichzeitig zerstören die dafür zu errichtenden LNG-Terminals geschützte Lebensräume an den Küsten. Gasbohrungen im Wattenmeer verdeutlichen den Wahnsinn. Umweltfrevel und Kampfansage gegen die Welt. Hinzu kommt der terroristische Frevel an der Energieinfrastruktur durch die Sprengung der Nordstream-Pipeline. Von einem seriösen Sozialausgleich der Energieverteuerung ist nun die Rede. Bei solch politisch motiviert erscheinenden Entscheidungen und unfassbarer Verantwortungslosigkeit sehe ich kein Land am Horizont.

Hm, vielleicht doch in Sachen Windkraft. Der Ersatz aller bestehenden Windkraftanlagen (WKAs) durch solche der neuesten Generation auf den bereits bestehenden WKA-Flächen würde so viel Strom erzeugen, wie Deutschland aktuell verbraucht. Neue Standorte müssten also nicht ausgewiesen werden. Generell ein Verbot von WKAs (= Industrieanlagen) in Waldgebieten und generell keine Versiegelung ohne seriösen Entsiegelungsausgleich, ebenso gilt das für Photovoltaik. Wind und Sonne sind Teil der Zukunft, Energiewende nur im Einklang mit der Natur. Klingt aufregend, ist aber machbar. Daten dazu könnte das Fraunhofer-Institut für Solare Energiesysteme in Freiburg zur Verfügung stellen. Wenn man denn will. Die Hoffnung stirbt zu vorletzt.

Sind in diesen Zeiten der informativen Wirrnis, der Zerstörung des Mutterbodens und des auflodernden Transhumanismus alle hehren Erkenntnisse, vom Nürnberger Kodex bis zur OSZE, die Menschenrechte einer Moral gewichen, die nur eines im Sinne hat – Geldvermehrung und Macht für einige wenige? Cui bono? Welche Firmen, Institutionen, Vereinigungen, Stiftungen, Oligarchen etc. profitier(t)en in letzter Zeit am meisten von den selbst inszenierten Krisen eines extrem destruktiven Neokapitalismus respektive Neoimperialismus? Money make the world go round. Wenn Bürgerinnen und Bürger per Volksabstimmung gefragt würden – ähnlich wie in der Schweiz –, kämen andere Dinge zum Tragen als die, die nach dem Istzustand zum Tragen ge- und verbracht werden. Ein Schelm, der Schlechtes denkt.

Was ist Klimaschutz auch? Die aufrechte Forderung nach Schutz der dissenskompatiblen Meinungsvielfalt – statt Bevormundung. Ich bin kein Mündel des Staates, ich bin der Staat beziehungsweise ein mit Steuern bürgender, lebhafter Befürworter des deutschen Grundgesetzes und gleichsam ein Kritiker intransparenten Wirkens von EU-Organen. Warum werden zu Beginn einer sogenannten Gesundheitskrise Militärangehörige in Stellung gebracht oder vielmehr implementiert, in Positionen, die eher mit unabhängigen Fachleuten besetzt sein müssten? Es geht wie bei vielem um Angst – und Furchtbildung statt Wahrheit und Aufrichtigkeit. Statt den schönsten Grautönen dieser Welt zu frönen, hauen die Entscheidenden

Pflöcke für Schwarz-Weiß-Denken in Grund und Boden. Abwägung und Diversität wird »alternativlos« weggeputscht. Oder so. Krieg und Militär sind keine guten Ratgeber, geschweige denn Klimaschützer. Eine spezielle Ausnahme hätte ich gemacht: Ich wäre auch für Panzerlieferungen in die Ukraine beziehungsweise Russland oder Israel gewesen, wenn jeder Panzer mit einer diese Maßnahmen befürwortenden parlamentarischen Person besetzt gewesen wäre. Freiwillig natürlich – je mehr sich melden, desto mehr Panzer. Chapeau. Statt die Verantwortung für das Proklamierte zu übernehmen, ständen wohl noch alle deutschen Panzer in ihren Garagen – es wäre gelebter Umweltschutz par excellence gewesen. Einen paradoxen »Green Deal« in der jetzigen Form lehne ich ganz entschieden ab. Er ist nicht sinnstiftend, völkerverbindend, sozial und ökologisch, sondern schlichtweg verantwortungslos. Dennoch werde ich weiterhin alles Mögliche für den Erhalt der freien Welt und den Schutz der Mutter Erde tun und lassen, denn: »Frieden ist nicht alles, aber ohne Frieden ist alles nichts.« (Willy Brandt, 1981)

Wolf Wondratscheks Schwarze Serenade in apokalyptisch anmutenden Zeitläufen

Hermann Theisen

Die Schwarze Serenade von Wolf Wondratschek findet sich in der Gedichte- und Liedersammlung *Chuck's Zimmer*, die 1982 im Heyne Verlag und 2002 im Zweitausendeins Verlag erschienen ist und mit der Wolf Wondratschek zu einem der meistgelesenen lebenden deutschsprachigen Lyriker avancierte.

Aufgrund der Vertonung der *Schwarzen Serenade* (für Bariton und neun Instrumente) durch Günter Bialas (1989) beziehungsweise ihre Aufführung während des achten Hirschberger Liedfests im Juni 2024 (Thomas Berau/ Bariton, Alexander Fleischer/Klavier) kam ich nun nach Jahrzehnten überraschenderweise wieder in Kontakt mit jener *Schwarzen Serenade* und war überwältigt von der Aktualität jenes lyrischen Textes.

Habe ich sie in den 1980er-Jahren als Metapher für mein apokalyptisch untermaltes Lebensgefühl in damaligen Zeiten einer atomaren Hochrüstung, von sterbenden Wäldern und existenziell bedrohlichen Reaktorunfällen gelesen und empfunden, so blieb sie mir danach jahrzehntelang weitestgehend verborgen. Und nun ist sie mir im Sommer 2024 auf konzertante Weise ganz überraschend wiederbegegnet und hat mich erneut in ihren Bann gezogen, ganz so, als hätte Wondratschek sie (auch) angesichts unserer heutigen Sorgen und Nöte im Umgang mit der Klimakrise geschrieben.

Wolf Wondratschek habe ich daraufhin kontaktiert, und er hat mich für die Veröffentlichung seiner *Schwarzen Serenade* in dem vorliegenden Band autorisiert, wofür ich ihm sehr dankbar bin, hat sie doch in Zeiten unserer gegenwärtigen Klimakrise eine unerwartet hochaktuelle Bedeutung.

Schwarze Serenade

Ich hoffe, Sie werden das alles verkraften, meine Herrschaften,
den ganzen Weltuntergang – und zwar von Anfang an.
Und dann, natürlich dann ein Knall,
der bald im All verklingt, als sei nichts gewesen,
weder Tiere noch Pflanzen noch menschliche Wesen.
Zwischen Sonne und Mond ist die Stille größer denn je.
Und wir, meine Herrschaften,
begleitet von den Ewigkeiten der Erinnerung,
beenden die Geschichtsschreibung.

Eine Sintflut, nicht wahr, wäre doch ungerecht
angesichts so vieler unsinkbarer Schiffe.
Und sicher könnten einige Jungfrauen zum fraglichen Zeitpunkt
plötzlich fliegen.
Überhaupt sind an so eine Katastrophe auch Hoffnungen geknüpft:
das Ende der Zivilisation, immerhin auch ein Fortschritt –
Geldverfall, das Ende zweifelhafter Karrieren,
die Intimsphäre ein Schmarren und Barrieren
überflüssig.

Selbst Selbstmörder haben jetzt andere Sorgen.
Das geht alle an. Jetzt sind alle dran.
Wir werden uns anschauen, entsetzt, hilfesuchend zum letzten Mal.
Dann krachen die Achttausender zu Tal.
Die Kugel bricht.
Der letzte Gott bleibt unsichtbar.
Ein Irrer spricht ganz plötzlich wunderbar vernünftig.
Gerade war es noch so nett, mein Herr.
Jetzt splittert das Parkett, mein Herr.
Was kann das sein?

Unter den Schuhsohlen bewegt sich etwas von Tokio bis Caracas.
Rodin's Denker fällt vom Stein.
Alles stürzt ins Freie,
aber auch über das Freie stürzt es von oben herein,
platzende Safes, verkohlte Cafés, überall Leichen
und das symbolische Panorama der Andromeda,
soweit die Augen reichen.
Der Himalaja flach wie ein Teich.
Nur die Gläubigen singen, vom Ungeheuerlichen gesegnet,
ihr letztes Halleluja auf Gottes Reich.
Aber was nützt die Kraft von Psalmen auf überspülten Hochgebirgsalmen?
Und was ein Vater unser im freien Fall?
Sei's drum, verehrtes Publikum.
Noch steht der Storch auf einem Bein,
doch morgen kann das anders sein.

Nun hat ja das Warten auf die Explosion
bei uns schon Tradition:
daß die Welt untergeht, haben vor uns schon andere gesehn,
zum Beispiel beim Anblick tropfender Kerzen der Dichter –
und die Menschen beim Anblick anderer Menschen.
Beim eiskalten Drink, dem letzten Vergnügen,
sich mit dem Rätselbild vom Untergang begnügen – wie angenehm!
Ein Gespräch über das Ende von allem,
das nukleare Halali.
die Austrocknungsthese.
die Vereisungstheorie –
und das jetzt, wo die Wand einstürzt und weltweit
die Welt untergeht. Entsetzlich viele Menschen,
entsetzlich hoffnungslos.

Öde Optimisten, schlechte Luft, graue Häuser,
mein Kopf, mein Gott, meine Geliebte,

Freunde des Atomzeitalters,
die hundert Paläste der Bitterkeit
und die Liebe, da ist sie wieder,
nutzlos und unangefochten,
als Idee.

Selbst das blaue Wunder geht unter.
Stunde Null. Tanzendes Eisen. Tödlicher Beton.
Das kennen wir natürlich schon.
Die Phantasie geht in die Knie, am Abendhimmel zeigt sich ein Komet.
Das geht alle an. Jetzt sind alle dran.
Jetzt phantasiert nur noch die Realität.
Europa – knietief radioaktiv!
Deutschland – endlich uninteressant! Ein Fetzen Glut mit Staub drauf
von kosmischen Gestirnen.
Amerikanische Wolkenkratzer – nur ein Stockwerk hoch.
Die Satelliten funken Funkstille.
Im All verhallt der Knall; von dort stammt die Idee.
Wieder eine Sauriergeneration ausgestorben.
Alle tot, Herrschaften, alle –
ein demokratischer Anblick.

Und die Erde weht wie Abfall
ans Ende einer Milchstraße.
Gerade war es noch so nett, mein Herr.
Jetzt splittert das Parkett, mein Herr.
Entsetzlicher Gedanke, plötzlich frieren beim Küssen
und mitten im Tanz aufhören müssen,
ohne Chance.
Jetzt ein Kunststück – und wir wären gerettet!
Wozu taugt denn die Kunst? Nur Kunst? Nur Fragen?
Nur Niederlagen?

In der Zweitausendeins-Ausgabe von *Chuck's Zimmer* war am Anfang Folgendes zu lesen:

> Zur Zeit, als das Buch verfaßt wurde,
> war dieser Gedanke, daß den Menschen
> Willenskraft gegeben sei, damit sie zwischen
> Wahnsinn einerseits und Irrsinn andererseits
> wählen, etwas, das ich belustigend fand und
> für möglicherweise durchaus wahr hielt.
>
> Aldous Huxley – Brave New World

Dem ist auch heute nichts hinzuzufügen …

Auf der Transformationswelle – surfst du schon, oder ertrinkst du bald?

Rebecca Freitag

Wie hat sich in den letzten 20 Jahren der Anteil der in »extremer Armut« lebenden Menschen an der Weltbevölkerung verändert?
Wie hoch ist heute die durchschnittliche Lebenserwartung weltweit?
Wie hat sich die Anzahl der Todesfälle, die jährlich durch Naturkatastrophen verursacht werden, in den letzten 100 Jahren verändert?

Diese drei Fragen gehören schon seit längerer Zeit zum Auftakt meiner Vorträge. Dabei spielt es keine Rolle, ob ich vor Mitarbeitenden eines IT-Unternehmens, Geschäftsführer*innen mittelständischer Betriebe, Genossenschaftsmitgliedern einer Bank oder internationalen Changemakern spreche, die ihre Lebenszeit in Nachhaltigkeitsprojekte investieren – die Antwort ist immer dieselbe: Menschen schätzen die Lage unserer Welt konsequent schlechter ein, als sie faktisch ist (siehe *Factfulness* von Hans Rosling). Könnte das die größte Bremse für unsere Transformation sein? Welche Fortschritte, welche brillanten Ideen, welche Tatkraft könnten entstehen, wenn wir uns nicht in einer gesamtgesellschaftlichen Spirale der Negativität verstricken? Welche Narrative und welches Wissen könnten uns dazu verhelfen, lichtvoller, zuversichtlicher zu denken, zu sprechen und zu handeln? Mit diesen Leitfragen habe ich weiter experimentiert und geforscht. Ich arbeitete mit kühnen Zukunftsvisionen, die unserer Gesellschaft fehlen – Visionen, die so mutig sind wie die unserer Vorfahren, die zu Zeiten eines Königs von Demokratie träumten und für sie kämpften. Ist es zu viel verlangt, sich eine Zukunft vorzustellen, in der ein Biolabel überflüssig wird, weil nachhaltige Produktion der Standard für alle Lebensmittel ist? Haben wir den Mut, uns eine neue Wohlstandsmessung jenseits des Bruttoinlandsprodukts zu erlauben?

Um nicht in naiven Positivismus abzurutschen, habe ich das Element der kühnen Visionen mit dem Element der nüchternen Betrachtung unserer

Herausforderungen kombiniert. Denn wenn es um die Anfangsinvestitionen in nachhaltige Infrastruktur geht (egal, auf welcher Ebene) oder um die Auseinandersetzung mit den Folgen, die durch das Überschreiten der planetaren Grenzen bereits entstanden sind, neigen wir kollektiv dazu, den Kopf in den Sand zu stecken. Mit der gleichen Anstrengung, die wir in den Kampf gegen den Klimawandel investieren und über ihn sprechen, sollten wir ebenfalls heute bereits über die Anpassung an die Folgen des Klimawandels und weiterer ökologischer Zerstörung sprechen und agieren. Genauso realistisch sollten wir die Rechnung für Investitionen aufmachen: Eine nüchterne Betrachtung bedeutet, jede Investition langfristig zu kalkulieren und dabei die bisher externalisierten Kosten zu berücksichtigen, um eine realistische »True Cost«-Rechnung zu erstellen. Die Verschmelzung dieser beiden Elemente – positive Visionen und eine realistische Sicht auf die Herausforderungen – ergibt kleine (und große) Schritte, die uns allen möglich sind und die letztendlich zu einer zuversichtlichen, aktiven Haltung beitragen.

Ein wertvoller Schatz: positive Kipppunkte

Auf meiner Suche nach positivem Impact-Wissen habe ich einen Schatz gefunden, der in meinen Augen gesamtgesellschaftlich gehoben werden sollte. Es sind das Verständnis und die weitere Forschung an unseren positiven Kipppunkten. »Positive Kipppunkte? Ich kenne nur die negativen!«, höre ich oft. Und ja, auf Ecosia erhalte ich Tausende Treffer für negative Kipppunkte, aber nur wenige für die positiven. Ein weiteres Symptom unserer negativ geprägten Welt? Doch positive Kipppunkte funktionieren nach demselben Prinzip: Genauso wie viele Schmelzwassertropfen einen Gletscher zum Kollaps bringen, tragen doch auch viele engagierte Menschen zu einem Fahrradvolksentscheid bei, der zu einem neuen Mobilitätsgesetz in der Stadt führt. Ein Kipppunkt ist erreicht, wenn genügend kleine Veränderungen ausreichen, um ein System zum Kippen zu bringen. Dieser Schwellenwert markiert den Moment, ab dem der Wandel plötzlich und unumkehrbar wird – das System unterliegt einem nicht linearen Wandel, der sich durch sich verstärkende Rückkopplungen stabilisiert. Stellen Sie sich einen Ball vor, der mit viel Mühe einen Hügel hochgerollt wird. Sobald er den Kipppunkt am Gipfel überschritten hat, rollt er mühelos von allein ins Tal.

Fokus auf die kritische Masse

Ist das nicht eine großartige Botschaft? Wir müssen nur eine kleine, aber kritische Masse an Menschen erreichen, die die nachhaltige Innovation adaptieren, um das gesamte System auf »nachhaltig« zu kippen. Wäre es nicht ein viel gezielterer Einsatz von Kraft und Ressourcen, wenn wir uns nur auf die engagiertesten 25 Prozent der Menschen konzentrieren würden? Nun leben wir jedoch in einer komplexen Welt, die viele komplexe Probleme lösen möchte (siehe die Sustainable Development Goals), und wir bewegen uns in vielen verschiedenen Systemen, die miteinander interagieren. Alles ist verbunden. Auf welcher Systemebene lässt sich das Konzept der positiven Kipppunkte also anwenden? Nach meinen Recherchen und mittlerweile eigenen Anwendungen in Kooperation mit Organisationen ist meine Antwort: auf allen Ebenen: Energiesysteme, Bildungssysteme, Finanzmärkte, Adaption von E-Autos in einzelnen Ländern, fleischarme Ernährung in Europa, das selbst gesteckte Impact-Ziel einer Organisation.

Der Dominoeffekt

Und nun zur zweiten guten Nachricht: Positive Kipppunkte funktionieren, genauso wie die negativen Kipppunkte, wie Dominosteine, die eine Kettenreaktion auslösen, sobald einer erreicht ist. Klar, eine erhöhte Nachfrage an E-Autos führt zu erhöhter Produktion und zu niedrigeren Preisen von zum Beispiel der Akkuproduktion. Das wiederum hat einen Einfluss auf die Pufferbatterien, die für Stromnetze eingesetzt werden, welches die bezahlbare Energiewende fördert. Können wir uns dann eigentlich eine baldige, nachhaltige Zukunft vorstellen, in der sämtliche positiven Kipppunkte ausgelöst werden, die unsere Systeme, Organisationen und Regeln auf »nachhaltig« kippen? Wie nah sind wir diesem Ziel? Nun, hier steht die Forschung zur Berechnung der einzelnen positiven Kipppunkte noch in den Kinderschuhen, vielleicht müsste man sogar »Babyschuhe« sagen. Doch es lohnt sich, einen Blick auf unsere bisherigen Fortschritte zu werfen. Denn egal, ob es technologische, institutionelle oder Verhaltensinnovationen im Sinne einer nachhaltigen Welt sind, wir arbeiten nicht erst seit fünf Jahren daran. Unsere mutigen Innovatorinnen und Innovatoren (um in der Terminologie der

Innovationsdiffusion zu bleiben) haben sich schon in den Sechzigerjahren für den Erhalt unserer Biodiversität eingesetzt, haben in den Siebzigerjahren auf die Grenzen unseres Planeten hingewiesen und haben in den Achtzigerjahren die ersten Windkrafträder aufgebaut – ganz ohne Erneuerbare-Energien-Gesetz. Pioniere und Vordenkerinnen haben unseren Weg geebnet, den Ball mit vielen mühevollen Schritten und Rückschlägen den Berg hinaufgerollt und uns die heutige Situation geschenkt, in der wir kurz vor den Durchbrüchen der nachhaltigen Innovationen stehen. Was genau das Zünglein an der Waage ist, müssen wir vielleicht gar nicht mehr wissenschaftlich ausrechnen, weil wir es bald schon erleben. Das Umkippen eines Systems, wie zum Beispiel das Energiesystem oder eine fleischarme Ernährung, baut sich langsam auf, gespeist durch viele Interventionen auf verschiedenen Ebenen – kulturelle Normen, neue Gesetze, neue Bewegungen, bequemere Technologien. Es baut sich auf wie eine Welle, bis diese bricht und Teil einer weiteren Welle wird. Es reicht ein nüchterner Blick auf den aktuellen Stand von technologischen und gesellschaftlichen Innovationen, um bereits mögliche positive Kipppunkte erahnen zu können. Um diese gewaltigen zukünftigen Transformationswellen souverän surfen zu können, ist es vonnöten, unseren Blick auf die Fortschritte und die machbaren Schritte zu lenken – und nicht in unserem negativen Denken zu ertrinken.

Für alle, die ihren Blick auf das Positive schärfen wollen, hier die »Good News« der positiven Kipppunkte auf einem Blick:
1. Es braucht nur eine kritische Masse (nie die Mehrheit!), um einen Wandel im System anzustoßen. Jeder einzelne Schritt ist wichtig und zählt.
2. Der Dominoeffekt: Ein Kipppunkt löst weitere aus.
3. Viele Durchbrüche nachhaltiger Innovationen stehen unmittelbar bevor.

Welcome to this new world – brighter than you thought!

Vom Glück des Durchwurschtelns

Hermann Ott

Im Wintersemester 2020/21 war ich zu einer Vorlesungsreihe der Scientists for Future der TU Berlin eingeladen. Der Titel meines Vortrags sollte lauten: »Wissenschaft, Politik oder Zivilgesellschaft – gibt es den Königsweg zum Klimaschutz?« Hintergrund der Anfrage war, dass ich in meiner beruflichen Laufbahn immer zum Klimaschutz gearbeitet habe, dies jedoch auf verschiedenen Bühnen: als Wissenschaftler und Leiter der Klimaabteilung am Wuppertal Institut, als Lehrender an der Hochschule für nachhaltige Entwicklung Eberswalde, als Abgeordneter im Deutschen Bundestag sowie als Gründer und Leiter einer internationalen Umweltrechtsorganisation. Dies wollten die Organisator*innen nutzen, und ich sollte Orientierungshilfe für die Studierenden geben. Meine Antwort auf die Frage nach dem Königsweg fiel allerdings klassisch juristisch aus: »Es kommt darauf an ...«. Denn den *einen* Weg gibt es nicht, war meine Schlussfolgerung, sondern es gebe zu bestimmten Zeiten immer wieder Möglichkeiten (»windows of opportunity«) in Wissenschaft, Politik oder der Zivilgesellschaft, die man jeweils nutzen müsse. Und überhaupt sei der »Königsweg« hochgradig individuell, denn es komme immer auf die eigenen Fähigkeiten und Interessen an: Bei dem, was Freude bringt und Sinn hat, ist man immer gut und am richtigen Platz.

Bei der Anfrage für dieses Buch lief ein ähnlicher Film vor meinem inneren Auge ab. Nach über drei Jahrzehnten Arbeit für den Klimaschutz – was bleibt? Beziehungsweise: Was fehlt? Die Emissionen sind heute doppelt so hoch wie vor 30 Jahren, als ich anfing. Das Ziel, die Erhöhung der globalen Mitteltemperatur unter 1,5 Grad zu halten, ist schon gerissen, selbst unter zwei Grad zu bleiben, ist sehr unwahrscheinlich. Was ist da schiefgelaufen? Habe ich etwas übersehen? Hätte ich auf anderer Bühne mehr erreichen können? Habe ich insgesamt viel zu wenig getan? Solche Gedanken über die Wirkung der eigenen Arbeit führen schnell zu Burn-out und Überforderungsgefühlen. Es ist für eine Einzelperson schlechterdings unmöglich, im

Alleingang die Klimakrise aufzuhalten – wer das nicht verinnerlicht, dem droht die Klimadepression. Allerdings, das muss auch gesagt werden, wird niemand ohne eine feste Überzeugung von dem Wert des eigenen Beitrags viele Jahrzehnte an einer Sache arbeiten. Für eine solche Aufgabe, ähnlich wie beim Kampf für den Weltfrieden oder eine gerechtere Welt, braucht es große Motivation und unbedingtes Durchhaltevermögen.

Auf der anderen Seite ist mir bei Feierlichkeiten für langjährige Veteraninnen und Veteranen des Umwelt- und Klimaschutzes schon öfter der Gedanke gekommen, warum niemand in den Festreden den Umstand erwähnt, dass alle glorreichen Taten des Jubilars beziehungsweise der Jubilarin nichts an dem niederschmetternden Befund ändern können, dass wir dabei sind, unsere Erde zu verlieren (erwähnt sei hier *Losing Earth* von Nathaniel Rich). Nicht den Materieklumpen an sich natürlich, aber wir ruinieren deren Biosphäre, diese unglaublich dünne Schicht an der und um die Oberfläche unseres Planeten, das, was die Erde zu einem für Menschen gastfreundlichen Ort macht (nach Wolfgang Sachs). Auf der Suche nach den Gründen wird es schnell unübersichtlich. Die Klimakrise ist ein Albtraumproblem, von mir auch schon als »Drehbuch des Teufels« bezeichnet: von allen Menschen in unterschiedlichem Maße mit verursacht und alle Menschen bedrohend – aber erst mit zeitlichem Abstand und in unterschiedlicher Intensität. Ein Problem, dessen Ursachen – nämlich die fossilen Brennstoffe – seit 250 Jahren die Grundlage unseres Wohlstands und unserer Zivilisation bilden. Also ein globales Problem, dessen Lösung nicht nur eine grundstürzende Umgestaltung unserer Art, zu wirtschaften und zu leben, erfordert, sondern Solidarität und Kooperation über alle Grenzen hinweg. Größer geht's nicht.

Und immer dann, wenn man meint, jetzt habe die Menschheit doch kapiert und reiße das Ruder herum, kommt ein externes Ereignis, das sie wieder auf den alten fossilen Pfad zurückdrängt: Der 11. September 2001 rückte den internationalen Terrorismus in den Vordergrund, viele Billionen Dollar wurden in unsinnige Kriege gesteckt. Die Finanzkrise nur knapp zehn Jahre später festigte das Dogma des ökonomischen Wachstums und vernichtete wieder viele Billionen Euro. Noch mal zehn Jahre später führte die Coronapandemie zunächst zu einer Senkung der Emissionen – nur damit sie danach wieder umso stärker anstiegen. Und von den im Lockdown angeeigneten neuen und genügsameren Lebensstilen blieb nur noch eine blasse Erinnerung, stattdessen regierte das Gefühl des »Jetzt bin ich mal dran«. Schließlich der Energieschock nach dem russischen Angriff auf die Ukraine, der die Macht der fossilen Industrie paradoxerweise erst mal gefestigt hat.

Wie behält man unter diesen Umständen die Kraft, um dranzubleiben? Diese Frage wurde mir in den letzten Jahren immer häufiger gestellt – dem eigenen Alter vermutlich ebenso sehr geschuldet wie der verfahrenen Lage. So auch letztes Jahr bei einer Veranstaltung für Erstsemester an der Hochschule für nachhaltige Entwicklung Eberswalde. Meine Antwort darauf: Vor einigen Jahren noch hätte ich hier eine eher abstrakte Antwort gegeben, zum Wohle der Menschheit und aller anderen Geschöpfe oder Ähnliches. Heute ist der Grund ein sehr lebendiger, nämlich meine Enkelinnen. Die Jüngste ist Jahrgang 2022 – sie wird im Jahr 2100 gerade mal 78 Jahre alt sein. Statistisch gesehen, wird sie dieses Jahr erleben. Und ich werde, verdammt noch mal, alles mir Mögliche tun, um ihr und ihren Schwestern einen gastfreundlichen Planeten zu erhalten!

Was also gibt Hoffnung? Nun, ich glaube nicht mehr an eine bewusste, konzertierte Klimaschutzstrategie durch die Menschheit. Vielleicht war dieser Glaube immer schon naiv, aber die letzten zwei Jahrzehnte haben die Vergeblichkeit solchen Strebens sehr klar vor Augen geführt. Es wird kein »Grand Design« geben, mit dem alle Regierungen die tödliche Bedrohung der Klimakrise erkennen, Maßnahmen dagegen einleiten und aufeinander abstimmen. Das heißt nicht, dass solche globalen Strategien Unsinn sind. Im Gegenteil: Szenarien, wie sie in Deutschland der Wissenschaftliche Beirat globale Umweltveränderungen (WBGU) produziert hat oder in den USA Lester Brown (Plan B 2.0) und viele andere, solche Analysen haben ihren Sinn. Sie dienen als Orientierungshilfe, um zu bestimmen, welche Maßnahmen für Einzelne, für Kommunen, für Staaten oder Staatenverbünde geeignet sind. Sie sind gewissermaßen Leuchtfeuer auf dem Weg. Aber sie werden kein Modell bilden, dem die Welt folgen wird. Nein, meine Hoffnung gründet sich auf zweierlei: erstens auf der Möglichkeit, dass die Selbstregulierungskräfte unserer Erde größer sind, als wir bisher annehmen. Dass es also nicht nur positive Feedbackloops gibt, sondern auch negative. Positive Rückkopplungseffekte verstärken den Klimawandel, negative halten ihn auf. Ähnlich wie beim Coronatest ist also das Negative hier das Gute.

Bisher scheint es, als gebe es nur »positive« Rückkopplungen, die den Temperaturanstieg noch mal beschleunigen: Das Sommereis der arktischen Meere verschwindet, es wird mehr Sonneneinstrahlung absorbiert – die Temperatur steigt. Der Permafrostboden taut auf und entlässt riesige Mengen Methan – die Temperatur steigt. Die großen tropischen und borealen Regenwälder verbrennen und geben das gespeicherte Kohlenstoffdioxid in die Atmosphäre – die Temperatur steigt. Das sind die sogenannten Kipppunkte des Klimasystems, und bisher deutet alles darauf hin, dass sie die Klimakrise beschleunigen. Doch hält sich bei mir eine fast schon irrwitzige Hoffnung, dass ab einem bestimmten Anstieg der Temperatur »Gaia«, wie unsere Erde manchmal genannt wird (James Lovelock), die Notbremse zieht. Ob sie das tut, um die Lebensbedingungen für Menschen in einem verträglichen Rahmen zu halten, ist allerdings nicht gesagt. Vielleicht doch eher für die Bäume, wie Richard Powers spekuliert *(Die Wurzeln des Lebens)*.

Meine zweite Hoffnung wurzelt in der Erkenntnis, dass vielleicht nicht der große Plan gelingt, das »Grand Design« für die globale Transformation. Aber dass die vielen Millionen Aktionen von Menschen überall auf der Erde dazu führen, dass unsere Zivilisation langsamer als vielleicht wünschenswert, aber doch unaufhaltsam auf den richtigen Pfad kommt. Oder dass eine Idee von den vielen plötzlich den Durchbruch und die Wende bringt. Der amerikanische Autor Kim Stanley Robinson hat das in seinem Buch *Das Ministerium für Zukunft* dargestellt – wie über 15 Jahre hinweg eine Vielzahl von (zum Teil illegalen und höchst fragwürdigen) Maßnahmen die Welt von den fossilen Brennstoffen befreit. Robinson ist erkennbar von einem ungeheuren Optimismus beseelt, vielleicht zu optimistisch. In einem anderen Buch *(2312)* beschreibt er eine mögliche Zukunft im 24. Jahrhundert, die eine feine Balance hält zwischen Utopie und Dystopie (also einer negativen Utopie). Die Erde ist ein ziemlicher Sumpf, geplagt von Klimaextremen, dem Anstieg des Meeresspiegels und vielen Kämpfen um Macht und Ressourcen. Aber auf anderen Planeten unseres Sonnensystems haben sich Kolonien gebildet, die einen anderen Weg gehen und hoffen lassen. Das ist das Großartige an guter Science-Fiction: Sie lässt manchmal einen Blick erhaschen wie durch einen Türspalt, unscharf, aber doch so, dass mögliche Zukünfte erahnbar sind.

Diese Hoffnung kann man etwas salopp mit dem Begriff des »Durchwurschtelns« bezeichnen, auf Englisch »muddling through« (Charles E. Lindblom). Dafür kann man auch viel besser klingende wissenschaftliche Fremdworte nutzen wie »inkrementelle Steuerung« oder »piecemeal change« (Karl Popper). Aber Tatsache ist doch, dass es der Menschheit bisher gelungen ist, vom Schlimmsten verschont zu bleiben. Eine etwas verzweifelte Hoffnung, zugegeben. Aber etwas mehr Zeit, verbunden mit Abermillionen klimafreundlichen Taten, könnten es möglich machen, dass die Menschheit auch in Zukunft auf einem gastfreundlichen Planeten leben kann. Deshalb muss gekämpft werden, es bleibt eh keine Wahl. Wie es schon Martin Luther King formulierte: »Wir haben nicht gekämpft, weil wir wussten, dass wir gewinnen werden. Sondern weil es das Richtige war.« Für die Menschheit und alle anderen Geschöpfe – und für unsere liebsten Nachkommen.

Erkenntnis, Haltung, Mitwirkung

Dirk Hamann

Die Wissenschaft zum Klimawandel und zu dessen Ursachen ist klar. Die Fakten sind seit langer Zeit bekannt. Die Entwicklungen wurden wissenschaftlich basiert vorhergesagt. Es liegen unzählige Publikationen dazu vor (siehe neben vielen anderen empfehlenswerten Publikationen das Buch *Heißzeit* von Mojib Latif).[1] Die Nachrichtenlage zu immer häufigeren Extremwetterereignissen weltweit und den mittlerweile durch Wasser, Feuer, Sturm, Dürre oder Hitzeperioden unzähligen Toten und Verletzten oder um ihr Hab und Gut Gebrachten kann niemand verdrängen, die immensen wirtschaftlichen Schäden für ganze Volkswirtschaften noch gar nicht eingerechnet. Es erfordert keine besondere schulische Bildung, dies jedenfalls zur Kenntnis zu nehmen und nicht zu negieren. Wer das noch leugnet, der will nicht hören, sehen, verstehen und – schließlich – an Lösungsversuchen mitarbeiten.

Um Wissenschaft soll es hier deshalb auch nicht gehen, dies wird als bekannt vorausgesetzt. Ich will es einfach ausdrücken: Viele politische Entscheidungsträger*innen, die kraft der Macht ihres Amtes in ihrem Einflusskreis eine andere Entwicklung hätten bewirken können, haben es doch frühzeitig gewusst.

Einer der Hauptverursacher des menschengemachten Klimawandels ist bekanntlich die fossile Industrie, womit die Förderung von Öl, Gas und Kohle und deren Zigtausende Produkte gemeint sind, die wir alle als (Über-)Konsument*innen zu verschiedenen Zwecken verbraucht, verbrannt oder – zum Beispiel in Form von Plastikmüll – in ganz unvorstellbar großen Mengen in der Landschaft und den Meeren zurückgelassen haben beziehungsweise weiterhin lassen, wo sie große Probleme für unseren Planeten und seine Bewohner bereiten. Ja, diese fossile Industrie hat uns (genau betrachtet: einem verhältnismäßig kleinen, privilegierten Teil der Weltbevölkerung) zivilisatorischen Wohlstand gebracht, aber um welchen Preis (für alle, also zulasten vor allem auch der nicht privilegierten Teile der Weltbevölkerung)? Und warum wurden und werden dabei ständig fundamentale Prinzipien missachtet, die eigentlich jedes kleine Kind bereits beigebracht bekommt? Ich will es einfach und verständlich ausdrücken: Mach keinen Dreck!

Wer Dreck macht, hat diesen wieder wegzumachen: auf eigene Kosten. Wenn der oder die Verursacher*in das nicht kann, muss ein Dritter beziehungsweise eine Dritte den Dreck wegmachen. Selbstverständlich dann auf Kosten des Verursachers.

Lässt sich der Dreck aber durch niemanden mehr (mit vertretbarem Aufwand) beseitigen, hat der Verursacher für den angerichteten Schaden einzustehen.

Das nennt sich Verursacherhaftung und ist ein Grundsatz, den das Recht im Prinzip kennt. Trotzdem werden die genannten Punkte in vielen Bereichen häufig nicht zur Anwendung gebracht oder schlichtweg missachtet. Der Grund für die Missachtung (im Wesentlichen durch die dem kindlichen Verständnis entrückten Erwachsenen) liegt meines Erachtens auf der Hand und ist in der menschlichen Natur zu suchen: Wenn es keine Konsequenzen für den oder die Verursacher*in gibt, er oder sie vielmehr die Lasten des Dreck verursachenden Handelns oder Unterlassens locker auf die Allgemeinheit oder jedenfalls auf andere abwälzen kann (»Externalisierung«), dann verleitet das die moralisch Schwachen und/oder Unanständigen häufig zur gewissenlosen Sorglosigkeit im Umgang mit der Verursachung von Dreck und Schäden.

Auf Neudeutsch bedeutet das in einem Rechtsstreit: Wenn eine Gesellschaft durch
- ungenügende oder fehlende rechtliche Rahmenbedingungen (Gesetze) und/oder durch
- die Vernachlässigung der Überwachung und Durchsetzung ausreichend vorhandener rechtlicher Rahmenbedingungen – durch die Exekutive oder durch allgemein zivilgesellschaftlichen Verhaltensdruck (»Ächtung«) –
- die Externalisierung der Auswirkungen und Kosten des Dreck verursachenden Verhaltens zulässt oder sogar noch belohnt (Stichwort: Subventionen ausgerechnet für die fossile Industrie beziehungsweise den fossilen Verbrauch), dann muss man sich nicht wundern, dass das eigentlich schon längst erkannte Problem nicht wirksam in den Griff zu bekommen

ist. Dafür ist die Gier auf Renditemaximierung – und sei es auf Kosten der Allgemeinheit und/oder künftiger Generationen – bei den meisten Individuen einfach zu ausgeprägt.

Kleiner Exkurs: Viele argumentieren ja auch gerne damit, dass eine zu konsequente Umsetzung der oben angeführten Grundsätze die (deutsche oder internationale) Wirtschaft und damit unseren meist westlich gemeinten und auf die Nordhalbkugel bezogenen Wohlstand im Sinne eines völlig falsch verstandenen Wachstumsnarrativs abwürgen würde. Das ist dann Ausdruck einer individuellen Gier (bloß keine eigenen Abstriche oder Änderungen am geliebten Überkonsumverhalten, welches zwar nicht glücklich macht, aber von dem uns ganze Industrien, Werbung und falsche Wertvorstellungen abhängig und süchtig gemacht haben). Dieses Argument trägt aber nicht, denn eine Änderung des Überkonsumverhaltens und Wohlstand schließen sich nicht aus. Es muss dann aber um qualitatives Wirtschaftswachstum in den Bereichen gehen, in denen klimaschonende (technische) Innovationen weiterhin (deutsche) Exportschlager sein müssen und können. Wer nicht innoviert, der verliert, zumal in einer de facto weiterhin globalisierten Wirtschaft, die trotz derzeit teilweise rückwärtsgewandter politischer Tendenzen zu »Meine Nation aber zuerst« auch nicht wieder verschwinden wird. Jede – auch die deutsche – Wirtschaft wird von denjenigen abgehängt, die die besseren, lebensdienlicheren Produkte herstellen bei effizienteren und ressourcenschonenderen Produktionsverfahren mit Beachtung der Circular-Economy-Prinzipien und dem – auch im gesundheitlichen Sinne verstandenen – Wohle der Bevölkerung.

Wer jetzt meint, dass es bei einem solchen Befund keine Hoffnung auf Heilung gebe und die Menschheit unbelehrbar dem Klimakatastrophenabgrund weiter entgegenjagen müsse, der irrt: Denn der oben (zugegebenermaßen stark verkürzt skizzierte Befund) trägt ja ebenso im Kern bereits alle Elemente dessen in sich, was Gesellschaften und vor allem deren politische und wirtschaftliche Entscheidungsträger*innen anpassen können, um das Ruder wirklich herumzureißen: Es geht um die innere Haltung und die Motivation zur Verantwortungsübernahme. Es ist nicht unmöglich, den Menschen eine »vernünftige« innere Haltung zur – kurz gesagt – Schonung der Umwelt und Bekämpfung des Klimawandels beizubringen. Wer meint, sich zulasten der Allgemeinheit, seiner Nachbar*innen oder sonst Betroffener an die oben angeführten Grundsätze nicht halten zu müssen, zum Beispiel weil er diese leicht verständlichen Regeln nicht für richtig erachtet oder weil er meint, er persönlich dürfe anders als andere über diesen Grundsätzen stehen, dem oder der sollte in einer freiheitlich-demokratischen Rechtsordnung durch angemessene Maßnahmen verdeutlicht werden, dass es ihm an gemeinwohlbeachtender Haltung mangelt. Meist funktioniert das ja über das Portemonnaie oder die Einschränkung von sonst so hoch geschätzten Freiheitsrechten, und das wird auch allgemein akzeptiert (Ein Beispiel: Verkehrsteilnehmer*innen sind mit dem Prinzip vertraut: Ein Kfz im Straßenverkehr darf aus guten, die Allgemeinheit schützenden Gründen nur führen, wer einen Führerschein macht, was Geld kostet und den Nachweis darüber voraussetzt, dass man die Regeln gelernt hat. Wer ständig bei Rot über die Ampel fährt, dem wird der Führerschein wieder entzogen, diese Art der mobilen Freiheit also eingeschränkt. Regelverstöße werden unter anderem mit Bußgeldern geahndet).

Wenn die Umwelt oder klimaschädigendes Verhalten teuer ist, ist es vielen oft dann auch zu teuer, und es unterbleibt. Das darin wohnende Element einer Ungerechtigkeit zwischen denen, die sich wirtschaftlich viel leisten können (und damit auch Regelverstöße), und denen, die sich wirtschaftlich wenig leisten können, kann und muss man in einer »sozialen« Marktwirtschaft weitestgehend staatlich abfedern, insbesondere für die notwendigen Güter und Dienstleistungen. Dieses Element der Ungleichheit muss allerdings auch nicht in jedem Fall beseitigt werden. »Rolls-Royce und Privatjet für alle« kann in unserer Gesellschaftsstruktur nicht das Motto sein. Es müssen also nicht immer die so ungeliebten Verbote sein (wobei manche Verbote unumgänglich sind, wie auch jedes Kind weiß, damit von allen verstanden wird, was man besser nicht tun sollte). Vieles lässt sich schon allein über den Marktpreis ausbalancieren. Das Genannte sollte aber im Kontext von nachhaltigerem – besser: lebensdienlicherem – Verhalten und einer umwelt- und klimaschonenden inneren Haltung nicht missverstanden werden. Es ist nicht verboten, eine andere Haltung zu haben, sich zum Beispiel nicht um das Thema Nachhaltigkeit scheren zu wollen, aber man darf es dann nicht zulasten anderer ausleben wollen/dürfen/können und vor allem: Man sollte dann nicht lügen und so tun, als hätte man Nachhaltigkeit im Sinn.

Wer Aufrichtigkeit als Wert nicht kennt oder befolgt, sollte aus seinem Handeln keine Gewinne erzielen dürfen.

Aus diesem Grund ist kürzlich der Verein zur Bekämpfung des unlauteren Greenwashing e. V. mit Sitz in Berlin gegründet worden. Denn die Heuchelei, man würde sich um Klimaschutz und Klimaneutralität kümmern, um dann mit täuschenden Werbeaussagen Profit zu machen, ist wie eine Seuche inflationär in allen Industrien anzutreffen. Deshalb ist es zu begrüßen, dass die EU die sogenannte Green Claims Directive[2] angekündigt hat, die darauf abzielt, dies in allen denkbaren Industrien noch besser zu unterbinden, als es nach gegenwärtiger Gesetzeslage ohnehin schon möglich ist. Und deshalb ist es noch mehr zu begrüßen, dass der Bundesgerichtshof in einer jüngeren Entscheidung klargestellt hat, was jetzt schon nach dem Gesetz gegen den unlauteren Wettbewerb in dieser Hinsicht »unlautere« Geschäftspraktik darstellt.[3] Besonders grassiert die Heuchelei nach meiner Beobachtung weiterhin auch in der Finanzindustrie und bei Kapitalanlageprodukten. Da gab es schon große Skandale, die der Allgemeinheit nicht unbedingt so geläufig sind.[4] Und weitere werden folgen, weil viele Fondsmanager*innen es einfach nicht lassen können, mit der Inaussichtstellung von obszönen Überrenditen Kapital einzuwerben und dabei so zu tun, als würden auch noch nachhaltige Ziele verfolgt, während in Wahrheit – ein Blick in die Anlageportfolien vermeintlich nachhaltig investierender Fonds beziehungsweise Marktteilnehmende genügt meist – etliche Investitionen weiterhin in umwelt- und klimaschädliche Produkte getätigt werden. Darauf fallen naive Anleger*innen herein, und es ist im Kapitalanlagebereich dann auch sehr schnell der Straftatbestand des (Kapitalanlage-)Betrugs objektiv erfüllt. Leider ist der Graubereich groß. Das ist besonders schade, weil verantwortungsbewusste Verwalter und Verwalterinnen riesiger Anlagevermögen die Möglichkeit und die Macht hätten, gewaltige Kapitalströme in Investitionen zu lenken, die gut für die Menschen und den Planeten sind. Stattdessen schüttet die Branche eine unübersehbare Vielfalt künstlich geschaffener sogenannter Awards für Nachhaltigkeit für Fondsprodukte aus, die damit nicht viel zu tun haben.

Dabei ist es gar nicht verwerflich, auch bei Investitionen in Nachhaltigkeit nach Gewinn zu streben und als Anleger*in gute Renditen erzielen zu wollen. Im Gegenteil: Da die meisten institutionellen und privaten Anlegerinnen und Anleger in unserem Wirtschaftsmodell in erster Linie nach Gewinn und Rendite streben und danach ihre Anlageentscheidungen ausrichten, wird man dies nicht ändern können (und auch nicht ändern wollen). Entscheidend ist vielmehr, dass diejenigen, die dem Planeten schaden, dafür nicht auch noch mit hohen Gewinnen und Renditen belohnt werden. Vielmehr sollten diejenigen, die in die guten Projekte für den Planeten und seine Menschen investieren, die höheren Ausschüttungen erwirtschaften dürfen. Man stelle sich mal vor, die Politik würde – endlich – die Rahmenbedingungen und Weichen bei den Finanzmärkten konsequent so stellen, dass mit den für Nachhaltigkeit »schädlichen« Investitionen gesichert weniger Rendite erzielt würde als mit den für Nachhaltigkeit »guten« Investitionen: Die Anlagegelder würden in einer echten »Shifting-the-Trillions«-Bewegung[5] selbst von solchen Anlegerinnen und Anlegern, denen Nachhaltigkeit nicht am Herzen liegt, ohne weitere Überlegung in Richtung Nachhaltigkeit fließen. Und das ist genau das, was die Welt braucht.[6] Natürlich wird man im Einzelnen dann streiten können, was »schädlich« und was »gut« ist, aber im Großen und Ganzen könnte damit ein grundlegender Richtungswechsel in den Kapitalflüssen bei Investitionen eingeleitet werden, der dem Planeten und seinen Menschen Hoffnung machen kann.

Von Haltung über Hoffnung zur Verantwortungsübernahme: Es ist nicht unmöglich, Menschen zur Übernahme von Verantwortung zur Schonung der Umwelt zu motivieren. Das gilt nicht nur für Kapitalanleger und -anlegerinnen, die Verantwortung schon dadurch übernehmen, wenn in echte Nachhaltigkeit investiert wird. Sondern es gilt für jeden und jede, ob alt, ob jung, und zwar nach den jeweiligen eigenen Möglichkeiten, so klein oder groß sie im Einzelfall auch sein mögen. Nichts, kein Argument der Welt, hindert die einzelne Person, es nach ihrer inneren Überzeugung und Haltung jeden Tag ein klein wenig besser zu machen als am vorangegangenen Tag oder es jedenfalls zu versuchen. Das gilt auch für das Umwelt- und Klimabewusstsein und Verhaltensänderungen in dieser Hinsicht. Dadurch übernimmt man mehr Verantwortung für sich, aber eben auch für alle. Und für Gleichgesinnte, die sich mehr einbringen wollen, gibt es reichlich Vereine, Institutionen, gesellschaftliche Gruppierungen aller Art, denen man sich anschließen kann.

Just do it!

Gemeinsam und entschlossen handeln

Stefan Maier

Schaue ich auf die aktuelle klimapolitische Lage, so betrübt und beängstigt mich diese enorm. Hat nicht schon Jane Goodall treffend bemerkt, dass sie nicht nachvollziehen kann, wie das vermeintlich intelligenteste Wesen des Planeten sich selbst die Grundlagen seiner Existenz entzieht? Genau dieses tun wir seit etwa 150 Jahren, mit ungebremster Leidenschaft und Dummheit. Wir reichern die Atmosphäre dermaßen mit Kohlenstoff an, dass wir im wahrsten Sinne des Wortes dabei sind, uns die Lebensbedingungen zu verheizen. Diese Erkenntnis ist nicht neu. Bereits 1897 berechnete Svante Arrhenius, wie das Anreichern der Atmosphäre mit Kohlenstoff den Temperaturverlauf der Erde beeinflussen werde. Noch früher, im Jahr 1824, erklärte der französische Mathematiker Joseph Fourier den Treibhauseffekt und dessen Mechanismen durch die isolierende Wirkung der Atmosphäre. Spätestens seit den 1970er-Jahren ist uns der direkte Zusammenhang zwischen unserer Lebens- und Wirtschaftsweise und der globalen Erderwärmung bewusst. Im Jahr 1995 fand in Berlin unter der damaligen Bundesumweltministerin Angela Merkel die erste Conference of the Parties (COP) statt, die auf die Reduzierung der Treibhausgase und die Stabilisierung des Weltklimas abzielte. Im Jahr 2015 wurde dann das völkerrechtlich verbindliche Pariser Abkommen geschlossen mit dem Ziel, die globale Erwärmung auf maximal zwei Grad, idealerweise auf 1,5 Grad zu begrenzen. Wenn unsere Kinder uns einmal auf unser verantwortungsloses Verhalten ansprechen, dann kann also niemand sagen: »Sorry, mein Kind, wir haben nichts davon gewusst.«

Welche Konsequenzen haben sich nun aus all den Treffen und Verträgen ergeben? Die Treibhausgasemissionen steigen ungebremst an – scheinbar unaufhaltsam. Weltweit entlassen wir heute 60 Prozent mehr Treibhausgase in die Atmosphäre als noch 1990. Wir erreichen Kohlenstoffdioxidkonzentrationen, die zuletzt vor etwa 2,5 Millionen Jahren während des Pliozäns vorhanden waren. Auch die globale Durchschnittstemperatur folgt diesem

Trend – sie lag zu jener Zeit global 2,5 bis drei Grad über dem heutigen Wert. Der Meeresspiegel befand sich zwischen fünf und 25 Meter über dem aktuellen Niveau. Man muss sich mal vorstellen, was dies für unsere heutige, dicht besiedelte Welt mit acht Milliarden Menschen bedeutet. Während ich diese Zeilen verfasse, erleben wir den neunten aufeinanderfolgenden Monat mit Rekordtemperaturen. Es scheint, als würde die Geschwindigkeit des Temperaturanstiegs kontinuierlich zunehmen.

Wenn ich über die Möglichkeiten zur Veränderung und zum Erhalt der Lebensbedingungen auf unserer wunderbaren Erde spreche, begegne ich oft unsinnigen Einwänden. Viele argumentieren, dass andere Länder zuerst handeln sollten, da Deutschland bereits viel geleistet habe. Oder es wird behauptet, die deutschen Treibhausgasemissionen seien so gering, dass sie keine Rolle spielten. Diese Ansicht wurde selten so deutlich und abstoßend formuliert wie durch Clemens Tönnies, den Fleischunternehmer aus Niedersachsen. Bei einer Veranstaltung zum Thema Klimawandel im Jahr 2019 schlug er tatsächlich vor, jährlich 20 Kohlekraftwerke in Afrika zu finanzieren, damit die Afrikanerinnen und Afrikaner »aufhören, Bäume zu fällen und, wenn es dunkel wird, aufhören, Kinder zu produzieren«. Widerlich! Kaum jemandem ist bewusst, dass Deutschland, historisch gesehen, der sechstgrößte CO_2-Emittent weltweit ist. Nur fünf Länder haben in ihrer Geschichte mehr Kohlenstoff in die Atmosphäre geblasen als Deutschland. Selbst heute stößt jede einzelne Person in Deutschland das Vier- bis Sechsfache dessen aus, was als zulässiger Anteil angesehen wird, um die Ziele des Pariser Abkommens zu erreichen und somit das gemeinsame Überleben zu sichern.

Sprechen wir über die Klimaziele von Paris, stellt sich die Frage, ob es überhaupt noch realistisch ist, diese zu erreichen. Insbesondere das Ziel, die globale Erwärmung auf deutlich unter zwei Grad zu begrenzen, scheint angesichts der Wirksamkeit von CO_2 und dessen Verweildauer in der Atmosphäre eine kaum noch umsetzbare Herausforderung zu sein. Laut Wissenschaft könnte es jedoch noch möglich sein, das Ruder herumzureißen. Die Voraussetzung dafür ist, dass wir gemeinsam und entschlossen handeln. Wir alle – jeder und jede Einzelne – müssen und können aktiv werden, insbesondere jedoch sind die Politik und Wirtschaft gefordert. Es ist entscheidend, dass diese Akteure endlich aufwachen und ihren vollmundigen Versprechen tatkräftige Aktionen folgen lassen. Es ist von größter Bedeutung, dass die politischen und wirtschaftlichen Entscheidungsträger*innen sich ihrer Verantwortung bewusst werden und aus ihrem Dornröschenschlaf erwachen.

Wir haben das Klima bereits massiv und nachhaltig verändert. Auch wenn es vereinzelt Profiteur*innen gibt, die dumm genug sind, sich darüber zu freuen, sind die Konsequenzen nicht abschätzbar. Beispielsweise erfreuen sich Reedereien darüber, dass sie während der Sommermonate zukünftig die Nordost- und Nordwestpassagen nutzen können anstatt den längeren Weg durch den Sueskanal oder die Panamaroute. Auch Landwirtinnen und Landwirte in höheren Breiten sehen Vorteile, da sie plötzlich Pflanzen aus südlichen Regionen anbauen können. Doch die negativen Auswirkungen werden, je nach Grad der Erwärmung, all diese scheinbaren Vorteile überschatten.überschatten. Es ist keine Schwarzmalerei oder Panikmache, wenn die Wissenschaft vor einem steigenden Meeresspiegel, Extremwetterereignissen, Hitzetoten, unkontrollierbaren Migrationsbewegungen, dem sechsten Massenartensterben und vielen weiteren extremen Folgen warnt. Leider ist das die Realität. Wissenschaftlerinnen und Wissenschaftler sind sich mit einer außergewöhnlichen Übereinstimmungsrate von 95–99 Prozent einig, dass die aktuelle Klimaerhitzung menschengemacht ist. Doch wie reagieren wir als Gesellschaft darauf? Wie reagieren wir als einzelne Personen oder als Eltern auf diese Tatsachen? Wir leben weiter, als wäre die Erde eine unerschöpfliche Ressourcenquelle, die wir aussaugen und vermüllen können. Das Auto muss weiterhin größer als das des Nachbarn sein. Die Reisen sollen so häufig und exotisch sein, dass man damit im Club punkten kann, und weil es so bequem ist, lassen wir uns gerne die einzelne Pizza vom Lieferdienst bringen. Klimaauswirkungen? Egal!

Ich frage mich: Würden wir unsere Kinder, die Großeltern und auch das geliebte Haustier in einem Auto mit Vollgas auf die Autobahn jagen, wenn die Servicetechnikerin uns eindringlich warnt, dass die Bremsen mit nahezu 100-prozentiger Wahrscheinlichkeit versagen werden? Wohl kaum. Da würde sich der tief verankerte Überlebensinstinkt melden und alle Warnlampen auf Rot schalten. Bei der Klimakatastrophe jedoch, die schon heute Hunderttausenden Menschen das Leben kostet, für Hunger und Migration sorgt, scheinen keine Warnlampen aufzuleuchten. Höchstens ein leises Zucken im Unterbewusstsein, das sich meldet und schnell wieder unterdrückt werden kann. Was stimmt mit uns nicht? Was stimmt mit mir nicht? Leider muss ich gestehen, dass ich selbst über Jahrzehnte hinweg nicht auf die Umwelt achtete und mein addierter CO_2-Fußabdruck fürchterlich ist. Mir war es wichtig, ein statusorientiertes Auto zu fahren, ich bereise gerne den Globus und liebte einen gefüllten Kleiderschrank. Hörte ich einmal etwas vom Klimawandel, spürte ich eine leichte Störung, die ich jedoch schnell beiseiteschob. Dann, im Jahr 2000, wurde meine Tochter geboren. Da Janina per Kaiserschnitt zur Welt kam, wurde ich von einer durchsetzungsstarken Schwester in einen Seitenraum geschoben und zum Warten verdammt. Nach einer gefühlten Ewigkeit kam dieselbe Schwester mit einem zappelnden, schreienden und übel riechenden Bündel auf dem Arm in den Raum, lächelte mich an und drückte mir meine Tochter in die Hand. »Machen Sie mal sauber.« Diesen Moment werde ich niemals vergessen. Plötzlich wurde mir klar, dass es Dinge gibt, dass es ein Leben gibt, das so viel größer ist als meine eigene Person. Mir wurde bewusst, dass ich Verantwortung trage – und das nicht nur für meine frischgeborene geliebte Tochter. Einige Jahre später fiel mir dann das Buch *Kapitalismus vs. Klimawandel* von Naomi Klein in die Hände, und ab diesem Moment änderte und bereicherte sich gleichzeitig mein Leben grundlegend.

Seitdem arbeite ich daran, meinen negativen Einfluss auf Umwelt und Gesellschaft zu verringern. Ich engagiere mich in Umweltorganisationen und bezeichne mich heute als Umweltaktivist. In meinem Umfeld habe ich vieles geändert und gelernt, mich auf die wertvollen und schönen Dinge zu konzentrieren. So besitze ich seit vielen Jahren kein Auto mehr, bin seit Jahren nicht mehr geflogen und habe vor, es auch zukünftig zu vermeiden. Aus Gründen der Tierliebe ernähre ich mich seit 30 Jahren vegetarisch und habe vor etwa fünf Jahren auf eine weitgehend vegane Ernährung umgestellt. Konsum? Nur noch, wenn es wirklich nötig ist. Die größte Herausforderung liegt jedoch in meinem Unternehmertum. Ein Unternehmen in einem energieintensiven Bereich aufzubauen, annähernd 100 Mitarbeitende im Team zu haben, deren Arbeitsplätze zu sichern und gleichzeitig sozioökonomisch verantwortungsvoll zu wirtschaften, das ist die Herausforderung. Aus diesem Grund haben wir uns 2017 der Gemeinwohl-Ökonomie angeschlossen und bemühen uns um nachhaltiges Wirtschaften. Obwohl wir uns bewusst sind, dass wir immer noch dem Planeten Schaden zufügen, arbeiten wir weiterhin hart daran, die negativen Auswirkungen auf Umwelt und Gesellschaft zu minimieren und, wo immer möglich, ins Positive zu wenden. Es gäbe noch so vieles zu erzählen, aber ein Aspekt ist mir besonders wichtig, und den möchte ich daher erwähnen: Mein Leben hat durch diese Umstellungen eine ungemeine Bereicherung erfahren. Verrückterweise fühle ich mich, wenn ich die Lage der Menschheit ausblende, so wirksam und so wohl wie noch nie zuvor in meinem Leben. Der Kampf für die Zukunft des Planeten, für meine Tochter und für alle, die mir am Herzen liegen, hat mir ungeahnte Abenteuer, Freundschaften und eine tiefe Dankbarkeit sowie Zufriedenheit geschenkt.

The people have the power! Über individuelle Hoffnung zum kollektiven Handeln

Xenia Gomm

Im Jahr 2015 war ich gerade dabei, mein Abitur abzuschließen, als in Paris ein Meilenstein erreicht wurde. Ein Meilenstein für die internationale Zusammenarbeit. Ein Meilenstein, für den die Klimabewegung jahrzehntelang gekämpft hatte. Ein Meilenstein, der die Klimakrise als Krise anerkennt, Verantwortungen benennt und Handeln fordert. Damals war mir nicht bewusst, wie überfällig dieser Schritt war. Mir war nicht bewusst, dass wir uns bereits inmitten einer Klimakrise befinden. Ich bin in einem kleinen Dorf im Allgäu aufgewachsen, vor den Alpen, umgeben von Kühen, Schnee im Winter, Sonne im Sommer – alles ziemlich idyllisch. Es ist einfach, an solchen Orten Krisen zu ignorieren, aus Selbstschutz oder aus Arroganz. Oder einfach, weil es irgendwie alle tun. Mitschwimmen, mitlaufen, mitmachen mit allen anderen – das, was schon immer so war, ist einfacher. Und warum sollte man nicht den einfachen Weg wählen? Mich wundert es also gar nicht, dass mir während meines Abiturs die Dimension der Klimakrise nicht bewusst war, sie selten zum Gesprächsthema wurde und ich keine Menschen in meinem Umfeld hatte, die zu dringendem Handeln aufgerufen haben.

Frustration und Resignation sind keine Option – unsere Zukunft hängt von unserem Handeln ab

Das hat sich jetzt verändert. Die Klimakrise ist in aller Munde und auch in meinem Heimatdorf angekommen. Temperaturen über 35 Grad treten immer häufiger auf. Mit extremer Hitze geht nicht nur Trockenheit einher, sondern auch Extremwetterereignisse wie starke Regenfälle. Dörfer sind von Wassermangel betroffen, und woanders setzen Wassermassen Straßen und Gebäude unter Wasser. Zuletzt wurde im Juli 2024 wegen der extremen Hochwasserlage der Katastrophenfall ausgerufen. Weil all das immer mehr von medialer Berichterstattung und gesellschaftspolitischen Akteur*innen aufgegriffen wird, ist die Klimakrise nun endlich in aller Munde – und trotzdem werden wir ihr nicht gerecht. Wir handeln zu langsam und zu schwach – wenn überhaupt. Multiple Krisen verstärken das Gefühl der Machtlosigkeit, der Überforderung und veranschaulichen unser fehlendes Wissen und unsere unzureichende Handlungsfähigkeit, mit Krisen umzugehen. Trotzdem oder gerade deshalb sind in den letzten Jahren und Jahrzehnten viele Tausend Menschen auf die Straße gegangen und haben auf unterschiedlichste Weise ihre Stimme erhoben. Ich durfte Teil dieser großen globalen Bewegung werden. Wir begannen, uns in lokalen Gruppen zu organisieren, trafen uns über Monate hinweg, um Aktionen zu planen, malten Plakate auf dem Fußboden eines Jugendzentrums, verteilten Flyer vor dem Eingang der Universität, organisierten Diskussionsrunden, plakatierten nachts die Stadt für die nächste Demonstration und vernetzten uns mit Aktiven aus anderen Städten und Ländern. Der Protest wurde laut, sichtbar, groß und vielseitig.

Wir können nicht auf »die« warten, die es lösen werden

So bin ich während meines Studiums in Stockholm bei einer schwedischen Jugendklimaorganisation gelandet und fuhr wenig später gemeinsam mit vielen weiteren jungen Menschen zur 26. Weltklimakonferenz nach Glasgow. Dort diskutierten Tausende Menschen über eine gerechte Zukunft. Ich war voller Hoffnung. Doch meine Hoffnung schwand, als ich erkannte, wie wenig Raum die am meisten von der Klimakrise Betroffenen am Verhandlungstisch einnahmen und wie stark die Interessen der fossilen Industrie – mit über 500 Menschen – vertreten waren. Der Glaube der mächtigen Teilnehmenden, selbst machtlos zu sein und nichts ändern zu können, machte mich tagtäglich wütender. Als dann bei den Verhandlungen zu Artikel 6 – dem Regelwerk für den Emissionshandel – grundlegende Forderungen wie der Schutz von Menschenrechten zur Diskussion stand, war ich verzweifelt. Mit jedem Tag der Konferenz wurde mir klarer, wie träge der Fortschritt wirklich war. Zurückblickend war ich wohl etwas naiv. Aber ist es naiv, von der Weltklimakonferenz zu erwarten, dass sie die Klimakrise ernst nimmt und sich sozialökologischer Fragen verantwortungsvoll annimmt? Ich fuhr nach der ersten Woche der Verhandlungen nach Hause, enttäuscht und ohne Hoffnung. Ich hatte den Glauben daran verloren, dass »wir« als globale Gemeinschaft die Klimakrise bewältigen können. Die Solidarität, auf die ich gebaut und gehofft hatte, schien nicht zu existieren. Ich hatte den Glauben daran verloren, dass »wir« das schon alles noch hinbekommen werden und dass es überhaupt ein »Wir« gibt, das etwas hinbekommen will.

Nach der Konferenz ging es mir Tage und Wochen schlecht. Ich habe vielen Menschen Vorwürfe gemacht. Allen voran den Menschen, die dort an den Verhandlungstischen saßen, aber auch meinem Umfeld. Ich konnte nicht verstehen, wie Menschen einfach weitermachen können wie bisher, trotz ihres Wissens um die Klimakrise. Ich konnte nicht verstehen, dass selbst Menschen, die sich beruflich mit den Auswirkungen der Klimakrise beschäftigen, ihr Wissen von ihrer Verantwortung und ihrem Handeln entkoppeln. Und da war ich wieder in einer Situation wie der, in der ich aufgewachsen bin. Auch wenn ich nun umgeben war von Menschen, die viel über die Klimakrise sprachen, war das aktive Handeln weiterhin entkoppelt. Mitschwimmen, mitlaufen, mitmachen mit allen anderen. Das, was schon immer so war, ist einfacher. Und warum sollte man nicht den einfachen Weg wählen?

Passivität in der Klimakrise ist keine Neutralität – sie ist eine aktive Entscheidung gegen unsere Zukunft

Viele Jahre wurde nicht aktiv gehandelt – in Unternehmen, der Politik und der Gesellschaft. Menschen blieben passiv und dachten, sie könnten abwarten. Teilweise arbeiteten sie sogar gegen die Klimabewegung. Die meisten Entscheidungsträger*innen, mit denen ich gesprochen habe, sagen, dass sie das Gefühl haben, nichts machen zu können, dass ihr Einfluss zu gering sei, sie die Situation nicht ändern könnten. Sie weisen die Verantwortung von sich. Menschen in den unterschiedlichsten Machtpositionen warten ab, was passiert. Hier liegt ein fataler Fehler. Denn Passivität in der Klimakrise ist keine Neutralität. Sie ist eine aktive Entscheidung gegen unsere Zukunft. Passivität ist egoistisch. Ausgenommen seien dabei Menschen, die sich aufgrund von finanziellen und sozialen Bedürfnissen nicht aktiv einbringen können. Bei den allermeisten Menschen liegt der Grund, passiv zu bleiben, jedoch an einer selbstzentrierten Sichtweise. Was ist für mich, meine Familie und meine Freund*innen am besten, für mein Unternehmen, für meine Position innerhalb meiner Partei oder meine Partei selbst. Die Klimakrise ist eine größere Herausforderung als die einer Einzelperson, eines einzelnen Unternehmens oder einer einzelnen Partei. Die Verantwortung, die fortschreitende Erderwärmung zu begrenzen, ist daher nicht individuell, sondern kollektiv. Es braucht das aktive Handeln einer kritischen Masse an Individuen für einen Systemwandel.

Wir können alles – außer so weitermachen wie bisher

Wir haben genug Informationen, um die Klimakrise zu verstehen. Wir haben genug Visionen und Ideen, um neue Systeme zu etablieren. Und wir haben genug Potenzial, um Ideen umzusetzen. Fossile Energieträger in Industrieanlagen befristen, Photovoltaik- und Windkraftanlagen ausbauen, ein Verkaufsverbot von Verbrennerfahrzeugen, die Attraktivität des ÖPNV steigern und eine flächengebundene Tierhaltung einführen sind nur einige der in Deutschland klimapolitisch dringend notwendigen Maßnahmen. Dabei kommt es nicht nur darauf an, dass diese Maßnahmen umgesetzt werden, sondern auch, in welchem Ausmaß und zu welchem Zeitpunkt. Während die von der Bundesregierung gesteckten Ziele nicht ausreichend sind, kommt aktuell noch eine weitere Dimension hinzu. Wir müssen die erreichten Ziele gegen diejenigen verteidigen, die weiter die Klimakrise leugnen oder sie nicht ernst nehmen. Gegen diejenigen, die lieber Maßnahmen wie das Verbrennerverbot zurücknehmen, anstatt härtere Maßnahmen zu implementieren. Die Maßnahmen hinauszögern, passiv bleiben wollen, abwarten wollen, bis die Wählenden »bereit« dafür sind. Die jede Maßnahme durch zahllose Ausnahmeregelungen abschwächen. Es fehlt nicht an Information, Vision und Ideen, sondern an dem politischen Willen und der Bereitschaft für den dringend notwendigen radikalen Wandel. Dabei wird zu häufig außer Acht gelassen, dass das Nichthandeln jetzt schon viel mehr Kosten verursacht, als jene radikalen Maßnahmen umzusetzen.

Wir können und müssen diese Maßnahmen jetzt umsetzen. Was wir definitiv nicht können, ist weitermachen wie bisher. In meiner Arbeit berechne ich das Emissionsreduktionspotenzial klimapolitischer Maßnahmen und zeige auf, auf welche Weise wir die Erderwärmung begrenzen können, um das Pariser Klimaabkommen einzuhalten. Es ist beruhigend, mögliche Lösungswege aus einer so existenziellen Krise zu errechnen. Dies stößt jedoch an seine Grenze, wenn rechnerisch kein Weg mehr genug ist: wenn klar ist, dass Deutschland seinen fairen Anteil an dem globalen Restbudget, um die Erderwärmung auf unter 1,5 Grad zu begrenzen, bereits 2022 überschritten hat – das ist aber leider der bittere Status quo.

Hoffnung bedeutet nicht, die Augen zu verschließen, sondern den Mut zu haben, trotz aller Widrigkeiten zu handeln

Der faire Anteil Deutschlands, die globale Erderwärmung auf 1,5 Grad zu begrenzen, ist zwar überschritten, aber das bedeutet für mich keineswegs aufzugeben. Erstens ist es weiterhin möglich, die globale Erderwärmung langfristig unter 1,5 Grad zu begrenzen, und zweitens ist Aufgeben keine Option. Viel mehr erwächst aus dem Überschreiten Deutschlands des fairen Anteils eine noch größere Verantwortung, jetzt sofort und radikal zu handeln.

Habe ich die Hoffnung, dass wir es als Weltgemeinschaft schaffen, die Erderwärmung unter 1,5 Grad zu begrenzen? Ja, denn meine Hoffnung nährt sich aus aktivem, kollektivem Handeln, aus Solidarität und Gemeinschaft. Hoffnung haben bedeutet, nicht die Augen zu verschließen, sondern den Mut zu haben, trotz aller Widrigkeiten zu handeln – und dabei auf die Unterstützung und die Kraft der Gemeinschaft zu setzen. Hoffnung entsteht für mich durch mein eigenes Handeln und durch das Gefühl, Teil einer Bewegung zu sein, die gemeinsam für eine bessere Zukunft kämpft. Hoffnung bedeutet, Mut zu haben – Mut, all die schönen Ideen und Visionen im Kleinen und Großen umzusetzen; Mut, selbstfokussiertes Denken durch solidarisches Miteinander zu ersetzen; Mut, nicht zu warten und passiv zu sein, sondern loszulegen und zu handeln. Die Kraft der Solidarität liegt in der Überzeugung, dass wir gemeinsam stärker sind. Es geht darum, sich zu verbinden, Ressourcen zu teilen und zu erkennen, dass die Veränderungen, die wir brauchen, von uns allen gemeinsam kommen müssen. Solidarität ist der Schlüssel, um den nötigen Mut zu finden, die Welt endlich aktiv klimagerecht zu gestalten.

Transformation in Unternehmen kultivieren – wie wir in Zeiten der Klimakrise Freiräume für den Wandel schaffen

Markus Szaguhn

Die durch das Pariser Abkommen erforderliche Dekarbonisierung verlangt eine bisher beispiellose Transformation aller Gesellschaftsbereiche, in der Unternehmen eine Schlüsselrolle zukommt. Wir sind mittendrin in der Klimakrise, die vor allem diejenigen bedroht, die sie am wenigsten verursacht haben – die Klimakrise ist also auch eine Frage der Gerechtigkeit. Wenn wir Kipppunkte überschreiten, wird ein Zurück nicht mehr möglich sein – das sollte uns im Mark erschüttern. Dieser dringende Handlungsbedarf kommt nun auch in der Wirtschaft an. Der Global Risk Report 2023 des Weltwirtschaftsforums unterstreicht, dass sechs der zehn am stärksten wahrgenommenen Geschäftsrisiken in der kommenden Dekade umweltbezogen sind – angeführt von Artensterben und dem Kollaps von Ökosystemen. Wir beobachten zugleich, wie sich Unternehmen eigene Klimaschutzziele setzen, Maßnahmen zur CO_2-Einsparung ergreifen und diese im Rahmen der Nachhaltigkeitsberichterstattung (CSRD) veröffentlichen. Diese Schritte sollten wir angesichts unserer dramatischen Lage feiern, denn sie sind wichtige Schritte in eine lebenswerte Zukunft. Gleichzeitig dürfen wir nicht verdrängen, dass diese Aktivitäten noch weit hinter einem konsequenten Klimaschutz zurückbleiben. So ist die Liste möglicher Gründe, warum Unternehmenstransformationen stocken oder gar nicht erst anlaufen, vielseitig: fehlende Visionen, innere Widerstände von den Mitarbeitenden, knappe finanzielle oder zeitliche Ressourcen, ineffiziente Prozesse oder Pfadabhängigkeiten. Und natürlich findet angesichts dieser Hürden nur selten eine Auseinandersetzung darüber statt, was die Klimakrise eigentlich für das eigene Arbeitsumfeld oder das gesamte Unternehmen bedeutet. Viele Menschen nähern sich im Job einem Multitask-Overkill, weil immer mehr zu tun scheint, als bewältigbar ist. In der Folge fehlt es an gemeinsamen Reflexions-, Aktions- und Lernprozessen, ohne die aber eine Dekarbonisierung von Produkten oder Dienstleistungen – ja, die Transformation ganzer Unternehmen – nicht zu machen ist. Wie schaffen wir es also, tiefe Unternehmenstransformationen zu kultivieren? Wie können wir unsere tägliche Arbeit darauf ausrichten, in Zeiten der Klimakrise das Richtige und Sinnvolle zu tun?

Ein iteratives Transformationsmodell zur Kultivierung des transformativen Engagements in Unternehmen

Dieser Essay möchte zur Annäherung an diese Fragen einen praktischen Ansatz anbieten, der nicht als starre Vorgabe, sondern vielmehr als Gedankenimpuls zu verstehen ist. Wollen Unternehmen auch in Zukunft Bestand haben und zur Zukunftsfähigkeit unserer Gesellschaften beitragen, sollten sie strategische Prozesse verankern, in denen eine neue Arbeitsweise kultiviert und Wandel kontinuierlich ermöglicht werden kann. Mitarbeitende und Führungskräfte müssen und sollen die Chance erhalten, ihre eigenen Einflussbereiche zu entdecken und anzuerkennen, um zielgerichtet auf notwendige Veränderungen hinzuwirken. Im Folgenden wird ein iteratives Modell für die Unternehmenstransformation vorgestellt, das aus fünf Phasen besteht: 1. Freiräume schaffen, 2. Reflexion ermöglichen, 3. Aktivitäten anregen, 4. Lernprozesse unterstützen, 5. Erreichtes wertschätzen und kommunizieren. Iterativ ist das Modell deshalb, weil der Zyklus nach dem Abschluss der Phase 5 in einem neuen Durchlauf wieder mit Phase 1 beginnt – für den so ein neuer Freiraum geschaffen wird. Betrachten wir also die fünf Elemente des Modells:

Phase 1: Freiräume für Wandel schaffen

Leitfrage: Wie können wir uns Freiräume des Wandels schaffen, um die Transformation eines Unternehmens voranzutreiben?

In der ersten Phase des vorgeschlagenen Transformationsmodells müssen im Unternehmen Freiräume für den Wandel geschaffen werden. Das bedeutet, dass Mitarbeitende und Führungskräfte zusammengebracht und mit ausreichend zeitlichen und finanziellen Ressourcen ausgestattet werden. Ziel ist es, eine Kultur zu fördern, in der sich die Beteiligten aktiv und kritisch einbringen und aktuelle Geschäftstätigkeiten radikal hinterfragen können, um neue Ideen zu entwickeln. Die Gestaltung dieser Räume hängt von den spezifischen Anforderungen der Unternehmen ab, wobei Konzepte wie Selbstexperimente in Reallaboren oder »Embedded Entrepreneurship« als Inspiration dienen können. Da das vorgestellte Modell iterativ ist, können in jedem Zyklus unterschiedliche Freiräume geschaffen werden, die verschiedene Stakeholder miteinbeziehen: So kann beispielsweise ein kleines Team beginnen und die Grundidee entwickeln, während in weiteren Durchläufen andere Gruppen mit anderen Perspektiven und Kompetenzen beteiligt werden. Insofern greift das vorgeschlagene Modell auch agile Prozesse auf.

Phase 2: Reflexion ermöglichen

Leitfrage: Wie können wir uns bewusst machen, was die Klimakrise von uns erfordert und was Transformation für unser Unternehmen konkret bedeutet?

Die zweite Phase hat eine tiefe Reflexion über die Klimakrise zum Ziel, um die Notwendigkeit einer Transformation zu verdeutlichen. Dies kann durch Impulsvorträge zur Klimawissenschaft, emotionale Zugänge wie Bilder und Geschichten oder die Auseinandersetzung mit Daten erfolgen. Die Gespräche über die Klimakrise können von Trauer oder Ängsten geprägt sein, daher ist Vertrauen in der Gruppe wichtig. Das Thema einer globalen Klimakrise wirft unweigerlich die Frage für Einzelne und für das Unternehmen auf: Was hat das mit mir beziehungsweise uns zu tun? Um nicht überwältigt zu werden, kann über Handlungsoptionen bei Produkten und Dienstleistungen mit Hinblick auf Klimaschutz nachgedacht werden. Vielleicht wissen wir bereits, was in unserem Arbeitsumfeld einem konsequenten Klimaschutz entgegensteht. In moderierten Gesprächen kann darüber nachgedacht werden, was wir beibehalten (Tradition), was wir hinter uns lassen (Exnovation) und wo wir neue Ansätze brauchen (Innovation).

Phase 3: Aktivität ermöglichen

Leitfrage: Wie können wir gemeinsam aktiv werden und notwendige Veränderungen und Maßnahmen anpacken?

In der dritten Phase geht es um die Verantwortungsübernahme für die vorab identifizierten Veränderungen. Das Konzept des Handabdrucks bietet eine progressive Perspektive für transformatives Engagement, das auf strukturelle Veränderungen hin zu mehr Klimaschutz ausgerichtet ist. Im Unternehmenskontext gibt es vielfältige individuelle und kollektive Handlungsoptionen für den Handabdruck, aus denen Beiträge zur Transformation bei Produkten, Prozessen und Dienstleistungen erwachsen können. Formate wie zum Beispiel Veränderungsexperimente oder Handprint-Challenges können die Aktivitäten der Teams bündeln und einen Rahmen geben. Mitarbeitende und Führungskräfte können so gemeinsam an Transformationsimpulsen und strukturellen Veränderungen im Unternehmen arbeiten.

Phase 4: Lernprozesse unterstützen

Leitfrage: Wie können wir Lernprozesse für die Transformation in Unternehmen unterstützen?

In der Phase 4 steht die Unterstützung von Lernprozessen im Fokus. Denn schließlich ist zu erwarten, dass wir auf Wissensgrenzen stoßen, wenn Räume für die Transformation eröffnet werden. Die Unterbrechung des Tagesgeschäfts kann uns als fruchtbare Irritation dienen, fehlende Kompetenzen wahrzunehmen – offenbaren sie doch das Potenzial zur Weiterbildung. Die Phase erfordert von den Beteiligten hohe Offenheit, Lernbereitschaft und Freude am Experimentieren. Hilfreich können hierbei auch externe Fortbildungen und Skillsharing mit anderen Teams sein. Unterstützung für die Teams kann auch dadurch geschaffen werden, dass sie auf Budgets zurückgreifen können, um sich die erforderliche Unterstützung hinzuzuholen.

Phase 5: Wertschätzung und Kommunikation

Leitfrage: Wie können wir die erreichten Erfolge feiern und wertschätzen, um durch ihre Kommunikation eine positive Dynamik für den weiteren Wandel auszulösen?

Die fünfte und letzte Phase hat zum Ziel, die (Zwischen-)Ergebnisse und Lernprozesse in den Phasen 1–4 wertzuschätzen und zu kommunizieren.

Eine solche Kommunikation soll andere Mitarbeitende im Unternehmen erreichen, aber auch über die Grenzen des Unternehmens hinauswirken, um das Unternehmen als aktiven Player in der Transformation zu positionieren. Oft ist Veränderung anstrengend und mühsam – deshalb ist es verständlich, dass sie häufig Widerstand erzeugt. Eine Wertschätzung kann dazu beitragen, eine Dynamik zu erzeugen, die positive Energie ausstrahlt – damit sich künftig noch mehr Mitarbeitende proaktiv daran beteiligen, das Unternehmen in Klimafragen zukunftsfähig zu machen. Ein wichtiger Schritt also, um die Unternehmenstransformation zu kultivieren.

Die Klimakrise erfordert ein massives Umdenken und Andershandeln – von uns allen und in allen Bereichen. Unternehmen, die sich der Herausforderung stellen, können sich mit dem skizzierten Modell für Unternehmenstransformation auf den Weg machen und Elemente davon strategisch verankern. Die so entstehenden Freiräume können dann dabei unterstützen, innezuhalten, zu reflektieren, zu lernen und vor allem: um das wirklich Wichtige und Notwendige im Sinne der Dekarbonisierung zu tun.

Selbstverständlich kann dieser kurze Text nur einen Gedankenimpuls geben. Sicher wird das vorgeschlagene Modell der Komplexität der notwendigen Veränderungen in Unternehmen nicht gerecht. Auch über die Reihenfolge und Trennschärfe der fünf Phasen lässt sich sicher streiten: Insbesondere Reflexion, Aktion und Lernen können sich auch zeitlich überlappen und einander bedingen, oder sie befruchten sich gegenseitig. Zudem wurde nicht ausführlich diskutiert, wie das Modell in die Unternehmensführung integriert werden kann. Trotz dieser Einschränkungen möchte dieser Text dazu einladen, der Frage nachzugehen, wie wir uns selbst, in unseren Teams, in unseren Unternehmen – in Zeiten der Klimakrise – auf den Weg machen können, wenn wir das wollen. Denn wenn wir die Klimakrise bewältigen wollen, dann müssen wir der Veränderung vorausgehen. Auch wenn das für Unternehmen mit den aktuellen Rahmenbedingungen noch herausfordernd ist. Noch haben wir es aber in der Hand und können gemeinsam aktiv werden. Wir werden es nicht bereuen.

Dient mein Handeln den Menschen, der Umwelt und dem Frieden?

Günter Grzega

Die globale Klimakrise kann letztlich in ihrer Gesamtheit nur durch internationale Kooperation gemeistert werden. Über die Ursachen der dramatischen Klimaveränderungen kann man sicherlich streiten, nämlich ob die aktuellen klimatischen Phänomene eine ganz normale Entwicklung im Zyklus der erdgeschichtlichen Veränderung oder menschengemacht sind. Die überwältigende Mehrheit in Wissenschaft und Forschung ist sich sicher, dass die Krise von uns Menschen ausgelöst wurde und gegebenenfalls auch nur von uns durch entsprechende Strategien und Maßnahmen gemeistert werden kann. Grundsätzlich kann man selbstverständlich darüber diskutieren, ob die Klimakrise »menschengemacht« ist. Und echte Wissenschaft gibt es nur durch Hinterfragen von Erkenntnissen und Modellen. Wer von nur einer Wahrheit ausgeht, argumentiert nicht wissenschaftlich, sondern dogmatisch. Wenn man aber die Entwicklung hinsichtlich der Weltbevölkerung und vor allem den exponentiell steigenden Verbrauch natürlicher Ressourcen zum Aufbau der industriellen Gesellschaft in den letzten Jahrhunderten betrachtet, muss man auch das Argument der vom Menschen verursachten Klimakrise ernsthaft in alles Handeln einbeziehen.

Allein die aktuelle Weltbevölkerung von acht Milliarden Menschen erlaubt es sicherlich nicht, den aktuellen Ressourcenverbrauch der sogenannten ökonomisch entwickelten Staaten mit ca. 1,5 Milliarden Menschen und die damit verbundenen Umweltbelastungen auf alle Mitbürgerinnen und Mitbürger unserer Erde auszubauen. Und wenn entsprechend den Prognosen im Jahr 2050 rund zehn Milliarden Menschen unseren Planeten bevölkern, dann kann man auch ohne wissenschaftliche Expertise von einer Überlastung der Umwelt, die dann auch das Klima massiv beeinflusst, ausgehen. Die Grenzen des Planeten in ökologischer Hinsicht sind dabei schon aktuell für alle Interessierten sichtbar. Immer häufigere extreme Wetterphänomene, Verschlechterung der Ozonschicht, Ausstoß von immer mehr Aerosolen in die Atmosphäre, Artenverlust von Flora und Fauna, Störung der biochemischen Zyklen durch Nitrate etc., Übernutzung der Böden durch industrielle Landwirtschaft, Knappheit von Trinkwasser, Übersäuerung der Ozeane sowie Überlastung der Umwelt mit Chemikalien, Plastikmüll und weiteren Schadstoffen sind die aktuellen Tatsachen. Dabei wird auch für Nichtklimaforscher*innen immer deutlicher erkennbar, dass alle vorgenannten menschengemachte Umweltbelastungen letztlich in der Summe massiv das Klima beeinflussen können. Und selbst wenn sich alle mahnenden Klimaforscher*innen und kritisch hinterfragenden Menschen irren und kein Klimawandel erfolgt, wäre es für die Menschheit kein Fehler, sich für eine klugekluge Umweltpolitik einzusetzen. Der Satiriker Marc-Uwe Kling hat dies wunderbar zusammengefasst: »Ja, wir könnten jetzt was gegen den Klimawandel tun, aber wenn wir dann in 50 Jahren feststellen würden, dass sich alle Wissenschaftler doch vertan haben und es gar keine Klimaerwärmung gibt, dann hätten wir völlig ohne Grund dafür gesorgt, dass man selbst in den Städten die Luft wieder atmen kann, dass die Flüsse nicht mehr giftig sind, dass Autos weder Krach machen noch stinken und dass wir nicht mehr abhängig sind von Diktatoren und deren Ölvorkommen. Da würden wir uns schon ärgern.«[1]

Die gesellschaftlichen Herausforderungen für Umwelt und Klima kann man aktuell als Herkulesaufgabe betrachten. Und ja, ohne globale Zusammenarbeit der Nationen wird die Klimakrise nicht beherrschbar sein. Dabei muss die Politik uns Bürgerinnen und Bürgern der wirtschaftlich starken Nationen auch bewusst machen, dass neben dem umwelt- und klimaverträglichen Umbau der eigenen Wirtschaft auch an unsere ökonomische und ökologische Verantwortung für die Nachhaltigkeit bei der Produktion von Gütern und Dienstleistungen weltweit gedacht werden muss. Denn an Nachhaltigkeit nur am Ende einer langen Kette zu denken, wäre zu kurz gesprungen.

Wir müssen Nachhaltigkeit für Umwelt und Klima vom Rohstoffabbau über Transport, Verarbeitung, Lagerung, Verpackung bis schließlich zum Endverbrauch denken. Die ökologischen Folgen sind längst schon passiert, wenn es sich um importierte Waren und Rohstoffe handelt. Produktion und Rohstoffgewinnung müssen deshalb im In- und Ausland so gestaltet werden, dass wir uns beim Einkauf auf die Beachtung der Erfordernisse von Umwelt- und Klimaschutz verlassen können. Diese wirklich enormen Auswirkungen der internationalen Lieferketten können nicht durch Einzelentscheidungen von uns Bürgerinnen und Bürgern umfassend gesteuert werden. Dazu braucht es internationale Kooperation auf allen Ebenen der Weltstaatengemeinschaft, und zwar sowohl mit multilateralen staatlichen Verträgen wie den Pariser Klimazielen als auch durch die Arbeit multinationaler Institutionen wie IWF, Weltbank, WTO etc. Dies bedeutet aber nicht, dass wir Bürgerinnen und Bürger die Verantwortung allein der nationalen und internationalen Politik übertragen und abwarten können, welche Vorgaben durch die politisch Verantwortlichen zur Rettung des Klimas gemacht werden. Und selbstverständlich ist der häufige Hinweis, dass das Handeln von den Menschen in Deutschland, die nur zwei Prozent der Weltbevölkerung ausmachen, doch klimapolitisch wohl eher sinnlos erscheint, grundsätzlich nachvollziehbar. Aber wir müssen uns bewusst sein, dass die große Politik auch von Menschen gemacht wird. Und diese Menschen werden vor allem durch unser persönliches Handeln und unsere Forderungen an sie in ihrer Arbeit maßgeblich beeinflusst. Wenn wir nicht handeln und fordern, wird es auch kaum politische Konzepte, Verträge und Gesetze geben, die eine gelingende Zukunft nachfolgender Generationen ermöglichen. Vielleicht ermutigt eine alte Parabel (Guarani-Märchen), nämlich *Das Feuer und der Kolibri*, uns auch als einzelner Mensch zu klimaschonendem Handeln zu bewegen: »Als im Urwald ein Feuer ausbricht, erstarren alle Tiere vor Entsetzen. Bis auf den kleinen Kolibri, der mit seinem Schnabel ein paar Tropfen Wasser fängt, um die Flammen zu bekämpfen. ›Kolibri, du bist verrückt‹, sagt das Gürteltier, ›mit den paar Tropfen wirst du den Brand nicht löschen!‹ Doch der Vogel antwortet: ›Ich weiß. Aber ich trage meinen Teil bei!‹«

Die drei Hauptziele des Abkommens bis zum Jahr 2030 sind:
- die Senkung der Emissionen und Anpassung an den Klimawandel,
- die Lenkung von Finanzmitteln im Einklang mit den Klimaschutzzielen und
- das bekannteste Ziel, nämlich die weltweite Begrenzung des Temperaturanstiegs auf möglichst 1,5 Grad Celsius, aber auf jeden Fall deutlich unter zwei Grad Celsius im Vergleich zum vorindustriellen Zeitalter.

Das Gelingen dieser Hauptziele hängt vor allem von der Bereitschaft der ökonomisch entwickelten Staaten ab, nämlich die Mehrheit ihrer Bürgerinnen und Bürger von der Sinnhaftigkeit eines raschen Umstiegs auf sichere, saubere und für alle bezahlbare Energie, intelligente Mobilität, eine kreislauffördernde Wirtschaft, sinnstiftende Ökosysteme, umweltfreundliche Lebensmittelsysteme sowie schadstoffarme Umwelt zu überzeugen. Eine gesicherte Finanzierung dieser Maßnahmen, und zwar auch durch finanzielle Unterstützung der sich ökonomisch in der Entwicklungsphase befindlichen Staaten, ist das Fundament für die Erreichung der Pariser Klimaziele. Selbstverständlich gab und gibt es bei der Umsetzung der notwendigen Veränderungen unterschiedliche Entwicklungen in den am Abkommen beteiligten Staaten. Aber grundsätzlich konnte man bis zur Coronakrise erkennen, dass im Durchschnitt die Staatengemeinschaft auf einem guten Weg war, die oben beschriebenen notwendigen Veränderungen Stück für Stück politisch, gesellschaftlich und ökonomisch umzusetzen. Corona war aber nur ein vorübergehender Bremseffekt.

Inzwischen muss man jedoch eine neue und erschütternde Tatsache zur Verhinderung der Erreichung der Pariser Klimaziele zur Kenntnis nehmen, nämlich den Ukraine- und den Gazakrieg und die damit verbundene extrem ansteigende Rüstungsindustrie. Allein der Krieg in der Ukraine verursachte bis Mai 2024 175 Millionen Tonnen CO_2. Das sind so viele Treibhausgasemissionen wie in den Niederlanden in einem Jahr.[2] Mittlerweile ist bekannt, dass das Militär für 5,5 Prozent aller CO_2-Emissionen der Welt verantwortlich ist, und zwar bereits ohne kriegerische Auseinandersetzungen. Der Anteil ziviler Luftfahrt macht vergleichsweise zwei Prozent aus. Die Pariser Beschlüsse enthalten leider keine Verpflichtung, dass Staaten der UN ihre militärischen Emissionen benennen müssen. Freiwillig tun es nur vier Länder, und es ist nicht garantiert, ob sie vollständig Auskunft geben. Um die Erderwärmung zu stoppen, müsste aber die Angabe der Militäremissionen für alle Staaten verpflichtend sein. Damit könnte man verdeutlichen, dass an die Stelle von Kriegen andere Formen von Konfliktlösungen treten müssen und dringend militärisch abgerüstet werden muss. Sonst zerstören wir die Zukunft kommender Generationen nicht nur durch Kriege, sondern auch durch das Nichterreichen der Begrenzung der Klimaerwärmung und der damit verbundenen Klimakatastrophe.

Sollen wir aufgrund der aktuellen Entwicklungen, die ein Verfehlen der Pariser Klimaziele wahrscheinlich machen, aufgeben und den Kopf in den Sand stecken? Auf keinen Fall, denn die Geschichte lehrt uns, dass es bei der Entwicklung einer gelingenden globalen Gesellschaft immer wieder Sackgassen und Rückschläge gegeben hat und weiterhin auch geben wird. Aufgeben gilt nicht! Und ja, wir müssen das im letzten Drittel des vorigen Jahrhunderts im sogenannten Werte-Westen etablierte ökonomische und gesellschaftliche Modell des Rechts des Stärkeren mit der Funktionslogik der Macht, also das Modell des Neoliberalismus, überwinden. Der Vater der Nationalökonomie, Adam Smith, hat bereits 1776 in *Der Wohlstand der Nationen* festgestellt: »Der niederträchtigste Leitsatz der Herren der Welt lautete zu allen Zeiten: Alles für uns und nicht für andere.« Und für die Überwindung der neoliberalen Ideologie in Wirtschaft und Gesellschaft, die die Umwelt- und Klimafrage zugunsten der kurzfristigen finanziellen Gewinnmaximierung absolut ausblendet, gibt es seit 2010 eine Antwort, nämlich das evolutionäre Ökonomie- und Gesellschaftsmodell der Gemeinwohl-Ökonomie (GWÖ).[3] Die Gemeinwohl-Ökonomie ist ein Wirtschaftsmodell, basierend auf den Ideen des österreichischen Philologen und Publizisten Christian Felber und gemeinsam entwickelt mit 15 Unternehmerinnen und Unternehmern. Eine umfassende Darstellung bietet Felbers Hauptwerk *Gemeinwohl-Ökonomie*. Die GWÖ versteht sich als Wegbereiter für ökonomische und gesellschaftliche Veränderungen in Richtung eines kooperativen Miteinanders im Rahmen ethischen und damit auch klimagerechten Wirtschaftens. Das Fundament der GWÖ ist die Frage des Handelns aller natürlichen und juristischen Personen, nämlich:
- Dient mein Handeln den Menschen?
- Dient mein Handeln der Umwelt?
- Dient mein Handeln dem Frieden?

Den erforderlichen Umbau zur Bestätigung eines zukunftsfähigen Handelns zeigen die Grundsätze des GWÖ-Wirtschaftsmodells transparent und unmissverständlich auf. Der ökologische Umbau und damit auch und vor allem der Klimaschutz muss ins Zentrum der Investitionstätigkeit, des Denkens und Handelns aller Menschen in Politik und Gesellschaft rücken. Diese Forderung ist auch der zentrale Punkt in der von der GWÖ-

Bewegung konzipierten Gemeinwohl-Bilanz (GWB), die beispielsweise von Unternehmen – neben der Finanzbilanz – als auditierter Nachweis einer am Gemeinwohl ausgerichteten Gesamtstrategie zu erstellen ist. Dabei wird die GWB-Werteachse, nämlich »Menschenwürde – Solidarität & Gerechtigkeit – Ökologische Nachhaltigkeit – Transparenz & Mitentscheidung«, mit den Berührungsgruppen des Unternehmens, der Gemeinde, der Stiftung etc. verknüpft. Diese »Gemeinwohl-Matrix« als Grundlage zur Erstellung einer GWB ist ein Modell zur Organisationsentwicklung und Bewertung sowohl von unternehmerischen als auch gemeinnützigen Tätigkeiten. Inzwischen hat sich die GWÖ-Bewegung seit dem Start im Jahr 2011 mit 15 Unternehmen auf aktuell weltweit über 12 000 Unterstützerinnen und Unterstützer und über 1100 bilanzierende Unternehmen und andere Organisationen, 200 Hochschulen weltweit, Gemeinden und Städten verbreitet. Selbst ein Profifußballverein, nämlich der 2024 in die 1. Bundesliga aufgestiegene FC St. Pauli, hat sich dem Konzept der Gemeinwohl-Ökonomie angeschlossen und veröffentlichte im Dezember 2023 seine erste Gemeinwohl-Bilanz.

Die Gemeinwohl-Ökonomie bietet im Hinblick auf Nutzen, Gewinn und Sinnhaftigkeit einer evolutionären Gesellschaftsentwicklung die notwendigen Transformationsschritte und ermöglicht damit auch – wahrscheinlich jedoch nur noch mit zeitlicher Verzögerung – das Erreichen der Pariser Klimaziele. Eine wichtige Rolle spielt die GWÖ auch im von Ernst Ulrich von Weizsäcker zusammen mit 33 weiteren Club-of-Rome-Mitgliedern veröffentlichten Nachfolgebuch zu *Die Grenzen des Wachstums*, nämlich in *Wir sind dran*.[4] Die Gemeinwohl-Ökonomie bietet das realistisch machbare Fundament zur Umsetzung des Prinzips Hoffnung zum Prinzip Verantwortungsübernahme. Packen wir's an!

Creative Leadership für die Welt

Thoralf Rumswinkel

Wie ich wurde, was ich bin

Mitte der 1960er-Jahre geboren, bin ich im bayerischen Voralpenland in einer (damals noch) traditionell bäuerlichen Umgebung aufgewachsen. Traktoren und Landmaschinen kamen schon in der Landwirtschaft in Einsatz, einige Nachbarinnen und Nachbarn mähten ihre Wiesen aber weiter mit der Sense oder benutzten Pferde, um Frachten zu transportieren. Diese Menschen sind mir beiläufig zum Vorbild geworden: Heute mähe ich die Wiese im Garten mit der Sense. Das Sensen ist eine vielschichtige Erfahrung: Sie beschert das Erfolgserlebnis, die Aufgabe allein mit eigener Körperkraft und Geschicklichkeit zu meistern, und sie macht demütig, indem sie gleichzeitig die Grenzen des eigenen Vermögens aufzeigt. Wäre eine solche Erfahrung auch dann spürbar, wenn ich in einer klimatisierten Traktorkabine mit Radiomusik aus Lärmschutzkopfhörern säße? Ich denke an das stolze und strahlende Gesicht des Fahrers eines riesigen Harvesters, den ich einmal bei einem Trekking in den norwegischen Wäldern dabei unterbrach, im Minutentakt Bäume zu fällen und binnen Tagen ganze Bergflanken kahl zu schlagen. Offensichtlich riefen bei ihm die Beherrschung der Maschine und die resultierende Mengenleistung Stolz und Glücksgefühl hervor und nicht die Verbundenheit zum eigenen Körper und zur lebendigen Umgebung.

Anfang der 1980er-Jahre konnte ich mit eigenen Augen sehen, wie die Bäume der nahen Wälder massenweise erkrankten und abstarben. Diese wunderbaren Wälder hatten mir seit meiner Kindheit viel bedeutet, und so empfand ich mich durch das Waldsterben unmittelbar selbst bedroht. Ich konnte schlicht nicht umhin, umweltpolitisch aktiv zu werden. Mich bei den Menschen für die lebendige Welt einzusetzen, ist seither die Antriebskraft in meinem Leben. Nicht, dass mein Leben deswegen geradlinig verlaufen wäre. Doch hat sich nach und nach aus dem leisen Ruf eine klare Vision geformt und in eine entschiedene Mission verwandelt. Als Wildnisguide und Naturmentor, der ich heute bin, bringe ich Menschen in Kontakt mit der äußeren und ihrer inneren Natur, um ihnen zu helfen, ihre aktuelle Aufgabe für diese Welt zu finden und zu erfüllen.

Rückblick: Wie sich die Krise verschärft

Im Jahrzehnt meiner Geburt reduzierte man die Smogbelastung der Städte, indem man die Industrieschornsteine erhöhte. Der Smog hat sich dadurch tatsächlich gelichtet, die Städterinnen und Städter konnten aufatmen – und die Industrie die Produktion weiterhin steigern. Das Problem der Luftverschmutzung aber wurde nicht gelöst, sondern auf ein neues Niveau gehoben: Statt der Städterinnen und Städter begannen nun die Wälder flächendeckend zu erkranken. So fielen die Jahre meiner politischen Bewusstwerdung als junger Erwachsener mit dem Waldsterben zusammen. Nun war Rauchgasentschwefelung das Rezept gegen das neu entstandene Problem. Dadurch wurden die Wälder fürs Erste gerettet, wenn sie auch nie wirklich gesundeten. Und wieder konnte die Produktion weiter gesteigert werden. Das fortgesetzte Wirtschaftswachstum hat die Emissionen in die Atmosphäre auch über die jüngsten vier Jahrzehnte neuerlich und drastisch steigen lassen. Wieder ist ein neues Schadensniveau erreicht, und es ist Anlass zu nochmals größerer Sorge: Atmosphäre und Ozeane heizen sich auf, polare Eiskappen und Gletscher schmelzen, Meeresspiegel steigen, Küstenlinien verschieben sich landeinwärts, Permafrostböden tauen auf, Waldzonen versteppen, und Steppen werden zu Wüsten. All diese Prozesse nehmen Fahrt auf, verschärfen das Artensterben und beeinträchtigen oder gefährden das Leben von Millionen Menschen. In der aktuellen Diskussion um Lösungen dominieren wiederum technische Konzepte. Und schon zeichnet sich der Preis dafür ab: eine fortschreitende Fragmentierung der Landschaft durch eine nie da gewesene Zahl an Eingriffen in bislang noch unberührte Natur für neue Wasserkraftwerke, Windparks an Land und auf See, Minen zur Ausbeutung von Mineralien, Monokulturen zur Produktion von E-Treibstoffen et cetera.

Das Schlaglicht auf diese drei Krisenmomente lässt ein Muster erkennen: Vor dem Hintergrund fortgesetzten Wirtschaftswachstums führen technische Lösungsansätze allein letztlich nur zu einer Verlagerung und Verschärfung der Krisen auf einem komplexeren und bedrohlicheren Niveau. Die

Grenzen des Planeten Erde werden über die Zeit in immer ausgedehnteren Bereichen und umso weiter überschritten.

Ausblick: Was uns blüht

Gewiss ist, dass wir (und viele andere Lebewesen) mit grundsätzlich schwierigeren und vor allem dauerhaft unvorhersehbaren Lebensbedingungen werden zurechtkommen müssen. Denn auch wenn die Tendenzen im Großen erwiesenermaßen in eine Richtung zeigen, bleiben die Entwicklungen im Konkreten unvorhersagbar, wie allein schon die zunehmenden Extremwetterereignisse zeigen. Was wir seit Anbeginn der Moderne als totes Inventar dieser Welt angesehen haben, entwickelt also ein unkontrollierbares Eigenleben. Die Zielsetzungen des Pariser Klimaabkommens mögen notwendig sein, um die Klimakrise abzufedern, sind aber bei Weitem nicht hinreichend, um die komplexe und dynamische Krisenlage zu meistern.

Meistern ist dabei ein unpassender Begriff, denn wir haben uns ohnehin zu lange in der Illusion gewiegt, die Welt kontrollieren zu können. Es ist an der Zeit, unsere eigenen Grenzen zu akzeptieren und uns ins Weltgeschehen einzufügen. Nicht das Streben, das aufziehende Chaos nach unserem Willen zu beherrschen, wird uns dabei helfen, sondern unser Vermögen und Geschick, uns daran anzupassen. Für mich bedeutet das, in einen tiefgreifenden und offenen Transformationsprozess zu gehen, bei dem der Übergang zu emissionsfreien Technologien ein Moment unter vielen sein wird. Eine technologische Transformation kann nur dann einen wirklich nachhaltigen Beitrag zur Lösung der Krise(n) liefern, wenn wir die Steigerungszwänge des Kapitalismus hinter uns lassen und eine Postwachstumswirtschaft entwickeln, etwa entlang der Ideen, wie sie zum Beispiel von der Initiative Earth for all skizziert wurden. Eine umfassende technologische und wirtschaftliche Transformation vor dem Hintergrund einer immer instabileren Welt wird zweifellos auch einen Wandel der politisch-administrativen Institutionen erfordern. Frederic Laloux legt beispielsweise in *Reinventing Organizations* ein neues Bild von Unternehmen und Institutionen als lebende Systeme nahe. Mit der kollektiven Intelligenz ihrer Mitglieder dezentral selbst gesteuert, entwickelten sie sich zieloffen weiter und seien damit fähig, in einem komplexen und dynamischen Umfeld proaktiv zu handeln. In diesem

Panorama wird sichtbar, dass wir nicht einfach damit fortfahren können, Bestehendes zu reproduzieren, wie wir es gewohnt sind. Es wird auch deutlich, in welchem Umfang wir mit ebendem Gewohnten brechen und unsere Belange für die Zukunft neu erfinden müssen.

Wo anfangen?

Die gute Botschaft ist, dass hinter dem Krisengeschehen milliardenfach Menschen stehen. Menschen in bedeutungsarmen oder einflussreichen Positionen, die Entscheidungen treffen, das eine zu tun und das andere zu lassen, bewusst oder unbewusst. Ich sehe in der Tat die Haltung zur Welt, mit der wir Entscheidungen treffen, als ausschlaggebend für unser Vermögen oder Unvermögen, das Chaos im eigenen wie auch im Interesse allen Lebens zu navigieren. Von welchem »inneren Ort« aus, aufgrund welcher Annahmen und aus welchen Beweggründen heraus treffen wir unsere Entscheidungen? Sind sie unbedachte Reflexe früherer Prägungen? Spiegeln sie gesetzte Normen? Beruhen sie auf rationaler Abwägung selektierter Fakten? Entspringen sie ganzheitlichen Einsichten? Oder kommen diese Entscheidungen aus unserem tiefsten Inneren in Resonanz mit dem Außen? Und wohin lenken uns diese verschiedenen Triebkräfte? Die Gleichgültigkeit, mit der selbst informierte Menschen sich der Krise gegenüber verhalten, wird oft mit Verwunderung beklagt. Ich sehe die Ursache hierfür in unserem unzulänglichen »Modus Operandi«. Otto Scharmer hat in der »Theory U« beschrieben, wie wir »den inneren Ort, von dem aus wir agieren, [in einen] Raum an Möglichkeiten [verwandeln können], der darauf drängt, sich zu manifestieren«. Leadership heute bestehe »wesentlich in der Fähigkeit, diesen Bewusstseinswandel zu fördern«. Mein langjähriger Mentor Jon Young regt in seinem »Eight Shields Model« an, ein Set archetypischer Qualitäten in uns zu entwickeln. Diese »attributes of connection« zielen ebenfalls auf unsere kreative Leadership im Bezug zur lebendigen Welt. Und Joanna Macy und Chris Johnstone zeigen in *Active Hope* einen Weg, dieses Potenzial in den Dienst der Welt zu stellen. Bei all diesen Ansätzen berührt mich immer wieder aufs Neue, wie wir bessere Vorbilder sein, vorangehen und andere Menschen mitnehmen können.

Bildungsoffensive für den Wandel

Die Qualitäten, die uns einen solchen »Mindshift« ermöglichen und die uns erlauben, Entscheidungen von diesem anderen »inneren Ort« aus zu treffen, gilt es zu fördern. Es ist die Aufgabe einer neuen Bildungsoffensive, eine Kultur zu schaffen, in der diese Leadershipqualitäten gedeihen können. In einer generationenübergreifenden Perspektive sehe ich den Schlüssel, unsere Gesellschaften zu transformieren und durch die Krise zu navigieren. Ich schlage daher vor, eine neue Kultur der Verbundenheit, nicht nur mit der Natur, sondern mit der lebendigen Welt einschließlich der menschlichen Dinge zum Bestreiten unseres weiteren Weges zu etablieren. Wir sollten uns nicht damit zufriedengeben, die Welt als fremdes Objekt wahrzunehmen, das wir instrumentalisieren und ausbeuten können, um weiter uninspiriert auf unseren Untergang (und den anderer) hinzuarbeiten. Ich schlage mit Hartmut Rosa vor, nach Resonanz mit der Welt zu streben, mittels derer wir uns selbst und die Welt dialogisch beständig neu konstituieren. Im Explorieren der Fragen »Was brauche ich (was brauchen wir)?« und «Was braucht die Welt?« können wir resonante Verbindungen erschaffen, aus denen wirklich Neues, das allen dient, entstehen kann.

Worauf warten wir noch?

Transformation zur Verantwortungsübernahme

Karin Heinze

Meine Betrachtungen beginnen mit einer großen Frage: Brauchen wir ein neues Weltbild in diesen Zeiten der Mehrfachkrisen? Ja! Wir brauchen eine Gesellschaft, eine Weltgemeinschaft, die Verantwortung übernimmt und in der jeder und jede Einzelne ihr beziehungsweise sein Mögliches zur Lösung der Krisen und für eine lebenswerte Zukunft der Weltgemeinschaft beiträgt.

Es sind Transformationen auf mehreren Ebenen, die uns dorthin führen. Umgestaltung, Verwandlung, die jede*r für sich und sein individuelles Leben vollziehen muss mit dem Ziel, sich verantwortungsvoll in die Weltgemeinschaft einzubringen. Außerdem sind da die offiziellen, von der Politik ausgegebenen Ziele für dringend notwendige Transformationen,[1] die laut Wikipedia-Definition durch eine »wesentliche Zustandsänderung von einem aktuellen Ist-Zustand zu einem angestrebten Ziel führen«. Das Ziel heißt Transformation. Die Wortschöpfungen, die Transformationen bezeichnen, sind bereits umfangreich: Agrar-, Energie- und Mobilitätswende. Das Transformationsvokabular lässt sich jedoch wegen der Vielzahl und Komplexität der notwendigen transformativen »Wenden« mühelos fortsetzen. Diese setzen aus meiner Sicht immer eine Veränderung hin zu einer nachhaltigen und ökologischen Zukunft voraus, und sie sind verbunden mit einer grundlegenden und nicht mehr aufschiebbaren Umgestaltung. Das Einschlagen des neuen Weges weist, im Vergleich zu den bisherigen Zielen, in die entgegengesetzte Richtung, nämlich weg vom unbedingten Wachstumskurs hin zu »Degrowth«, weg von der rücksichtslosen Ausbeutung aller Ressourcen hin zum verantwortungsvollen Umgang und zum Respekt gegenüber den planetaren Grenzen, weg von Egoismus und Gier hin zu Rücksicht auf die Grundbedürfnisse aller Erdenbewohner*innen.

Auslöser für diese Transformationsbedarfe grundlegender Art gibt es viele. Zu den drängendsten Gründen gehört die drohende Klimakatastrophe, gekoppelt mit massivem Artensterben und damit dem Verlust unserer Lebensgrundlagen. Immer spürbarer beeinflussen und gefährden sie alles Leben auf unserem Planeten. So weit, so bekannt. Jedenfalls hat eine große Zahl von Menschen diese Auslöser identifiziert und erkannt, Wissenschaftler*innen haben sie erforscht und bestätigt, Politiker*innen versuchen, verschiedene Ansätze zur Lösung zu diskutieren. Die internationalen Klimagipfel bringen regelmäßig Tausende von Expert*innen und politische Verantwortungsträger*innen sowie NGOs zusammen. Die Ergebnisse fallen meist bescheiden aus. Als größten Erfolg kann man wohl die Einigung auf das 1,5-Grad-Ziel von Paris nennen. Doch sieht es bis dato so aus, als seien alle bisherigen Bemühungen zu gering gewesen, die Vereinbarungen zu erfüllen. Die Erderwärmung geht schneller voran als berechnet, und 2024 dürfte als das Jahr des Scheiterns in die Geschichte eingehen, unter der 1,5-Grad-Marke zu bleiben.

Die persönliche Betroffenheit hilft nicht

Oft kreisen meine Gedanken um die Frage, welchen Transformationsbeitrag ich persönlich und mein engster Umkreis leisten, leisten können, zu leisten bereit sind und welche zusätzlichen Möglichkeiten es noch gibt. Nun, autofrei leben, Ökostrom nutzen, Biolebensmittel kaufen etc. reduzieren den CO_2-Fußabdruck. Und Klimademos sind ein Mittel, um auf die Misere aufmerksam zu machen. »Wir sind hier, wir sind laut, weil ihr uns die Zukunft klaut«, das habe ich bei diversen Fridays-for-Future-Demos skandiert. Nicht weil ich um meine individuelle Zukunft bange – die aufgrund meines Alters beschränkt ist –, sondern vielmehr, weil ich berechtigte Sorge um die Zukunft meiner Kinder und deren Kinder habe sowie um die Zukunft all derer, die schon heute in hohem Maße unter den Folgen des unverantwortlichen Ressourcenhungers und des globalen Wachstumswahns leiden. Da macht sich bei mir doch zuweilen Frustration breit, manchmal sogar Depression. Depressive Stimmung, das bringt natürlich nichts. Denn das Mittel der Hoffnung heißt: verantwortlich handeln und dafür aktiv werden. Also weiter auf Klimademos gehen, darüber reden, diskutieren, schreiben – das hilft, zumindest mir und hoffentlich auch ein Stück weit, um andere mitzunehmen und dem Ziel der inneren und äußeren und offiziellen Transformationen näher zu kommen. Dabei lasse ich mich gerne vom Veränderungswillen und Aktivismus der jungen Generation inspirieren, folge Luisa Neubauer, Greta Thunberg und anderen Klimaaktivist*innen in den sozialen Medien, habe aufmerksam das Buch *Sturmnomaden. Wie der Klimawandel den Menschen die Heimat raubt* von Kira Vinke gelesen und *Wir streiken, bis ihr handelt* von Klimaaktivist Maurice Conrad rezensiert. Täglich verfolge ich unzählige weitere Berichte, Zahlenwerke und Nachrichten zur Klimakrise und breche als Biojournalistin eine Lanze für den Ökolandbau, der seinen Teil zur Lösung des Klimadebakels beitragen kann. Ich stelle mir aber trotzdem regelmäßig die Frage: Ist das genug? Wobei ich sagen muss, dass ich einigermaßen stolz bin, dass unser familiärer CO_2-Fußabdruck vergleichsweise niedrig ist. Meine beiden Söhne tragen als Biobauern mit ihrer Arbeit am gesunden Boden in hohem Maße dazu bei.

Weiter-so-Mentalität birgt lähmendes Frustpotenzial

Kurze Zwischenfrage an die Leserinnen und Leser: Fragen Sie sich auch manchmal, warum wirtschaftliches Wachstum in praktisch allen Staaten dieser Welt oberste Priorität hat und die Mehrheit der Menschheit immer noch an grenzenloses Wachstum glaubt? Die Macht der Wirtschaft über allem, unser etabliertes System? Degrowth – ist das möglich? Warum haben wir so viel Angst davor? Immer wieder kommt mir in meinem kleinen persönlichen Umkreis, selbst von vielen Freundinnen und Freunden mit hohen Nachhaltigkeitsansprüchen, das Argument entgegen: »Wir tun doch schon viel, wir fahren elektrisch, haben ein Balkonkraftwerk installiert und kaufen bio. Wir allein können die Welt nicht retten!« Stimmt. Um die Welt zu retten, brauchen wir viele, die Verantwortung für die Bewahrung der Erde übernehmen und sich kraftvoll dafür engagieren.

Mutmacher. Zusammen sind wir viele

Doch betrachten wir die Lage mal unter dem Motto »Das Glas ist halbvoll«. Es sind nicht wenige, die sich mutig, unverdrossen und verantwortungsvoll für die Planetenrettung einsetzen. Und allen, die das Gefühl haben, dass die Kraft der Klimabewegung nachlässt und die Nachhaltigkeitsbemühungen tragischerweise langsam abebben, möchte ich sagen: Wir dürfen uns nicht entmutigen lassen. Stattdessen sollten wir überzeugt davon sein, dass die effektiven Chancen zur reellen Transformation nach wie vor gegeben sind. Schauen wir auf die Projekte, die im Großen wie auch im Kleinen etwas bewirken. »Little by little, a little becomes a lot«. Seien wir mutig und unverdrossen. Lassen wir uns tragen vom Mut derjenigen, die Perspektivenwechsel, Transformation und Wenden fordern und zur Umsetzung beitragen. Welche globalen Strategien brauchen wir, um den Kollaps abzuwenden?

Die ambitionierten 17 Nachhaltigkeitsziele (SDGs) haben die Vereinten Nationen mit dem Ziel, die Agenda für nachhaltige Entwicklung bis 2030 umzusetzen, differenziert formuliert. Berichte zeigen, dass sich an vielen Orten etwas in eine positive Richtung bewegt, um die Ziele zu erreichen und mit gelebter Nachhaltigkeit ökologische, ökonomische und soziale Transformation herbeizuführen. Schließlich sollten wir es uns als »verantwortungsvolle Transformator*innen« zur Aufgabe machen, diejenigen, die es sich im Wohlstandsidyll gemütlich eingerichtet haben, aufzuwecken und denjenigen, die sich politisch immer noch zum Wachstumsmantra bekennen, zu verdeutlichen, dass wir einen Paradigmenwechsel brauchen. Jetzt. Ein neues Weltverständnis, das zum Ziel hat, die Menschheit über alle geografischen und individuellen Grenzen hinweg zu einem globalen Verantwortungsgefühl gegenüber allen Menschen und gegenüber allen Ökosystemen zu einen. Zugegeben ein überaus idealistischer Ansatz, eine ambitionierte Vision, ein großer Wunsch, angesichts multipler Krisen. Sicherlich. Doch wie wir wissen, gibt es keinen Planet B und keine zweite Menschheit. Der Appell lautet: Verantwortung für unser aller Zukunft übernehmen! Mit Maja Göpel gesprochen: »Jede Veränderung, die wir heute vornehmen, wird ein Teil zukünftiger Entwicklung sein.« Wir brauchen eine neue Lust auf Zukunft, ein neues Gefühl, dass wir es gemeinsam, mit vereinten Kräften schaffen können, eine neue Freude am Übernehmen von Verantwortung. Das alles zusammen entwickelt die transformative Energie, die jetzt notwendig ist.

Lieber Gott, ich wünsche mir, dass ich mich mal mit einem Wal anfreunden kann

Safira Robens

Wenn man historische Ursachen zur Lösungsfindung analysieren möchte, muss man zunächst auf einer Geschichte aufbauen können, die faktisch präzise und möglichst neutral dokumentiert wurde. Das ist meiner Meinung nach schon mal das größte Hindernis unserer Zeit, das zwischen den Gutgesinnten, die es auch in der westlichen Welt gibt, und einer realistischen sowie bewohnbaren Zukunft für diesen Planeten steht. Geschichtsschreibung ist immer eine Herausforderung. Unbestritten. Aber von »Sieger*innen« und »Verlierer*innen« zu sprechen, wo nie ein Spiel abgesprochen war, ist nicht gewinnbringend.

Was bedeutet die Manipulation der Geschichtsschreibung für das Klima? Wenn wir beispielsweise in Bezug auf die Kolonialgeschichte (oder viel eher die vielen Kolonialgeschichten) heute immer noch von »Sieger*innen« und »Verlierer*innen« sprechen, verwenden wir Begriffe, die in diesem historischen Kontext nicht angebracht sind. Wir rechtfertigen die resultierenden Umstände und lassen dabei zwischen die Zeilen fallen, dass wir eigentlich von einer Gegenüberstellung von einem System institutionalisierter Mörder*innen, Dieb*innen und anderer Verbrecher*innen sprechen, die sich von Ressourcen ernähren, die andere Kulturen über Jahrtausende aufgebaut haben. Wir lassen dabei außer Acht, dass diese selbst auf psychologischer Ebene manipulative Ausdrucksweise ein globales Wirtschaftssystem beschreibt, das unsere heutige Welt dominiert und zu der Klimakrise geführt hat, der nun Sieger*innen und Verlierer*innen Hand in Hand entgegenblicken müssen. Deswegen weigere ich mich zu sagen: »Siegerinnen und Sieger schreiben eben Geschichte aus ihrer Perspektive.« Ich habe von der Bücherverbrennung der Nazis gehört, über ihre Zensur der Kunst. Ich habe über den italienischen Faschismus gelesen. Ich kenne die Geschichte der Erfindung Brasiliens. Ich weiß, wie Geschichte geschrieben wird. Und ich sehe in den Schulen, dass die Geschichtsschreibung der Faschistinnen und Faschisten noch lange nicht aufgearbeitet wurde. Aber für mich sind die Verfasser*innen irreführender Ausbeutungen noch lange keine Sieger und Siegerinnen, sondern Verbrecher und Verbrecherinnen, die uns sehr viel Arbeit hinterlassen haben.

Ich spiele Theater. Und da wir ja zum Glück alle wissen oder zumindest einige von uns glauben, das Leben sei zyklisch und somit auch das Leben in Gruppen, also als Polis oder Gesellschaft, und da es den Spruch gibt »Die Vergangenheit holt uns immer ein«, interessiere ich mich sehr für die sogenannte Antike, für antike Stoffe allgemein, aber eben auch für die antiken Komödien und Tragödien. Zum Beispiel habe ich einmal den griechischen Gott Dionysos gespielt und festgestellt, dass er und die ihn umgebende Gruppe der Bakchen, die nach der Kultur und den Werten von Dionysos gelebt haben, mich besonders faszinieren. Ein Wandervolk, das in der Dürre Wasser finden kann. Das tanzt und alle in seinen Bann zieht. Das weit gewandert ist und Instrumente mitbringt und jene aufnimmt, die sich ehrlich und direkt an sie wenden. Unglaublich. Meine Diplomarbeit im Fach Schauspiel schrieb ich über das Thema »Nachhaltigkeit« in Bezug auf die beiden gesellschaftlichen Lebensformen, die sich in dieser Tragödie gegenüberstehen: zum einen die Wüste, die vertrocknete Stadt, die im Eifer der Modernisierungen zur ruinengleichen Baustelle geworden ist und Krankheit verbreitet, aber dennoch ihre Werte und Errungenschaften militärisch verteidigen will. Und ebenjenes autarke Wandervolk, das mit seinen Tänzen und Riten teils verlockend, teils bedrohlich wirkt. Was mich an solchen Texten besonders interessiert, ist das »Wie«: Wie haben sie gelebt? Wie haben sie sich ernährt? Wie groß waren die Gruppen? Wie ist die Wanderung genau verlaufen? Ich glaube fest daran, dass altes Wissen uns sehr weit bringen kann, wenn wir aus gemachten Erfahrungen lernen. Schwierig wird es natürlich, die Giganten, Profiteurinnen und Profiteure des aktuellen Siegessystems zu überzeugen. Aber es ist eben unumgänglich.

Mein Vater ist Solartechniker. Er war einer der Ersten in Deutschland, der sich ausbilden ließ, als ein neuer Bildungsweg unter ebendiesem Titel entstand. Seit meiner Kindheit verfolge ich die vielen klimapolitischen Entscheidungen, die wir nur allzu oft anders hätten treffen können, und wie sich das damit einhergehende immense klimapolitische Potenzial anders entwickelt hat. Aber auch jetzt gibt es noch viele Möglichkeiten. Nach der grünen Welle in den 1980ern hat man sich meiner Meinung nach ein bisschen zu sehr ausgeruht. Man muss ein Grundgerüst schaffen, auf dem man aufbauen kann: erneuerbare Energien. Das Stromnetz ist ein Grundgerüst in meinen Augen. In meiner oben erwähnten Diplomarbeit fand ich nicht nur die lebende Kultur um Dionysos faszinierend, die die Energie selbst produziert, die sie verbraucht, sondern auch den Theaterkontext an sich. Ein Theater zu betreiben, kostet viel Strom, das Bühnenbild herzustellen, kostet Ressourcen, es zu transportieren und zu lagern, wieder andere, Kostüm, Maske – all das sind Bereiche, in denen es sich lohnt, nachhaltig zu denken, die Vorreiter sein könnten für andere Bereiche und Kunstformen, für das Individuum. Interessanterweise war meine erste Titelrolle am Burgtheater ein Kinderstück, in dem Kinder ab sechs Jahren ein Nachhaltigkeitsbewusstsein nahegebracht werden sollte. Und dass es wichtig ist, bedacht mit Plastik umzugehen, weil unser heutiger Umgang die Zukunft bestimmen kann. Kurze Zeit später bekam das Burgtheater sein erstes Nachhaltigkeitsabzeichen. Man kann noch viel weiter denken, weiter gehen. Das müssen wir jetzt tun. Auch auf künstlerische Art und Weise, aber die Institutionen dahinter müssen mitgehen. Wir müssen die Wunschproduktionsmaschinen neu einstellen. Anpassen. Optimieren. Es ist ermutigend festzustellen, dass hierzu auch schon vieles in Gang gesetzt wurde. Meine Mutter ist Expertin im Bereich Naturheilkunde. Dass sie in die Fußstapfen ihrer Mutter und Großmutter trat, wurde ihr erst bewusst, als sie die beiden nach dem 30-jährigen Bürgerkrieg in Angola wiederfand. 30 Jahre später. Jetzt ist Angola nicht mehr Portugal, aber ich bin Portugiesin. Das ist das, was ich meine mit der Geschichtsschreibung und dem empfehlenswerten Weiterdenken.

Ich hatte einen Traum, in dem ich nicht mehr atmen konnte. Das Meer bestand aus schmelzenden Plastikflaschen, und die Luft schien nur noch aus jenen Giftgasen zu bestehen, die einem auch schon in den Kleidungsläden zunehmend in der Nase brennen. Eine Wüste aus gärenden Tampons, sterbenden Wesen, die, in Erdöl gefangen, langsam in der Sonne brieten, verrostete Karosserien, Ruinen, tonnenweise Stofffetzen, Plastik in jede nur erdenkliche Form gepresst, in allen nur existierenden Farben gefärbt, nur um sich nun langsam wieder aufzulösen – und dann: tote Wale. Wale können über 200 Jahre alt werden. Als Kind habe ich immer davon geträumt, einmal einem Wal zu begegnen. Aber viel mehr, als ihm nur zu begegnen, wollte ich Zeit mit ihm oder ihr verbringen, sie kennenlernen. Ich habe mir eigentlich gewünscht, dass wir uns anfreunden: »Vielleicht haben Sie meine Großmutter schon schwimmen gesehen, meinen Urgroßvater als kleinen Jungen beobachtet, seine kleinen Füßchen im Wasser strampeln sehen«, hätte ich ihm gesagt. Wer weiß, welche Wahrheiten man in den Strophen der Walgesänge finden kann. Schließlich wandern einige von ihnen durch alle Ozeane. Die letzten 200 Jahre unter Wasser. Ab 1820 war es durch die strengen Quarantänemaßnahmen, die durch den Ausbruch der Beulenpest auf Mallorca und der Cholerapandemie in Asien herrschten, vielleicht auf den Meeren recht ruhig gewesen. Vielleicht war aber auch das Gegenteil der Fall, denn schließlich wurden über den Atlantic Highway Unmengen von Sklavinnen und Sklaven befördert, auf die man ja durch den Missouri-Kompromiss von 1820 nicht überall verzichten musste, nicht einmal offiziell. 1860 zählte man etwa vier Millionen Sklavinnen und Sklaven afrikanischer Herkunft in den Vereinigten Staaten von Amerika. Und wer weiß, wie viele nie Angekommene auf den Meeresgrund gesunken sind. Vielleicht könnten die Wale noch davon erzählen. Vielleicht singen sie ja davon. Zumindest die, die es noch gibt. Vielleicht rufen sie es sogar, so laut sie können, in der Hoffnung, dass man versucht, sie zu verstehen?

In den Notizen meiner Großmutter steht, dass mein Urgroßvater eine Art Verbindung zu einem männlichen Pottwal aufgebaut habe, der jeden November in ihre Bucht geschwommen kam. Er muss schon alt gewesen sein, da er nie in Begleitung kam. Die Weibchen sind soziale Wesen, und die Männchen trennen sich nur von der Gruppe, um eine eigene Familie zu gründen, oder eben im hohen Alter. Mein Urgroßvater, so hat meine Großmutter es genau aufgeschrieben, erkannte ihn daran, dass er die Bucht, wenn er ankam, voll ausfüllte, sich senkrecht aufstellte und schlief. Das machen Pottwale wohl nur selten und anscheinend nur, wenn sie sich sicher fühlen. Bei uns, schrieb meine Großmutter, war er sicher. Damals.

Ich war nun halb wach, aber ich träumte weiter, weil ich das Gefühl hatte, noch fertig werden zu wollen mit diesem Thema. Ich befand mich mitten im Gespräch mit Kapitalist*innen. Jedenfalls handelte es sich um jene Art von Kapitalist*innen, die sich zwar niemals als Kapitalist*innen bezeichnen würden, das Spiel aber vollkommen mitspielten. Damit meine ich nicht, dass sie zurückschreckten vor Nike, Kaffee, Zigaretten, Baumwolle (wenn überhaupt), Plastikmüll – das volle Programm –, aber eben vollkommen frei von Verantwortungsgefühlen, höchstens mal die eine oder andere Depression, aber dann natürlich vollkommen unerklärlich und zusammenhanglos. Na ja, jedenfalls unterhielt ich mich mit ebendiesem unschuldigen Täterchor. Es ging darum, dass Kapitalismus untragbar sei. Dass wir allein durch unseren Lebensstil schon morden, Menschen wie auch Flora und Fauna, Traditionen, Kulturen, Wissen – alles morden. Allein schon durch einen morgendlichen Coffee to go. Das wurde von den Kapitalist*innen vollkommen bestätigt. Sofort kamen aber auch Fragen – oder vielmehr Rechtfertigungen – auf, so wie: »Was denn sonst?« oder »Gibt es denn Alternativen zum Kapitalismus?« oder »Sind nicht alle anderen Systeme noch schlimmer?«

Es gibt keine Alternativen zu Kapitalismus? Also, soweit ich weiß, sagt Giorgio Agamben: »Doch!« Die Macht des Nichttuns zum Beispiel. »Die Macht des Entsagens« klingt vielleicht abschreckend (vor allem für Materialist*innen, Kapitalist*innen, Hedonist*innen etc.), aber sie ist groß. Darmgesundheit steuert das Gehirn. Zucker und Fette machen uns folgsam. So wurde beobachtet, dass die zuckerfressende Maus sich lieber in den dunklen Raum zurückzieht, statt den hellen Raum zu erforschen, ganz im Gegensatz zur zuckerfrei ernährten Maus. Filmstars, Models, Ballerinas sagen angeblich Nein zu Fast Food. Wer entscheidet denn, dass Kontinente ausgerottet werden müssen, um die restliche Bevölkerung mit ebensolchen Produkten zu versorgen? Und der Fitnesscoach uns dann dabei unterstützen muss, diese vielen Möglichkeiten nicht wahrzunehmen? Brauchen wir Generationen von Eroberungen, Völkermorden und Unterdrückungen für bunte Regale voller Produkte, an denen wir dann idealerweise Nein sagend vorbeigehen sollten? Der Begriff der »Eroberung« impliziert einen kämpferischen Wettstreit, einen Krieg. Es muss zu einem kriegerischen Wettkampf kommen, damit etwas erobert werden kann. Dass der Kampf fair sein muss, ist nicht gesagt. Dass es in der Geschichte der Menschheit überhaupt jemals einen fairen Kampf gegeben hat, ist ebenso wenig gesagt. Unser heutiges Wirtschaftssystem beruht auf einer Serie von Verbrechen, denen wir uns stellen müssen. Wir müssen uns stellen, uns entschuldigen, und wir müssen alles wiedergutmachen – gemeinsam.

Wenn ich Yoga mache, kämpfe ich. Ich unterdrücke die Lust aufzugeben, ich beherrsche mich. In der Position des herabschauenden Hundes muss ich mich immer wieder zusammenreißen – mich selbst überwinden, was nicht leicht ist. Ich muss über meine eigenen, in dem Moment primär wirkenden Interessen hinwegschauen – oder eher entsagen, mich dem Komfort hinzugeben – und dann in diesem Entsagen verharren können. Meistens ist es wahrscheinlich wirklich Komfort, nach dem ich mich sehne, wenn ich keine Lust mehr habe, im herabschauenden Hund zu verharren. Wenn ich dem Komfort allerdings nachgebe, dann bestraft mich meine eigene Natur mit Rückenschmerzen, Fettpölsterchen und anderen Unannehmlichkeiten, die mir auf die Physis wie auch auf die Psyche gehen und durch die eine Negativität entsteht, die im Endeffekt auch meine Nächsten tangiert. Es ist sozusagen ein Kampf, den man mit sich selbst austrägt. Der Begriff der »Eroberung« sollte daher meiner Meinung nach auch die Assoziation eines Kampfes auslösen, den man mit sich selbst auszutragen hat. Aktuell bezieht er sich ja eher im kollektiven Bewusstsein auf ein historisches Narrativ, das unser heutiges Wirtschaftssystem rechtfertigt und das unter anderem für die Klimakrise mitverantwortlich ist. Man sollte vielmehr an einen Kampf appellieren, den man mit sich selbst zu vereinbaren hat, einen Kampf des Entsagens, den inneren Kampf der Geduld, wenn wir das Entsagen einmal erreicht haben. Wenn unsere Gesellschaft so gerne kämpft, so gerne vom Kämpfen spricht, dann bitte: Zu bekämpfen haben wir die schlechten Gewohnheiten, die sich seit Generationen in uns angesammelt haben: in unserem Umfeld, in unserer Lebensart, in unseren Geschichtsbüchern, in den Kantinen unserer Schule, in der Bäckerei, bei Familienfesten, an Weihnachten, zu Ostern, nach der Trennung, bei der Hochzeit, in den Diskotheken, beim Shoppen, beim Filmschauen, beim Internetgebrauch, beim Gebrauch von Apps, beim Reisen, selbst auf Yogareisen. Eine Wegwerfgesellschaft ist kein Zukunftsmodell. Ein System, das kein Zukunftsmodell ist, wird früher oder später kollabieren. Denn es fehlt ihm an Nachhaltigkeit. In ein System, das ausweglos früher oder später zusammenbrechen wird, sollte man nicht alles investieren. Und wenn man sich entscheidet zu investieren, dann sollte man bereit sein, die Kosten selbst zu tragen. Es tut weh, immer wieder aufs Neue wiederholen zu müssen, was im Grunde allen klar ist. *Wir* sollten keine Zeit mehr verlieren. *Wir* sollten das Entsagen erlernen. *Wir* sollten verstehen, dass die Zeiten des Othering überholt sein müssen. *Wir* sollten *uns* zurückerobern, denn *wir* sind unsere Zukunft.

Aber was nun? Was könnten realistische nächste Schritte sein, um die Klimaziele zu erreichen? Bedürfnisse gehören durchaus hinterfragt. Was wir nicht brauchen, wir nicht routiniert verbrauchen. Idealerweise könnte man dann auch die Produktion eines Tages unterlassen. Und hier komme ich ins Spiel, als Teil eines »Wir«. Mein Fokus liegt im Hier und Jetzt. Auf den Dingen, die mir Hoffnung bringen: Als Schauspielerin spiele ich am Burgtheater und in Filmen. Mein jüngerer Bruder ist Maler. Ich glaube an diese Kunstformen. Ich glaube an die Macht der Kunst. Auch deshalb, weil die Kunst an sich ein gigantisches Kommunikationssystem ist. Ein Film ist Raum, um alles aufeinandertreffen zu lassen: bildende Kunst, Mode, Setdesign, Requisiten, Technologie – die Liste könnte endlos weitergehen. Alles Denkbare kann im Film verhandelt werden, und jede*r, der Zugang zu diesem Medium findet, kann mitdenken, mitreden, eine Meinung entwickeln. Man sagt, der Mensch habe etwas gelernt, wenn die neuen Inhalte seine Gewohnheiten ändern. Warum also nicht relevante Inhalte im Film diskutieren und unsere Gewohnheiten ändern, weltweit? Gemeinsam lernen!

Vielleicht träume ich noch immer, aber das ist mein Ziel, das ist meine Hoffnung: eine nachhaltige Filmproduktionslandschaft, die ausschließlich grünen Strom verbraucht, nachhaltige Inhalte nachhaltig kommuniziert, die jeden und jede erreicht und diese Reichweite nutzt, eine zukunftsweisende Lösungsansätze innerhalb der Filmproduktionswelt vorlebt, aber eben auch in den Medien selbst Inhalte vermittelt, die im echten Leben individuell optimiert umgesetzt werden können. Die Medienlandschaft verfügt über eine wunderbare Vielfalt von internationalen Kommunikationsmitteln, die noch viel mehr genutzt werden kann, um einen weltweiten Austausch zum Thema Lebensweisen der Zukunft zu ermöglichen. Wenn wir diese Möglichkeit nun erkennen und umsetzen können, sind meiner Meinung nach selbst bisher unmöglich scheinende Ziele wie ein fristgerechtes Erreichen der Klimaziele zu schaffen.

Wie man seine Regierung verklagt und warum eigentlich

Karola Knuth

Der menschengemachte Klimawandel und seine ökologischen Folgen sind Ende der 1970er-Jahre durch wissenschaftliche Studien ins öffentliche Bewusstsein gerückt. Spätestens seit in den 1980er-Jahren BIPoC (Black, Indigenous, People of Colour) und Arbeiter*innen gegen Umweltverschmutzung in ihrer Umgebung protestierten, ist bekannt, dass Umweltkrisen und deren Folgen die Menschen am meisten treffen, die bereits marginalisiert werden. 2021 hat das Bundesverfassungsgericht aufgrund einer Verfassungsbeschwerde (unter anderem des BUND) entschieden, dass für die nächsten Generationen ambitionierter Klimaschutz betrieben werden muss, weil eine aufgeschobene und dann in kurzer Zeit radikal einsetzende Klimapolitik zum Problem für die Freiheit werden könne. Doch in den Verursacherländern geschieht viel zu wenig und viel zu langsam, auch in Deutschland. Und das, obwohl die reichen Industrieländer eine besondere Verantwortung tragen. Um dieses Handeln von der deutschen Bundesregierung einzufordern, habe ich gemeinsam mit dem Bund für Umwelt und Naturschutz Deutschland (BUND) und dem Solarenergie-Förderverein Deutschland (SFV) – so, wie es auch weitere Verbände tun – die Bundesregierung 2024 erneut vor dem Bundesverfassungsgericht verklagt.

Ich persönlich, Jahrgang 2000, kann kein Ereignis ausmachen, bei dem mir die Klimakrise bewusst wurde. Sie war einfach immer da, immer präsent. Und mit jeder Nachricht über eine neue Flut oder einen weiteren Waldbrand, mit jedem Workshop in der Schule, mit jedem weiteren Seminar an der Uni, mit jedem Gespräch mit Betroffenen wurde mir das Ausmaß, die Ungerechtigkeit klarer. Das führte zu einer sehr persönlichen Frage: Wie werden die Welt und mein Leben aussehen, wenn ich alt bin?

Es lohnt sich also eine kurze Bestandsaufnahme. Der Klimawandel trifft vor allem marginalisierte Menschen, oft in ehemals gewaltsam kolonialisierten Staaten, denen die notwendigen Mittel geraubt wurden, um sich gegen die Auswirkungen zu schützen. Und ebendiese Menschen und ihre Vorfahren haben selbst am wenigsten zur Erhöhung der Treibhausgaskonzentration beigesteuert. Doch Regionen, die akut von der Klimakrise bedroht sind, können sich kaum mit ihren Interessen durchsetzen. Vor allem weil andere davon profitieren, und zwar die, die am meisten zum Klimawandel beigetragen haben. Fossile Konzerne können seit Jahrzehnten Kohle, Gas und Öl verbrennen, dadurch den Kohlenstoffkreislauf aus dem Gleichgewicht bringen und massive Gewinne für einige wenige im Globalen Norden erwirtschaften. Die Ursache der Klimakrise liegt in einem Weltwirtschaftssystem, in dem sowohl die Menschen als auch die vorhandenen natürlichen Ressourcen im Interesse eines ständigen, scheinbar grenzenlosen Wachstums ausgebeutet werden. Die Klimakrise ist somit eine Krise von unfassbarer Ungerechtigkeit. Je mehr sich die Klimakrise beschleunigt, desto größer werden die Ungleichheiten zwischen Arm und Reich, zwischen Nord und Süd, zwischen Verlierer*innen und Gewinner*innen. Gleichzeitig warnen Wissenschaftlerinnen und Wissenschaftler immer dringlicher vor dem Klimawandel. Jahr für Jahr stellt sich heraus, dass die Klimakrise noch ernster ist, als bereits erwartet. Je länger wir warten, desto schlimmer wird es. Die Zeit zu handeln ist somit *jetzt*.

2015, noch in der Schulzeit, habe ich gejubelt, dass in Paris ein neuer völkerrechtlicher Vertrag zum Klimaschutz unterzeichnet wurde. Das war das erste bindende Abkommen seit dem Kyoto-Protokoll. Nun sollten alle Staaten beim Klimaschutz mitmachen, und sie sollten selbst entscheiden können, wie viel sie beitragen. Historische Verantwortung für die Klimakrise sollte dabei genauso beachtet werden wie die vorhandenen finanziellen und infrastrukturellen Möglichkeiten, um Klimaschutz umzusetzen. Einzige Bedingung war: Mindestens alle paar Jahre müssen staatliche Ziele mit ambitionierteren Maßnahmen als zuvor eingereicht werden. Das Ziel ist ebenfalls klar: den mittleren Anstieg der globalen Durchschnittstemperatur auf möglichst 1,5 Grad und auf jeden Fall deutlich unter zwei Grad zu beschränken. Dabei muss angemerkt werden, dass auch schon eine Erwärmung von 1,5 Grad massive Auswirkungen auf das Leben auf der Erde hat. Vermehrte Extremwetterereignisse, gesundheitsschädliche Hitzeperioden und angestiegene Meeresspiegel sind dabei nur die sichtbarsten Ereignisse. Jedes weitere Zehntel Grad Erwärmung verstärkt diese Effekte exponentiell. Aber all die wissenschaftlichen Erkenntnisse und all der politische Druck reichen nicht aus, dass sich Deutschland so verhält, wie es notwendig wäre. Neun Jahre nach dem Klimaabkommen von Paris und viele Hochwasserereignisse, Hitzesommer und Dürren in Deutschland später handelt die Bundesregierung immer noch nicht angemessen und verwässert vorhandene Klimapolitik sogar.

Keine Bundesregierung und keine Bundestagsmehrheit konnte sich bisher auf eine Klimapolitik einigen, die die historische Verantwortung für die Klimakrise und Deutschlands Möglichkeiten aufgrund von Technologie, Wissen und Finanzen so berücksichtigt, wie im Pariser Klimaabkommen vorgesehen. Laut Bundesumweltministerium ist Deutschland, historisch betrachtet, im Zeitraum von 1850 bis 2018 für 4,6 Prozent der globalen Treibhausgasemissionen verantwortlich. In der Verfassungsbeschwerde belegen wir mit den neuesten Erkenntnissen des Weltklimarates (IPCC) und des deutschen Sachverständigenrats für Umweltfragen, dass Deutschlands faires Treibhausgasbudget für 1,5Grad schon aufgebraucht ist. Wir stellen fest, dass die deutsche Klimapolitik nie zum Ziel hatte, die Erdbegrenzung auf möglichst 1,5 Grad zu begrenzen, obwohl sie das nach dem Pariser Klimaabkommen sollte.

Fragt man den extra dafür im Jahr 2019 eingesetzten Expertenrat der Bundesregierung, erfüllt diese auch nicht die eigenen Ziele, die im Klimaschutzgesetz stehen. Stand heute wird Deutschland die eigenen – bereits verfassungswidrigen – Ziele für 2030 und danach mit hoher Wahrscheinlichkeit nicht erreichen. Auch durch erfolgreiche Klagen vor Verwaltungsgerichten wurde die Bundesregierung vermehrt verpflichtet, im Verkehrs- und Gebäudesektor klimapolitisch nachzubessern. Aber anstatt auf den ExpertenratExpertenrat zu hören und Gerichtsurteile umzusetzen, hat die Bundesregierung 2024 das Klimaschutzgesetz faktisch noch weiter abgeschwächt. Die Ziele müssen nun nicht mehr je Sektor und jedes Jahr überprüft werden, und der Handlungsdruck auf Minister*innen und Regierung wurde erheblich gemindert. Das Erreichen der eigenen schwachen Ziele wird somit noch unwahrscheinlicher. Damit klaffen die Ziele und das Handeln der Bundesregierung immer weiter auseinander.

Deswegen verklagen wir gemeinsam die Bundesregierung. Denn spätestens seit dem Urteil des Bundesverfassungsgerichtes 2021 ist klar: Wir haben ein Recht auf Klimaschutz. Doch obwohl in den vergangenen dreieinhalb Jahren belegt wurde, dass die Folgen der Klimakrise noch gravierender sind, als bisher gedacht, tun Bundesregierung und Bundestagsmehrheit noch weniger, um ihn zu begrenzen. Unsere Klage beruht darauf, dass Deutschland damit die grundgesetzlich verankerten und geschützten Freiheiten heutiger und zukünftiger Generationen gleich zweimal verletzt.

Erstens führt eine unambitionierte Klimapolitik zu gefährlichen Klimaveränderungen, die das Recht auf Leben und Gesundheit nach Artikel 2 Absatz 2 des Grundgesetzes bedrohen. Die Klimakrise kostet heute schon Menschenleben, zerstört ganze Regionen und bedroht die Gesundheit von vielen Menschen. Wir spüren das schmerzlich bei den gehäuft auftretenden Hochwassern wie der Ahrtalkatastrophe und weiteren zerstörerischen Fluten im Jahr 2024, auch in Deutschland. Langfristig gefährdet die Klimakrise auch die Nahrungsmittel- und Wasserversorgung und damit unser ökologisches Existenzminimum und die natürlichen Lebensgrundlagen. Diese sind auch in Artikel 20a GG geschützt und bieten die Grundlage für die individuelle Handlungsfreiheit nach Artikel 2 Absatz 1 des Grundgesetzes.

Zweitens steht die sogenannte intertemporale Freiheitssicherung auf dem Spiel. Um langfristig wieder in einem stabilen Klima zu leben, muss der Treibhausgasausstoß schnellstmöglich bei null sein. Da werden auch die Märchen von technologischen Wundern nicht helfen. Um die Folgen der Klimakrise in einem beherrschbaren Rahmen zu halten, muss der weltweite Ausstieg aus sämtlichen Emissionen deutlich vor 2050 passieren, und in Industrienationen wie Deutschland ist häufig schon heute der faire Anteil am Restbudget überschritten. Verzögert sich das Handeln der Regierung noch mehr, bedeutet das, dass sich der Zeitraum verkleinert, Maßnahmen zu ergreifen, und dann müssen diese umso schneller und drastischer vorgenommen werden. Auch dies beeinträchtigt die Freiheit zukünftiger Generationen in hohem Maße.

Das ist tragisch, denn Klimaschutz schützt uns nicht nur, er birgt auch viele weitere Chancen, sowohl um Deutschland zu modernisieren und zukunftsfähig zu machen als auch um zu einer gerechteren Welt beizutragen und vergangene Ungerechtigkeiten anzuerkennen. Leider wird aber zu wenig über die Visionen gesprochen, die aufzeigen, dass Klimaschutz uns allen eine bessere, überhaupt eine lebenswerte Zukunft ermöglicht. Der Wandel in der Wirtschaft und die notwendigen Veränderungen in vielen Lebensbereichen sind anstrengend. Aber Nichtstun ist keine Option – es wäre nicht nur viel teurer, es stellt auch unsere Lebensgrundlage akut infrage. Dieser Umbau kann, sozial und ökologisch gestaltet, zu einer generationengerechten, feministischen und antikolonialen Welt beitragen. Unsere Verfassungsbeschwerde gibt mir die Hoffnung, dass in Zukunft Menschen vor Profite gestellt und Ungerechtigkeiten bekämpft werden. Dabei geht es nicht um konkrete Handlungsvorschläge, sondern darum, die Grundrichtung der Klimapolitik zu ändern, sodass sie Leben und Freiheit schützt. Deutschland bekommt mit der Klimaklage erneut die Chance dazu, denn Klimaschutz ist Menschenrecht.

Die Hoffnung nicht verlieren, selbst wenn es manchmal hoffnungslos erscheinen mag

Maren Mitterer

Die Klimakrise ist persönlich. Sie geht uns etwas an, sie geht uns alle etwas an, auch hier in Deutschland. Dennoch verschließen sich Menschen davor und reden sich ein, die Klimakrise habe keine Relevanz für ihr Leben. Die wesentliche Herausforderung besteht nun wohl darin, Wege zu finden, diese Menschen zu erreichen und sie zu klimafreundlicherem Handeln zu bewegen.

Weil Sie dieses Buch gerade in den Händen halten, gehören Sie wahrscheinlich bereits zu dem Teil der Gesellschaft, der aktiv an der Gestaltung der sozialökologischen Transformation beteiligt ist. Entscheidend für den Erfolg dieses Wandels wird jedoch der noch andere Teil der Gesellschaft sein – und leider entfernen sich diese beide Gruppen momentan zunehmend voneinander.

Die wissenschaftlichen Lösungen für zentrale Herausforderungen wie den Ausstieg aus fossilen Brennstoffen, die Förderung nachhaltiger Landwirtschaft oder den Schutz der Biodiversität sind bereits lange vorhanden. Die wissenschaftliche Lage ist eindeutig und wird »lediglich« von Jahr zu Jahr dringlicher. Dennoch gelingt es uns bisher nicht, den Trend unseres CO_2-Ausstoßes umzukehren. Spätestens seit den großen Demonstrationen von Fridays for Future im Jahr 2019 ist das Thema in der Mitte der Gesellschaft angekommen, fast jede*r hat von der Klimakrise gehört – doch ab hier sind die Meinungen nach wie vor gespalten. Dieser Graben, der sich in unserer Gesellschaft aktuell zunehmend verhärtet, wird wohl leider von beiden Seiten bestärkt. Übrigens finde ich es hier auch als Klimaaktivistin wichtig, sich selbstkritisch zu hinterfragen und den eigenen Beitrag zu dieser Entwicklung zu reflektieren.

Worauf ich hinauswill, ist: Um der Transformation noch »by design« und nicht »by disaster« zu begegnen, müssen wir wieder gemeinsam an einem Strang ziehen. Es sollte darum gehen, über die Wege, nicht über das Ziel zu diskutieren. Dafür müssen wir also auch andere Teile der Gesellschaft für unser Bestreben gewinnen. Zentrale Fragen könnten dabei sein: Wie können wir Menschen außerhalb unseres gewohnten Umfelds erreichen? Welche Kommunikationsstrategien braucht es? Wie schaffen wir es, alle mitzunehmen und keine Bedürfnisse zu negieren? Wie können wir die politischen Entscheidungsträger*innen vom Lobbyismus der Autoindustrie oder fossiler Konzerne befreien? Wie können wir wieder Brücken bauen?

Es gibt bereits unzählige wundervolle Projekte, Innovationen und Initiativen im nachhaltigen Bereich, sie haben allerdings bisher nicht die notwendige gesellschaftliche Tiefe erreicht. In meinen Augen ist das nun eine unserer zentralen Aufgaben. Ich möchte mir nicht anmaßen zu wissen, wie das gelingen kann – ich bin eine 19-jährige Aktivistin und ebenso auf der Suche. Manchmal wünschte ich sogar, ich müsste mir darüber keine Gedanken machen, könnte mich stattdessen altersadäquateren Themen widmen und vertrauen, dass die älteren Menschen sich der Probleme annehmen. Manchmal würde ich gerne keine Aktivistin mehr sein **müssen**. Doch die Realität sieht anders aus und drängt zum Handeln, also versuche ich, meinen Beitrag zu leisten, so gut ich eben kann. Das ist es letztlich auch, was ich mir von uns allen wünsche – dass wir tun, was wir können. Dass wir nicht die Augen verschließen und vor unserer Verantwortung davonlaufen, sondern uns der Bewältigung der Klimakrise widmen und gemeinsam nach Wegen in eine klimaneutrale Zukunft suchen. Das ist auch eine Herausforderung, die sich überhaupt nur gemeinsam meistern lässt.

Dafür ist es aber ebenso wichtig, dass wir die Hoffnung nicht aufgeben: sowohl die Menschen, die sich bereits seit Jahren für Klimagerechtigkeit engagieren, wie auch beispielsweise die Menschen meiner Generation, die erst später dazukamen und sich von der Politik aktuell sehr alleingelassen fühlen. Geben wir die Hoffnung nicht auf. Ja, die Lage sieht an vielen Stellen bedrohlich und besorgniserregend aus, wir teilen die Müdigkeit und Angst, wissen wahrscheinlich alle zeitweise nicht mehr, was wir noch tun sollen. Doch das Schlimmste, was wir jetzt tun könnten, wäre aufzugeben. Das wäre sowohl für uns selbst als auch für unseren Planeten katastrophal – denn jedes Zehntel Grad, das wir an zusätzlicher Erwärmung verhindern können, macht einen Unterschied. Der Weg hin zu einer nachhaltigeren Welt ist wahrlich herausfordernd und beschwerlich; es ist wahrscheinlich die größte Herausforderung, vor der die Menschheit aktuell steht. Aber ich glaube daran, dass wir das gemeinsam schaffen können. Wenn ich an all die Menschen denke, die sich auf beeindruckende und unermüdliche Weise für Klimagerechtigkeit einsetzen, an jene, die mit uns auf der Straße waren und sind, oder an all jene, die in diesem Buch ihre Gedanken darüber geteilt haben, welche Wege wir gehen können, dann glaube ich fest daran, dass wir diese Herausforderung gemeinsam meistern werden.

Ich wünsche mir, dass wir die Hoffnung nicht verlieren, selbst wenn es manchmal hoffnungslos erscheinen mag. Diese Transformation betrifft uns alle, und darin liegt die Herausforderung ebenso wie der Schlüssel. Gleichermaßen wünsche ich mir also, dass wir unsere Verantwortung übernehmen und durch das Bauen von Brücken noch viele weitere dafür gewinnen, die ihre anzunehmen.

Das Mögliche erkunden

Hermann Theisen

Während dieses Buch entstand, hat es wieder einen Hitzerekord nach dem anderen gegeben, und gleichzeitig hat uns eine Vielzahl dystopisch anmutender Extremwetterereignisse die unmittelbaren Folgen des Klimawandels für Mensch und Natur mit all seiner zerstörerischen Kraft und Gewalt auf erbarmungslose Weise vor Augen geführt. Was bleibt also am Ende eines solchen Buches noch zu sagen? Haben die Essays zu einer eigenen Standortbestimmung in Fragen des Klimawandels eingeladen? Haben sie vielleicht sogar konkrete Anregungen dafür gegeben? Waren die Texte inspirierend, berührend oder vielleicht sogar Hoffnung gebend? Eine Hoffnung darauf, dass es uns am Ende doch noch gelingen könnte, die Klimakrise in den Griff zu bekommen? Das sind große Worte – und so wird es nun jedem Leser und jeder Leserin selbst überlassen sein, eine persönliche Standortbestimmung zu ziehen, denn dass die Leser*innen eine solche ziehen werden, wünschen sich die Macherinnen und Macher dieses Buches jedenfalls sehr! Wie sollten schließlich sonst auch die dringend notwendigen weiteren Schritte auf dem Weg unserer alternativlosen Klimaanpassung erfolgen können?

Doch was am Ende ja bekanntermaßen immer bleibt, ist die Hoffnung. Eine Hoffnung, die in Zeiten unserer akuten Klimakrise zugegebenermaßen etwas gewagt erscheinen mag, vielleicht sogar auch widersinnig und naiv, aber genau deshalb umso wertvoller und notwendiger ist. Über die Hoffnung im Allgemeinen ist schon viel geschrieben und gedichtet worden, die lyrischsten Worte dafür fand wohl Emily Dickinson, jene US-amerikanische Lyrikerin, deren Gedichte erstmals 1890 veröffentlicht wurden, nachdem sie bereits vier Jahre zuvor verstorben war:[1]

>›Hoffnung‹ ist das Federding –
>Nistet in der Seele –
>Singt seine Weise wortlos –
>Niemals – hält es inne –
>Klingt – im Sturm am schönsten –

So wild tobt kein Orkan –
Daß er den Vogel übertönt
Der soviel Wärme gab –
Hörte ihn noch in Eisesland –
Und auf dem fernsten Meer –
Nie nahm er, nicht im Äußersten,
Eine Krume an – von Mir.

Bezaubernde Worte, die uns das Geheimnis der Lyrik erahnen und spüren lassen – und die zutiefst hoffnungsgebend sind.

Die französische Philosophin Corine Pelluchon schreibt in ihrem Buch *Die Durchquerung des Unmöglichen. Hoffnung in Zeiten der Klimakatastrophe*:[2] »Hoffnung setzt die Auseinandersetzung mit Leid und Verzweiflung voraus« und: »Die Klimakrise als Bedrohung für unser individuelles und kollektives Überleben zu bezeichnen, ist völlig unzureichend. Wir stehen vor der Möglichkeit einer Unmöglichkeit: dem Zusammenbruch unserer Zivilisation«, aber: »Hoffnung erfordert das Aushalten des Negativen und das Erkennen der extremen Ungewissheit, in der wir uns befinden. Gerade ausgehend von dieser extremsten Ungewissheit und der größten Fragilität können wir Mögliches erkunden, uns Unterstützung holen, Bündnisse aufbauen und Ressourcen finden.«

Pelluchon formuliert damit eine wunderbare Ermutigung an alle Klimaaktivist*innen und an uns alle, genau jenes zu tun, wovon in den Essays dieses Buches immer und immer wieder die Rede ist. Werden deshalb auch Sie mutig, neugierig, freudig, und bleiben Sie vor allem hoffnungsvoll dabei, um das Ihnen Mögliche zu erkunden, um eigene Handlungsspielräume zu entdecken und um sich so immer weiter auf einen klimafreundlicheren Weg zu begeben.

Autorinnen und Autoren

Dr. Franz Alt, Jg. 1938, ist Journalist und früherer Leiter des Politikmagazins *Report* für den SWR, er ist Autor zahlreicher Bücher, u. a. gemeinsam mit Michail Gorbatschow und dem Dalai Lama, und hat vielfältige Auszeichnungen erhalten, u. a. den Adolf-Grimme-Preis, die Goldene Kamera, den Deutschen Solarpreis, den Europäischen Solarpreis, den Umwelt-Online-Award, den Menschenrechtspreis AWARD und den Umweltpreis der Deutschen Wirtschaft.

Prof. Dr. Christian Berg, Jg. 1967, hat Physik, Philosophie und Theologie studiert, in systematischer Theologie und Ingenieurwissenschaft promoviert und lehrt als Honorar- bzw. Gastprofessor an der TU Clausthal und der Universität des Saarlands. Er ist über die Frage, was die Welt im Innersten zusammenhält, zur Verantwortung für die Schöpfung gekommen und beschäftigt sich seit 25 Jahren mit Themen nachhaltiger Entwicklung und Fragen im Schnittfeld von Technik und Gesellschaft. Er war mehr als zehn Jahre in der Industrie tätig, engagiert sich für den Club of Rome und ist politikberatend tätig.

Burkhart von Braunbehrens, Jg. 1941, Zeichen- und Kunstunterricht bei Prof. Willi Geiger, Studium ohne Abschluss in Soziologie, Volkswirtschaft, Kunstgeschichte, Romanistik und Philosophie, Gründungsmitglied von KBW/Kommunistischer Bund Westdeutschland und Chefredakteur der Kommunistischen Volkszeitung, 1975 sieben Monate im Gefängnis wegen Landfriedensbruch für die Organisation einer Demonstration gegen McNamara in Heidelberg. Gründung des alternativen Wohnprojekts Technologie und Ökologie auf dem Gelände einer ehemaligen Papierfabrik in Ebertsheim, wo er seit fast 40 Jahren lebt. 2011 bis 2014 Mitglied im Gesellschaftsrat der Rüstungsfabrik Krauss-Maffei Wegmann, dort im Wege einer Klage vor dem Schiedsgericht ausgeschieden, Gründung der Stiftung

Willkommen in Deutschland, die Migranten und Migrantinnen Wohnung und Integrationshilfe leistet.

Dr. Davide Brocchi, Jg. 1969, lebt in Köln, ist Sozialwissenschaftler und freiberuflich tätig. Er erforscht gesellschaftliche Transformationsprozesse in Theorie und Praxis mit Fokus auf soziale und kulturelle Nachhaltigkeit (davidebrocchi.eu).

Katharina van Bronswijk, Jg. 1989, ist Psychologin und als Psychotherapeutin in eigener Praxis niedergelassen. Sie ist seit 2009 im Klimaschutz aktiv und als Sprecherin der Psychologists and Psychotherapists for Future gut vertraut mit den komplexen Zusammenhängen zwischen Umweltkrisen und psychischer Gesundheit, dazu ist sie als Dozentin und Autorin tätig.

Doreen Brumme, Jg. 1971, ist Politologin M. A. und freie Journalistin, sie lebt mit ihrem Mann und ihren vier Kindern in Hamburg und bloggt auf ihrem Bio- und Familienblog über nachhaltiges Leben mit einer großen Familie in der Hansestadt (doreenbrumme.de).

Prof. Dr. Daniel Deimling, Jg. 1983, machte nach dem Abitur eine Winzerlehre und begann im BWL-Studium damit, sich mit Wirtschaftsethik und Kapitalismuskritik zu beschäftigen. Er ist Professor für Betriebswirtschaftslehre, Marxist, liest die Zeitschrift *Konkret* und ist Liebhaber unfiltrierter Naturweine.

Dr. Albert Denk, Jg. 1983, promovierte in politischer Soziologie bei Stephan Lessenich an der Ludwig-Maximilians-Universität München und arbeitet am Otto-Suhr-Institut für Politikwissenschaft der Freien Universität Berlin. Seine Arbeitsschwerpunkte umfassen Antidiskriminierung, Entwicklungs- und Umweltpolitik, globale soziale Ungleichheiten, nachhaltige Entwicklung, postkoloniale Theorien, Transformationsforschung und die Vereinten Nationen.

Judith Döker, Jg. 1973, ist Vortragsrednerin, Autorin, Fotografin und Coach. Sie lebte mehrere Jahre in Indien und reiste mit ihrem Projekt »Drei Fragen:

Glück« in verschiedene Brennpunkte dieser Welt wie Pakistan, Iran, Libanon, Syrien und Kolumbien (judith-doeker.de).

Lena Eith, Jg. 2001, studiert Geografie in Freiburg, stammt aus einem kleinen Dorf zwischen Schwarzwald und Schwäbischer Alb und kam über die Beschäftigung mit der Meeresverschmutzung zum Umwelt- und Klimaschutz, sie ist aktives Mitglied der Students for Future Freiburg.

Timon Esser, Jg. 2000, studiert Physik im Studiengang Master of Science an der Johannes Gutenberg-Universität Mainz und ist aktives Mitglied der Students for Future Mainz.

Julian Fertl, Jg. 1990, ist Groß- und Außenhandelskaufmann und hat in Passau Kulturwirtschaft mit Schwerpunkt Ost- und Mitteleuropa studiert, danach arbeitete er in einem Start-up und ist inzwischen in einer gemeinnützigen Stiftung beschäftigt.

Dr. Oliver Foltin, Jg. 1981, ist stellvertretender Leiter der Forschungsstätte der Evangelischen Studiengemeinschaft (FEST) in Heidelberg und dort wissenschaftlicher Mitarbeiter im Arbeitsbereich Nachhaltige Entwicklung. Er leitet die Fachstelle Umwelt- und Klimaschutz der Evangelischen Kirche in Deutschland (EKD).

Jan Frehse, Jg. 1962, hat Psychologie und Deutsche Literaturwissenschaft studiert und war danach wissenschaftlicher Mitarbeiter am Graduiertenkolleg Kognitionswissenschaft der Universität Hamburg, anschließend Dozent und Sozial- und Gesundheitsberater der AOK Hamburg. Seit 1995 ist er Psychotherapeut in eigener Praxis mit nebenberuflichem Engagement als Filmemacher und Mitgründer der Improtheatergruppe ANNE BILLE.

Rebecca Freitag, Jg. 1992, war deutsche UN-Jugenddelegierte für nachhaltige Entwicklung und Botschafterin für die Rechte zukünftiger Generationen. Sie setzt sich für die UN-Ziele für nachhaltige Entwicklung ein und erforscht nachhaltige Lösungen zu deren Erreichung, u. a. als Mitbegründerin der »Future Maps« (das »TripAdvisor für nachhaltige Orte«), bei der Global Impact Alliance und als Dozentin und Keynote-Rednerin.

Annika Fricke, Jg. 1990, ist studierte Geoökologin und Nachhaltigkeitswissenschaftlerin. Sie arbeitet seit 2018 in diversen Klimaschutzprojekten am Karlsruher Transformationszentrum für Nachhaltigkeit und Kulturwandel (KAT) und am Institut für Technikfolgenabschätzung und Systemanalyse (ITAS) des Karlsruher Instituts für Technologie (KIT). Ihre inhaltlichen Schwerpunkte sind transdisziplinäre Nachhaltigkeitsforschung, Bildung für nachhaltige Entwicklung, Kultur und Nachhaltigkeit, Selbstexperimente für eine nachhaltigere Lebensweise sowie personale Nachhaltigkeit.

Marie Lisanne Froehlich, Jg. 1998, studiert Sozialkunde, Deutsch, Musik und Geografie auf Lehramt in Mainz. Sie setzt sich als Multiplikatorin für ELAN e. V., Youmocracy, das Demokratiezentrum für Klimaschutz sowie für die Stärkung der Demokratie und eine stärkere Verankerung von Bildung für nachhaltige Entwicklung in der Bildungslandschaft ein und ist aktives Mitglied der Students for Future Mainz.

Xenia Gomm, Jg. 1996, stammt aus Dietmannsried im Allgäu und hat nach ihrem Abitur einen Bachelor in Mathematik sowie einen Master in Klimawissenschaften absolviert. Sie macht politische Bildungsarbeit und ist Teil verschiedener (klima-)politischer Gruppen, seit 2023 arbeitet sie bei der Klimaschutzorganisation GermanZero in Berlin.

Günter Grzega, Jg. 1944, ist Diplom-Bankbetriebswirt und Diplom-Verwaltungsbetriebswirt. Er war Vorstandsvorsitzender der Sparda-Bank München e. G. sowie Vorstandsvorsitzender des Senatsinstituts für gemeinwohlorientierte Politik in Bonn und ist Botschafter des Gemeinwohl-Ökonomie Deutschland e. V. (germany.econgood.org).

Dr. Dirk Hamann, Jg. 1963, ist Rechtsanwalt, Präsidiumsmitglied der Deutschen Gesellschaft Club of Rome e. V., Vorsitzender des Aufsichtsrats der Desertec Foundation, Gründer des Vereins zur Bekämpfung unlauteren

Greenwashings e. V., Gesellschafter und Geschäftsführer in der United Sustainability Gruppe sowie Partner der Kanzlei gunner*cooke*.

Karin Heinze, Jg. 1958, ist Fachjournalistin für die weltweite Biobewegung, Mutter dreier erwachsener Kinder und Großmutter. Sie engagiert sich beruflich wie privat für den Schutz der planetaren Grenzen und für die grundlegende Transformation hin zu Klimagerechtigkeit, Nachhaltigkeit und Ökologie.

Prof. Dr. Estelle Herlyn, Jg. 1973, ist Professorin und wissenschaftliche Leiterin des KompetenzCentrums für nachhaltige Entwicklung an der FOM Hochschule für Oekonomie und Management in Düsseldorf. Dort beschäftigt sie sich in Lehre und Forschung u. a. mit der Verantwortung von Unternehmen für eine nachhaltige Entwicklung. In diesem Kontext initiierte sie gemeinsam mit dem Bundesministerium für wirtschaftliche Zusammenarbeit und der Gesellschaft für internationale Zusammenarbeit die Multiakteurspartnerschaft Allianz für Entwicklung und Klima und ist als Advisor für die United Nations Development Organization tätig.

Julia Hörner, Jg. 2003, studiert Umweltwissenschaften in Freiburg. Sie stammt aus einem kleinen Dorf in Bayern und kam über ein Schulreferat zum Thema »Fast Fashion« zum Umwelt- und Klimaschutz. Sie ist aktives Mitglied der Students for Future Freiburg.

Valerie Huber, Jg. 1996, ist Schauspielerin und Aktivistin, sie ist in Afrika und in den USA aufgewachsen und UNICEF-Ehrenbeauftragte. Ihre Plattform nutzt sie, um auf Missstände wie den Klimawandel und soziale Ungerechtigkeiten aufmerksam zu machen. Mit ihrem Buch *Fomo Sapiens* sollen junge Menschen für sozialpolitische Themen sensibilisiert und dazu aufgerufen werden, sich aktiv zu engagieren.

Dieter Ilg, Jg. 1961, ist Jazzkontrabassist und studierte Klassischen Kontrabass bei Prof. Wolfgang Stert in Freiburg sowie Jazz in New York City. Seit Jahrzehnten ist er auf Konzertreisen u. a. mit Till Brönner, Thomas Quasthoff, Rebekka Bakken, Dhafer Youssef und Nguyen Le – daneben sind die

Themen Natur, Klima, Verkehr, Lebensmittel und Humanismus für ihn von großer Bedeutung.

Karola Knuth, Jg. 2000, studiert Politikwissenschaften sowie Geografie und hat im September 2024 gemeinsam mit dem Bund für Umwelt und Naturschutz Deutschland und dem Solarenergie-Förderverein Deutschland die Bundesregierung wegen unzureichender Einhaltung der gesetzlich normierten Klimaschutzziele vor dem Bundesverfassungsgericht verklagt.

Michaela Koschak, Jg. 1977, ist Diplom-Meteorologin und moderiert seit über 20 Jahren Wetterberichte im Fernsehen und Radio. Sie bezeichnet sich als Klimakommunikatorin, die versucht, möglichst viele Menschen für das so wichtige Thema Klimawandel zu sensibilisieren. Hierzu hat sie Bücher veröffentlicht und ist Kolumnistin bei T-Online für das Thema Wetter und Klima.

Felix Kruthaup, Jg. 1995, ist gelernter Zimmerer und studierte Architektur. Während der Entstehung des Buches schreibt er seine Masterarbeit in Soziologie und engagiert sich als Mitglied der Students for Future für eine globale Klimagerechtigkeit.

Jens Lueck, Jg. 1967, studierte Musikwissenschaften. 1993 eröffnete er das Art of Music-Tonstudio (Garlsdorf) und engagiert sich seit ca. 2010 im Bereich Klimaschutz und als Mitglied der Parents For Future. Bis heute ist er Musiker mit eigenen Projekten.

Stefan Maier, Jg. 1964, gründete 2008 die IT-Firma Prior1 GmbH. Neben seinem Bekenntnis zum Unternehmertum sieht er sich als bekennender Umweltaktivist und Botschafter der Gemeinwohl-Ökonomie. Auch betreut er Strafgefangene.

Uli Mayer-Johanssen, Jg. 1958, etablierte nach Mitgründung der MetaDesign AG, einer der renommiertesten europäischen Markenagenturen, nach 25 Jahren im Vorstand 2015 mit der UMJ GmbH ein Unternehmen, das mit »identitätsbasierter Unternehmens- und Markenführung« zahlreiche wegweisende Visions- und Transformationsprozesse gestaltet hat. Als Gastprofessorin lehrt sie an der Universität der Künste in Berlin und in St. Gallen. 2016 gründete sie mit »designing future« eine Initiative, die innovative Ansätze im Bereich der systemischen Nachhaltigkeit setzt. Sie wurde 2019 in das Präsidium der Deutschen Gesellschaft Club of Rome berufen.

Robert Mews, Jg. 1988, hat Mathematik und Chemie auf Lehramt an der Friedrich-Schiller-Universität Jena studiert. Er arbeitet seit 2014 als Lehrer an der Neuen Oberschule Gröpelingen. Sein Herz schlägt für das Projektlernen, und er engagiert sich darüber hinaus als MINT-Botschafter (Mathematik, Informatik, Naturwissenschaften und Technik) im Land Bremen.

Maren Mitterer, Jg. 2005, ist Klimaaktivistin bei Fridays For Future, Studentin, Poetry Slammerin und engagiert sich seit Jahren in Projekten für Klimagerechtigkeit und in zivilgesellschaftlichen Bereichen für die Stärkung der Demokratie, politische Partizipation junger Menschen und Mental Health Awareness.

Nicco, Jg. 1987, ist unter dem Einfluss der Umweltbewegung der 1980er-Jahre aufgewachsen und hat Ökologie studiert, um der anhaltenden Zerstörung der Natur entgegenzuwirken. Nicco engagiert sich bei Fridays for Future, um klimapolitische Veränderungen anzustoßen, und beschäftigt sich mit der Frage, wie sozialer Wandel erreicht werden kann hin zu einer klimaneutralen und lebenswerteren Welt.

Prof. Dr. Hermann E. Ott, Jg. 1961, ist Rechtsanwalt und Berater für internationale Umweltpolitik und Umweltrecht. Er ist Volljurist, promovierte an der Freien Universität Berlin zu Umweltregimen im Völkerrecht und lehrt als Honorarprofessor an der Hochschule für Nachhaltige Entwicklung Eberswalde. Ott war Gründer und Leiter des deutschen Büros der internationalen Umweltrechtsorganisation ClientEarth, arbeitete viele Jahre für das Wuppertal Institut für Klima, Umwelt, Energie und war von 2009 bis 2013 Bundestagsabgeordneter und klimapolitischer Sprecher für Bündnis90/Die Grünen. Darüber hinaus war er Aufsichtsrat von Greenpeace Deutschland, stellvertretender Vorsitzender der Deutschen Umweltstiftung und im Präsidium des Deutschen Naturschutzrings (hermann-e-ott.de).

Lea Rahman, Jg. 1996, ist Politik- und Sozialwissenschaftlerin und promoviert an der Universität Augsburg zur Verortung menschlicher Naturaneignung in gesellschaftlichen Herrschafts- und Ausbeutungsverhältnissen. An der Europäischen Akademie für Frauen in Politik und Wirtschaft Berlin e. V. ist sie im bundesweiten Bündnis »Gemeinsam gegen Sexismus« tätig.

Isabel Raunecker, Jg. 2001, studiert Geografie in Freiburg und kam durch ihr Studium zum Umwelt- und Klimaschutz. Sie ist aktives Mitglied der Students for Future Freiburg.

Safira Robens, Jg. 1994, studierte Philosophie und Romanische Philologie in Düsseldorf, Paris und Lissabon. Prägend war für sie das Jahr 2010, als der Ruhrpott Europas Kulturhauptstadt war und sie auf leidenschaftliche Art und Weise von der Maschinerie des Theaters verschlungen wurde. Über das eigene Schreiben sowie Inszenieren kam sie zu einem Schauspielstudium am Max Reinhardt Seminar in Wien und ist seit 2021 festes Ensemblemitglied des Wiener Burgtheaters.

Thoralf Rumswinkel, Jg. 1965, ist Wildnisguide, Naturmentor und Outdoortrainer im Hochland Norwegens. Er hat sich der Arbeit mit Menschen in freier Natur und für die Welt verschrieben und in über zwei Jahrzehnten des Schaffens auf diesem Gebiet eine hohe Expertise entwickelt. Sein Leben als Architekt in einer deutschen Großstadt hat er hinter sich gelassen.

Leonard Schneider-Strehl, Jg. 1996, studiert Environmental Governance in Freiburg, ist Klimaaktivist und aktives Mitglied der Students for Future Freiburg.

Dr. Nicola Schuldt-Baumgart, Jg. 1964, studierte Volkswirtschaftslehre, Germanistik und internationale Wirtschaftsbeziehungen an der Philipps-Universität Marburg sowie Volkswirtschaftslehre, Germanistik und internationale Wirtschaftsbeziehungen an der Ludwig-Maximilians-Universität München. Nach ihrer Promotion im Fach Volkswirtschaftslehre an der Universität Marburg arbeitete sie in der Unternehmens- und Markenkommunikation, in der Politikberatung sowie als freie Wirtschaftsjournalistin. Ihre Arbeitsschwerpunkte liegen in den Bereichen Wissens- und Nachhaltigkeitskommunikation.

Waltraud Schwab, Jg. 1956, ist Journalistin und Autorin. Seit 2002 ist sie als Redakteurin bei der Tageszeitung *taz*. 2021 erschien ihr Roman *Brombeerkind*.

Darya Sotoodeh, Jg. 1997, studiert Übersetzungswissenschaften in Heidelberg und ist seit 2020 in der Klimabewegung aktiv, thematisch beschäftigt sie sich insbesondere an der Schnittstelle von Antirassismus und Klimagerechtigkeit, zuletzt auch in der Kampagne »Wir Fahren zusammen«.

Markus Szaguhn, Jg. 1987, ist wissenschaftlicher Mitarbeiter am Karlsruher Transformationszentrum für Nachhaltigkeit und Kulturwandel des Karlsruher Instituts für Technologie und promoviert derzeit in Soziologie, mit Fokus auf der transformativen Nachhaltigkeitsforschung. Nach seinem Maschinenbaustudium mit Schwerpunkt Energietechnik war er in der kommunalen Klimaschutz- und Energieberatung im Bereich Energieeffizienz tätig. Darüber hinaus ist er als freiberuflicher Dozent in der Hochschulbildung für eine nachhaltige Entwicklung engagiert und begleitet Unternehmen auf dem Weg zur Klimaneutralität.

Dr. Volker Teichert, Jg. 1954, ist Umwelt-, Klimaschutz- und Nachhaltigkeitsberater sowie wissenschaftlicher Mitarbeiter im Arbeitsbereich Nachhaltige Entwicklung der Forschungsstätte der Evangelischen Studiengemeinschaft in Heidelberg.

Hanna Utermann, Jg. 2001, studiert Umweltnatur- und Umweltsozialwissenschaften in Freiburg, über Fridays-for-Future-Demonstrationen kam sie zum Umwelt- und Klimaschutz und ist aktives Mitglied der Students for Future Freiburg.

Sebastian Vollmer, Jg. 1997, begann am Ende seines Physikstudiums, sich im Rahmen von Fridays for Future und Extinction Rebellion für Klimaschutz zu engagieren, und kam während seiner Masterarbeit in Informatik zu den Mainzer Students for Future.

Cordula Weimann, Jg. 1959, Dipl.-Kauffrau, ist seit 40 Jahren als Unternehmerin im Bereich Denkmalpflege tätig und seit 2019 Klimaaktivistin. Sie ist Mitgründerin des Vereins Leben im Einklang mit der Natur e. V. und Gründerin der Bewegung Omas for Future, die bundesweit über 80 Gruppen umfasst und auch in Österreich und den Niederlanden aktiv ist.

Prof. Dr. Ernst Ulrich von Weizsäcker, Jg. 1939, ist Umweltwissenschaftler und SPD-Politiker. Von 1998 bis 2005 war er Mitglied des Deutschen Bundestages und von 2012 bis 2018 Ko-Präsident des Club of Rome, dessen Ehrenpräsident er seit 2018 ist. Er ist ein international bekannter Vordenker für Nachhaltigkeit und Umweltthemen, Gründungspräsident des Wuppertal Instituts, Autor zahlreicher Bücher und Träger vielfältiger nationaler und internationaler Auszeichnungen.

Wolf Wondratschek, Jg. 1943, studierte Literaturwissenschaft, Philosophie und Soziologie und war Redakteur der Literaturzeitschrift *Text + Kritik*. Er lehrte als Gastdozent an der University of Warwick und verfasste zahlreiche Gedichte und Kurztexte, die seine radikale Opposition zu herkömmlicher Lyrik und Prosa dokumentieren. Seine Gedichte- und Liedsammlung *Chuck's Zimmer* erreichte eine Auflage von 300.000 Exemplaren; die darin enthaltenen Liedtexte etablierten ihn als einen der wenigen deutschsprachigen »Rock-Poeten«. Marcel Reich-Ranicki schrieb über ihn: »Es mag sein, dass von der deutschen Dichtung der Siebzigerjahre nicht viel bleiben wird. Die Gedichte dieses Autors werden bleiben.«

Anmerkungen

Vorwort

1. Weizsäcker, Ernst Ulrich von/Wijkman, Anders, u. a. (2017): Wir sind dran. Club of Rome: Der große Bericht. Was wir ändern müssen, wenn wir bleiben wollen. Eine neue Aufklärung für eine volle Welt. Gütersloher Verlagshaus.

Essays, die Mut für morgen machen

1. Staab, Philipp (2023): Anpassung. Leitmotiv der nächsten Gesellschaft. Berlin: Suhrkamp.
2. Die von der Weltgemeinschaft beschlossene Agenda 2030 beinhaltet 17 Ziele und 169 Unterziele für eine nachhaltige globale Entwicklung. Sie tragen der wirtschaftlichen, sozialen und ökologischen Dimension der nachhaltigen Entwicklung Rechnung und führen Armutsbekämpfung und nachhaltige Entwicklung in einer Agenda zusammen. Die Sustainable Development Goals (SDGs) sollen bis 2030 global und von allen UNO-Mitgliedstaaten erreicht werden. Das heißt, dass alle Staaten gleichermaßen aufgefordert sind, die drängenden Herausforderungen der Welt gemeinsam zu lösen.

Die Kultur ändern, in der wir erzogen wurden

1. Vgl. Wehling, Elisabeth (2019): Politisches Framing. Berlin: Ullstein, S. 183.
2. Vgl. UBA (2024): Primärenergieverbrauch. In: umweltbundesamt.de 2.4.2024; [https://www.umweltbundesamt.de/daten/energie/primaerenergieverbrauch#definition-und-einflussfaktoren].
3. SPD; Die Grünen; FDP (2021): Mehr Fortschritt wagen. Bündnis für Freiheit, Gerechtigkeit und Nachhaltigkeit. Koalitionsvertrag 2021–2025. Berlin.
4. Heyen, Dirk Arne (2016): Exnovation. Herausforderungen und politische Gestaltungsansätze für den Ausstieg aus nicht-nachhaltigen Strukturen, in: Öko-Institut Working Paper Nr. 3/2016.
5. Morin, Edgar; Kern, Anne Brigitte (1999): Homeland Earth: A Manifesto for a New Millennium. New York: Hampton Press.
6. Sachs, Wolfgang (2013): Missdeuteter Vordenker. Karl Polanyi und seine Great Transformation, in: Politische Ökologie Nr. 133/2013, S. 19.
7. Vgl. Polanyi, Karl (1978): The Great Transformation. Frankfurt am Main: Suhrkamp.
8. Vgl. Earth Overshoot Day (2023): »German Overshoot Day 2023: 4. Mai«, [https://overshoot.footprintnetwork.org/newsroom/press-release-german-overshoot-day-2023-de/].
9. Hardt, Michael/Negri, Antonio (2000): Empire. Cambridge (Mass.): Harvard University Press.

10 Vgl. Bauman, Zygmunt (1991): Modernity and the Holocaust. Cambridge: Polity Press, sowie Horkheimer, Max (1991): Zur Kritik der instrumentellen Vernunft. Frankfurt am Main: S. Fischer, sowie Hösle, Vittorio (1991): Philosophie der ökologischen Krise. München: C.H. Beck.

11 Mau, Steffen (2022): Sortiermaschinen. Die Neuerfindung der Grenze im 21. Jahrhundert. München: C.H. Beck.

12 Vgl. Lessenich, Stephan (2017): Neben uns die Sintflut. Die Externalisierungsgesellschaft und ihr Preis. München: Carl Hanser, S. XX.

13 Vgl. Merkel, Wolfgang (1999): Systemtransformation. Opladen: Leske + Budrich, S. 15.

14 Paech, Niko (2012): Befreiung vom Überfluss. München: oekom.

15 Vgl. Mancuso, Stefano (2023): Fitopolis. La città vivente. Bari: Laterza.

16 Butterwegge, Christoph (2024): Umverteilung des Reichtums. Köln: Papy-Rossa. S. XX.

17 Vgl. Elias, Norbert (1990): Über den Prozess der Zivilisation. Bd. 1. Frankfurt am Main: Suhrkamp.

Krach mit meiner Schwester

1 Schwab, Waltraud (2024): Die Hände meines Vaters. Tochter über ihren Vater [https://taz.de/Tochter-ueber-ihren-Vater/!6008752/].

2 Süssmuth, Rita (2024): Über Mut. Vom Zupacken, Durchhalten und Loslassen, Paderborn: Bonifatius.

3 Schwab, Waltraud (2024): »Wir haben zu wenig Mitgefühl«. Rita Süssmuth über Courage in der Krise [https://taz.de/Rita-Suessmuth-ueber-Courage-in-der-Krise/!6031880/].

Mehr Zukunft wagen!

1 Abbé Gabriel Bonnot de Mably, 1758 in einem Brief zu den Rechten und Pflichten des Bürgers [https://de.wikipedia.org/wiki/Gabriel_Bonnot_de_Mably].

2 Tagesspiegel, 30.5.2024. Der Mann, den die Faschisten hassten; [https://www.tagesspiegel.de/kultur/der-mann-den-die-faschisten-hassten-vor-100-jahren-stellte-sich-giacomo-matteotti-ein-letztes-mal-mussolini-entgegen-11718005.html].

3 ZDF Frontal, 28.05.2024; [https://www.zdf.de/politik/frontal/betrugsverdacht-bei-klimaschutzprojekten-in-china-mineraloel-konzern-100.html].

Im Zeitalter der Polykrisen: Warum eine andere Kommunikation entscheidend ist

1 Vgl. Lawrence, Michael (2023): Global polycrisis. The causal mechanisms of crisis entanglement, in: Global Substainability, e7, S. 2.

2 Vgl. European Environment Agency (2024): Transformative resilience. The key to governing Europe's sustainability transitions in the polycrisis, in: EEA Report, 10/2023.

3 Bogner, Alexander (2021): Die Epistemisierung des Politischen. Wie die Macht des Wissens die Demokratie gefährdet. Stuttgart: Reclam, S. 13.

4 Vgl. Strohschneider, Peter (2017): Rede »Über Wissenschaft in Zeiten des Populismus«; [https://www.dfg.de/resource/blob/286028/d2257cf31e1084baccaa83acb4607e66/forschung-2017-03-beilage-dokumentation-data.pdf].

5 Vgl. Climate Action Against Disinformation (2023): Deny Deceive Delay. Climate Information Integrity ahead of COP28; [https://caad.info/wp-content/uploads/2023/11/Deny-Deceive-Delay-Vol.-3.pdf].

6 Richter, Hedwig/Ulrich, Bernd (2024): Demokratie und Revolution. Wege aus der selbstverschuldeten ökologischen Unmündigkeit, Köln: Kiepenheuer & Witsch, S. 73ff.

7 Ebd.

8 Schnetzer, Simon et al. (2024): Trendstudie »Jugend in Deutschland 2024. Verantwortung für die Zukunft? Ja, aber«; [https://simon-schnetzer.com/trendstudie-jugend-in-deutschland-2024/].

9 Das Portal klimafakten.de de leistet hier bereits seit Langem wertvolle Arbeit: www.klimafakten.de

10 Richter, Ricarda (2024): Die Menschen wollen beides: billiges Benzin und Klimaschutz. Interview mit Stephen Fisher [https://www.zeit.de/2024/29/erneuerbare-energien-klimaschutz-energiepreise-stephen-fisher/seite-3].

11 Vgl. Endres, Alexandra (2022): Einen Großteil der Menschen könnte man mit besserer Kommunikation zu mehr Klimaschutz bewegen. Interview mit Mike S. Schäfer [https:/www.klimafakten.de/kommunikation/einen-grossteil-der-menschen-koennte-man-mit-besserer-kommunikation-zu.mehr].

12 Vgl. ebd.

13 Vgl. Heuser, Uwe Jean (2024): Viel Spaß mit dem Klima; [https://www.zeit.de/2024/29/umweltbewusstsein-klima-glueck-nachhaltig-leben].

14 Vgl. Helliwell, John F. et al. (Hrsg.) (2024): World Happiness Report 2024. University of Oxford.

Die Sonne gehört allen – die Botschaft des Jahrhunderts

1 Hackenbroch, Veronika (2023): »Es gibt ungefähr 35 Arten, an Hitze zu sterben«; [https://www.spiegel.de/wissenschaft/medizin/extrem-temperaturen-es-gibt-ungefaehr-35-arten-an-hitze-zu-sterben-a-6efcc244-c647-4c8b-a694-76e2c348cd15?nlid=die-lage-am-abend&sara_ecid=nl_upd_1jtzCCtmxpVo9GAZr2b4X8GquyeAc9].

2 Vgl. The Washington Post: Extreme heat has killed at least 28 in the past week – and the toll is rising; [https://www.washingtonpost.com/climate-environment/2024/07/10/heat-wave-us-death-toll/].

3 Vgl. Climate Central. Analysis: Global extreme heat in June 2024 strongly linked to climate change; [https://www.climatecentral.org/report/global-heat-review-june-2024].

4 Das bezieht sich auf den Zeitraum von Juli 2023 bis Juni 2024. Niranjan, Ajit: Temperatures 1.5C above pre-industrial era average for 12 months, data shows, in: The Guardian; [https://www.theguardian.com/environment/article/2024/jul/08/temperatures-1-point-5c-above-pre-industrial-era-average-for-12-months-data-shows].

5 Bücher von Franz Alt zum Thema: Alt, Franz (2016): Die Sonne schickt uns keine Rechnung. Neue Energie, neue Arbeit, neue Mobilität, München: Piper Verlag, sowie Alt, Franz (2010): Sonnige Aussichten. Wie Klimaschutz zum Gewinn für alle wird, Gütersloher Verlagshaus, sowie Alt, Franz/Weizsäcker, Ulrich von (2022): Der Planet ist geplündert. Was wir jetzt tun müssen, Stuttgart: Hirzel-Verlag. Mehr Infos: franzalt@sonnenseite.com.

Über die zwei Grad hinausdenken – Aufgeben? Keine Option!

1 In allen sechs Assessment Reports des IPCC von 1990 bis 2023 finden sich zahlreiche Handlungsaufforderungen, die »dringende und progressive Maßnahmen zur Eindämmung des Klimawandels« thematisieren. Vgl. IPCC (1992): Climate Change: The IPCC 1990 and 1992 Assessments. Hrsg. v. Intergovernmental Panel on Climate Change (IPCC) und Lee, Hoesung et al. (2023): Climate Change 2023. Synthesis Report. Contribution of Working Groups I, II and III to the Sixth Assessment Report of the Intergovernmental Panel on Climate Change. Hrsg. v. IPCC. Geneva, Switzerland.

2 Bauernschuster, Stefan/Traxler, Christian (2021): Tempolimit 130 auf Autobahnen. Eine evidenzbasierte Diskussion der Auswirkungen, in: Perspektiven der Wirtschaftspolitik, 22(2), S. 86–102, DOI: 10.1515/pwp-2021-0023.

3 Rucht, Dieter/Sommer, Moritz (2019): Fridays for Future. Vom Phänomen Greta Thunberg, medialer Verkürzung und geschickter Mobilisierung. Zwischenbilanz eines Höhenflugs, in: Internationale Politik, 74(4), S. 121–125; [https://www.econstor.eu/handle/10419/222255].

4 Wenn in diesem Aufsatz von »Kampf« oder »kämpfen« die Rede ist, so meinen wir damit keine gewaltbereiten Auseinandersetzungen. Vielmehr wollen wir damit zum Ausdruck bringen, dass das Aufzeigen von Missständen und das Einstehen für konsequentes politisches Handeln in der Klimakrise unserer Erfahrung nach auf starre Beharrungskräfte treffen, denen wir entgegenwirken.

5 Drau, Indigo/Klick, Jonna (2024): Alles für alle. Revolution als Commonisierung. Stuttgart: Schmetterling.

6 Wehrden, Henrik von/Kater-Wettstädt, Lydia/Schneidewind, Uwe (2019): Fridays for Future aus nachhaltigkeitswissenschaftlicher Perspektive, in: GAIA, 28(3), S. 307–309; DOI: 10.14512/gaia.28.3.12.

7 Knüpfer, Curd/Hoffmann, Matthias (2024): Countering the »Climate Cult«. Framing Cascades in Far-Right Digital Networks, in: Political Communication, S. 1–23; DOI: 10.1080/10584609.2024.2332762.

8 Wir verstehen unter Care-Arbeit die Sorgearbeit für andere Menschen, was sich beispielsweise als Pflege oder Erziehung äußert, aber auch die Sorgearbeit für Natur, Pflanzen, Tiere und kommende Generationen. Besonders wichtig ist hier auch das Verständnis dafür, dass die Verteilung von Care-Arbeit traditionell in das gesellschaftliche Konstrukt von ungleichen Rollenbildern zwischen Geschlechtern eingebettet ist.

Klimaschutz – Wege aus einer hoffnungslos erscheinenden Lage

1 Vgl. Tutt, C. (2024): Klimaschutz. Warum Habecks Klimabilanz kein Grund zur Freude ist; [https://www.wiwo.de/politik/deutschland/klimaschutz-warum-habecks-klimabilanz-kein-grund-zur-freude-ist/29709784.html].

2   Vgl. GES – Global Energy Solutions / FAW/n – Forschungsinstitut für anwendungsorientierte Wissensverarbeitung (2023): Entwicklung einer Referenzlösung für ein weltweites klimaneutrales und Wohlstand schaffendes Energiesystem. Abschlussreport; [https://global-energy-solutions.org/wp-content/uploads/2023/10/2023-Abschlussreport-Global-Energy-Perspectives.pdf].

3   Vgl. Herlyn, E./Lévy-Tödter, M. (2019): Die Agenda 2030 als Magisches Vieleck der Nachhaltigkeit. Systemische Perspektiven. Wiesbaden: Springer Gabler.

4   Vgl. Herlyn, E. et al. (Hrsg.) (2024): Multi-Akteurs-Netzwerke: Kooperation als Chance für die Umsetzung der Agenda 2030, SpringerGabler Verlag.

5   Vgl. Global Energy Monitor (2024): Boom and Bust Coal 2023. Tracking the Global Coal Plant Pipeline; [https://globalenergymonitor.org/wp-content/uploads/2023/03/Boom-Bust-Coal-2023.pdf].

6   Vgl. McKinsey (2024): Zukunftspfad Stromversorgung. Perspektiven zur Erhöhung der Versorgungssicherheit und Wirtschaftlichkeit der Energiewende in Deutschland bis 2035; [https://www.mckinsey.de/~/media/mckinsey/locations/europe%20and%20middle%20east/deutschland/news/presse/2024/2024-01-17%20zukunftspfad%20stromversorgung/januar%202024_mckinsey_zukunftspfad%20stromversorgung.pdf], sowie Branconi, C. von/Frewer, T. (2024): Wie die deutsche Energiewende im Stromsektor bezahlbar wird; [https://global-energy-solutions.org/wp-content/uploads/2024/06/240607stromsystem_final.pdf].

7   Vgl. IEA – International Energy Agency (2023): World Energy Outlook 2023; [https://iea.blob.core.windows.net/assets/86ede39e-4436-42d7-ba2a-edf61467e070/WorldEnergyOutlook2023.pdf].

8   Vgl. Pauw, W. P. et al. (2020): Conditional nationally determined contributions in the Paris Agreement. Foothold for equity or Achilles heel?, in: Climate Policy, 20(4); [https://doi.org/10.1080/14693062.2019.1635874].

9   Vgl. Herlyn, E./Lévy-Tödter, M./Fischer, K./Scherle, N. (Hrsg.) (2024): Multi-Akteurs-Netzwerke. Kooperation als Chance für die Umsetzung der Agenda 2030, Wiesbaden: Springer Gabler.

10 Vgl. Radermacher, F. J. (2020): Das Rio/Kyoto/Paris-Dilemma. Eine klimapolitische Rekonstruktion verpasster Chancen, in: Kursbuch 202 Donner. Wetter. Klima, Kursbuch Kulturstiftung gGmbH.

11 WBCSD – World Business Council for Sustainable Development (2021). Vision 2050 – Time to Transform; [https://www.wbcsd.org/contentwbc/download/11765/177145/1].

Was du (nicht) willst, das man dir tu …

1   https://www.fussabdruck.de/

2   https://www.wwf.de/themen-projekte/klimaschutz/wwf-klimarechner

3   An open letter to the UN Secretary General and COP Executive Secretary. Reform of the COP process. A manifesto for moving from negotiations to delivery; [https://www.cluboframe.org/cop-reform/].

Barrieren auf dem Weg der Transformation

1. Berg, Christian (2020): Ist Nachhaltigkeit utopisch? Wie wir Barrieren überwinden und zukunftsfähig handeln, München: oekom.

Wie können wir Wandel bewirken? Mit Entschleunigung in die Transformation

1. Vgl. Johan Rockström et al. (2009): Planetary boundaries. Exploring the safe operating space for humanity. Ecology and Society. 14, 32; [https://www.bmuv.de/themen/nachhaltigkeit/integriertes- umweltprogramm-2030/planetare-belastbarkeitsgrenzen].
2. Parodi, Oliver (2018): Sustainable development. A matter of truth and love, in: Oliver Parodi und Kaidi Tamm (Hrsg.): Exploring the Far Side of Sustainable Development. London: Routledge.
3. Vgl. Parodi, Oliver/Tamm, Kaidi (Hrsg.) (2018): Personal Sustainability. Exploring the Far Side of Sustainable Development. London: Routledge.
4. Vgl. Parodi, Oliver (2024): »Deep Sustainability«. Auf dem Weg zu einer Kulturtheorie der Nachhaltigkeitstransformation; [https://www.transformationszentrum.org/downloads/tiefe-nachhaltigkeit_kulturtheorie_2024_.pdf].
5. Meadows, Donella (2008): Thinking in Systems. A Primer, hrsg. von Diana Wright, Sustainability Institute.
6. Rosa, Hartmut (2016): Resonanz. Eine Soziologie der Weltbeziehung. Berlin: Suhrkamp.
7. Nach ebd.
8. Vgl. ebd.
9. Vgl. Parodi, Oliver (2018): Sustainable development. A matter of truth and love, in: Oliver Parodi und Kaidi Tamm (Hrsg.): Exploring the Far Side of Sustainable Development. Routledge Verlag.
10. Zum Nachlesen auf der Website des Karlsruher Transformationszentrums: https://www.transformationszentrum.org/news_selbstversuch-entschleunigung.php.

Lieber Elon als Olaf – von Formen des Optimismus

1. Vgl. Kosmogrün. Johan Rockström und unsere Planetaren Grenzen; [https://kosmogruen.de/planetare-grenzen-klimawandel/].
2. Vgl. o. A.: Musk will bemannte Mars-Missionen schon 2028, in: zdf heute, 23.09.2024; [https://www.zdf.de/nachrichten/panorama/mars-mission-elon-musk-space-x-100.html].

Wir haben ein Problem – die Lösung sind wir

1. Ajzen, I. (1985): From intentions to actions. A theory of planned behavior, in: Action control. From cognition to behavior, Springer Verlag, S. 11–39.
2. Vgl. Trope, Y./Liberman, N. (2012): Construal level theory. Handbook of theories of social psychology, 1, S. 118–134.
3. Vgl. Gifford, R. (2011): The dragons of inaction. Psychological barriers that limit climate change mitigation and adaptation. American psychologist, 66(4), S. 290.

4   Vgl. Bandura, A. (1986): Social foundations of thought and action. A social cognitive theory. Englewood Cliffs, Prentice Hall.
5   Vgl. Fritsche, I. et al. (2018): A social identity model of pro-environmental action (SIMPEA). Psychological Review, 125, S. 245–269.
6   Vgl. Tajfel, H./Turner, J. C. (1986): The social identity theory of intergroup behavior, in: S. Worchel/W. G. Austin (Hrsg.): Psychology of intergroup relations. Chicago: Nelson-Hall, S. 7–24.
7   Vgl. Lamb, W. F. et al. (2020): Discourses of climate delay. Global Sustainability, 3, e17.

Krise der Gerechtigkeit

1   Walsh, Alistaie (2024): Extremwetter weltweit. Was sind die Gründe? DW Natur und Umwelt, [https://www.dw.com/de/extremwetter-weltweit-was-sind-die-gründe/a-69148641].
2   WMO, World Meteorological Organization (2024): Extreme weather, [https://wmo.int/topics/extreme-weather].
3   IPCC, Intergovernmental Panel on Climate Change (2021): Climate Change 2021. The Physical Science Basis. Contribution of Working Group I to the Sixth Assessment Report of the Intergovernmental Panel on Climate Change, Cambridge University Press, S. 1611 sowie Otto, Friederike E. L. (2017): Attribution of Weather and Climate Events. Annual Review of Environment and Resources 42, S. 627–646.
4   WMO, World Meteorological Organization (2024): Global temperature is likely to exceed 1.5°C above pre-industrial level temporarily in next 5 years, [https://wmo.int/media/news/global-temperature-likely-exceed-15degc-above-pre-industrial-level-temporarily-next-5-years].
5   Chavis, Benjamin/Lee, Charles (1987): Toxic Wastes and Race in the United States. A National Report on the Racial and Socio-Economic Characteristics of Communities with Hazardous Waste Sites. United Church of Christ Commission for Racial Justice, sowie Bullard, Robert D. (1993): Anatomy of Environmental Racism and the Environmental Justice Movement, in: Bullard, Robert D. (Hrsg.): Confronting environmental racism. Voices from the grassroots, Boston: South End Press, S. 15–40, sowie Bullard, Robert D. et al. (2008): Toxic wastes and race at twenty. Why race still matters after all of these years. Environmental Law, 38(2), S. 371–411.
6   Bullard 1993 sowie Bullard et al. 2008.
7   Hickel, Jason (2020): Quantifying national responsibility for climate breakdown. An equality-based attribution approach for carbon dioxide emissions in excess of the planetary boundary, Lancet Planetary Health 2020, 4: e399–404; [https://doi.org/10.1016/S2542-5196(20)30196-0].
8   Rahman, Lea (2021): Neokoloniale Strukturen in der internationalen Klimapolitik. Eine postkoloniale Perspektive auf den Diskurs im Rahman der UN-Klimakonferenzen, Baden-Baden: Tectum.
9   Matera, Elena (2023): Frauen in der Klimakrise. Globale Erhitzung trifft Mädchen und Frauen besonders, Oxfam Deutschland e. V.

10 UN Women Deutschland (2022): Klima und Gender; [https://unwomen.de/klima-und-gender/].
11 Ebd.
12 Vgl. Rahman, Lea (2024): Abhängiger Extraktivismus. Internationale Zwänge und Abhängigkeitsverhältnisse bei peripherem Rohstoffextraktivismus, Baden-Baden: Tectum.
13 Vgl. Bruschi, Valeria (2022): Wachstumszwang und Ökologie. Marx' ökonomische Analyse des Wachstums, in: Bruschi, Valeria/Zeiler, Moritz (Hrsg.): Das Klima des Kapitals. Gesellschaftliche Naturverhältnisse und Ökonomiekritik, Berlin: Dietz.

Klimaschutz und neoliberaler Kapitalismus sind ein Widerspruch in sich

1 Vgl. o. A.: Drei Prozent der G7-Militärausgaben könnten Hunger in der Welt beenden, in: Spiegel; [https://www.spiegel.de/ausland/drei-prozent-der-g7-militaerausgaben-koennten-hunger-in-der-welt-beenden-a-3e710aad-19ae-4ec4-8331-dd59717ec499].
2 Huber, Valerie (2025): Fomo Sapiens, Berlin/Wien: Goldegg.

Militär, Krieg und Klima – eine unheilvolle Melange

1 Siehe https://www.ippnw.de/frieden/klima-und-krieg.html
2 Vgl. Klare, Michael, K. (2019): Kriegstreiber Klimawandel. Die Erderwärmung trifft fragile Staaten besonders hart, in: Internationale Politik 5, September/Oktober 2019, S. 34–38.
3 Vgl. Bundesministerium der Verteidigung: Strategie Verteidigung und Klimawandel; [https://www.bmvg.de/resource/blob/5754084/4b425ad210bfc0ffe43537054d234cf2/download-strategie-verteidigung-und-klimawandel-data.pdf].
4 Ebd.

Gesellschaftsökologische Transformationsschritte positiv konnotieren

1 Vgl. Bund, Kerstin (2024): Verzichten fürs Klima, nein danke, in: Süddeutsche Zeitung, Nr. 146, 27. Juni 2024.
2 Vgl. Siddarth (2024): Blutrotes Kobalt. Der Kongo und die brutale Realität hinter unserem Konsum. Hamburg: Harper Collins.
3 Vgl. WWF Deutschland (2015, 52): Das Große Wegschmeißen. Vom Acker bis zum Verbraucher. Ausmaß und Umwelteffekte der Lebensmittelverschwendung in Deutschland. Berlin. URL: www.wwf.de/fileadmin/fm-wwf/Publikationen-PDF/Landwirtschaft/WWF-Studie-Das-grosse-Wegschmeissen.pdf.
4 Vgl. Otto, Friederike (2024): Klimaungerechtigkeit. Was die Klimakatastrophe mit Kapitalismus, Rassismus und Sexismus zu tun hat. Berlin: Ullstein.
5 Vgl. Mau, Steffen (2024): Ungleich verteilt. Warum der Osten anders bleibt. Berlin: Suhrkamp.
6 Vgl. ebd.
7 Reusswig Fritz A./Schleer, Christoph (2021): Auswirkungen von Klimaschutzmaßnahmen auf Akteursgruppen im Hinblick auf Veto- und Aneignungspositionen. Literaturstudie zur gesellschaftlichen Resonanzfähigkeit von Klimapolitik im Auftrag der Wissenschaftsplatt-

form Klimaschutz. Berlin und Potsdam; [bluewww.wissenschaftsplattform-klimaschutz.de/files/WPKS_Studie-Resonanzfaehigkeit.pdf].

Erkenntnis, Haltung, Mitwirkung

1. Latif, Mojib (2020): Heißzeit. Mit Vollgas in die Klimakatastrophe – und wie wir auf die Bremse treten, Freiburg im Breisgau: Herder.
2. Green Clais Directive. Entwurf der EU-Kommission vom 23. März 2023.
3. BGH-Urteil vom 27.06.2024 – I ZR 98/23.
4. Am bekanntesten ist wohl der Fall bei der Fondsgesellschaft DWS mit Millionen Strafzahlungen, vgl. Finanzwende vom 03.03.2023; Spiegel vom 25.09.2023; Tagesschau vom 24.01.2024.
5. Ein gern benutzter Begriff, auch in der Politik, der die Massivität der für den Klima- und Umweltschutz erforderlichen Investitionsumschichtungen verdeutlichen soll.
6. Das schreibe ich mit voller Überzeugung, obwohl man mir vorwerfen wird, dass mein Engagement bei der United Sustainability Gruppe Berlin (www.unitedsustainability.com) – die genau das anstrebt, nämlich Investitionen radikal ausgerichtet an lebensdienlichen Sachwerten nach den methodischen Grundlagen von Dr. Daniel Dahm (Benchmark Nachhaltigkeit – die Sustainability Zeroline) – nicht altruistisch ist. Aber das soll es ausdrücklich nach den geschilderten Grundsätzen ja auch nicht sein, wenn man Menschen zum nachhaltigen Umdenken bewegen will.

Dient mein Handeln den Menschen, der Umwelt und dem Frieden?

1. Kling, Marc-Uwe (2018): Die Känguru-Apokryphen, Berlin: Ullstein.
2. Spiegel Wissenschaft v. 14.06.2024; [https://www.spiegel.de/wissenschaft/ukraine-krieg-verursacht-so-viele-treibhausgas-emissionen-wie-niederlande-in-einem-jahr-a-2b8da938-272e-416d-a70b-a925e086146e].
3. Felber, Christian (2018): Gemeinwohl-Ökonomie, München: Piper. Umfassende Informationen zu den weltweiten GWÖ-Entwicklungszahlen sowie über die GWÖ-Organisation finden sich auf der Website der GWÖ-Bewegung: www.germany.ecogood.org
4. Ernst Ulrich von Weizsäcker et al. (2017): Wir sind dran. Was wir ändern müssen wenn wir bleiben wollen, München: Pantheon.

Transformation zur Verantwortungsübernahme

1. Vgl. o. A.: Transformation (Betriebswirtschaft), in: Wikipedia; [https://de.wikipedia.org/wiki/Transformation_(Betriebswirtschaft)].

Das Mögliche erkunden

1. Emily Dickinson (1995): Dichtungen, Mainz: Dietrich'sche Verlagsbuchhandlung.
2. Pelluchon, Corine (2024): Die Durchquerung des Unmöglichen. Hoffnung in Zeiten der Klimakatastrophe, München: C.H. Beck.

Kleine Taten, große Wirkung

Jeden Tag kämpfen ganz gewöhnliche Menschen für ein stabiles Klima und kümmern sich um benachteiligte Menschen. Mit ihrer Bereitschaft, sich zu engagieren, leisten sie einen wichtigen Beitrag. Denn wir brauchen jede Hand, um die regionalen und globalen Herausforderungen zu meistern. Dieses Mutmachbuch stellt 30 inspirierende Held*innen des Alltags vor, die wirklich etwas bewegen.

S. Maier, J. Hagen

Held*innen des Alltags
30 Menschen engagieren sich für Umwelt und Gesellschaft.
Ein Mutmachbuch
264 Seiten, Broschur, 26 Euro
ISBN 978-3-96238-402-9
Auch als E-Book erhältlich

Den Zusammenbruch verhindern

Die Frage nach sozialer Gerechtigkeit bleibt auch in modernen Gesellschaften hochaktuell – und sie ist sehr eng verbunden mit ökologischen Fragen. 40 Autor:innen untersuchen Möglichkeiten, einen sozialökologischen Kollaps zu verhindern, z. B. durch die Vergesellschaftung lebenswichtiger Bereiche und großer Konzerne.

T. Pfaff (Hrsg.)

Vergesellschaftung und die sozialökologische Frage
Wie wir unsere Gesellschaft gerechter,
zukunftsfähiger und resilienter machen können
512 Seiten, Broschur, 36 Euro
ISBN 978-3-98726-062-9
Auch als E-Book erhältlich

Bestellbar im Buchhandel und unter www.oekom.de

/III oekom
Die guten Seiten der Zukunft